JN320244

小規模建築物基礎設計例集

Design Examples of Small Building Foundations

2011

日本建築学会

本書のご利用にあたって
本書は，作成時点での最新の学術的知見をもとに，技術者の判断に資する技術の考え方や可能性を示したものであり，法令等の補完や根拠を示すものではありません．また，本書の数値は推奨値であり，それを満足しないことが直ちに建築物の安全性を脅かすものでもありません．ご利用に際しては，本書が最新版であることをご確認ください．本会は，本書に起因する損害に対しては一切を責任を有しません．

ご案内
本書の著作権・出版権は(一社)日本建築学会にあります．本書より著書・論文等への引用・転載にあたっては必ず本会の許諾を得てください．
Ⓡ〈学術著作権協会委託出版物〉
本書の無断複写は，著作権法上での例外を除き禁じられています．本書を複写される場合は，(一社)学術著作権協会（03-3475-5618）の許諾を受けてください．

一般社団法人　日本建築学会

序

　1998年「建築基準法」の改正や2000年「住宅の品質確保の促進等に関する法律」の施行により，戸建て住宅のような小規模建築物においても地盤調査や基礎の設計を取り巻く環境が大きく変わり，また不同沈下の障害や造成宅地地盤のトラブル，最近の地震時の液状化による住宅の地盤・基礎の被害などから，実務設計者から地盤調査と基礎の設計に関する最新の情報を望む声が本会に強く届くようになってきた．このような背景のもと，2008年2月に本会より，「小規模建築物基礎設計指針」が刊行された．この指針は，1988年1月に刊行された「小規模建築物基礎設計の手引き」の改定版に相当するものであるが，主に仕様設計としていた基礎の設計を計算に基づく手法にレベルアップしたことから名称を「手引き」から「指針」に変更した．本指針が刊行され，はや3年が経過し，この間に読者より数多くの質問が寄せられた事を受けて，より深く指針の内容を理解して頂くために，今回「小規模建築物基礎設計例集」を刊行することとなった．本書では，あらゆる地盤を想定したうえで，直接基礎の設計や地盤補強の設計例を取り扱っている．いずれの設計も許容応力度設計法に基づく「構造設計」が主体であるが，参考までに「指針」の標準図表あるいは簡便な計算結果により設計できる「簡易設計」の結果も示してある．ただし，本書で扱っている内容はあくまで架空の地盤での例題にすぎない．実務の設計においては，設計例に示された諸数値の意味を十分に考慮しつつ，より安全・経済性に配慮した適切な設計を心掛けることを望んでいる．

　末筆ながら，委員各位に多大の献身的なご協力をいただいたことを記し，深く謝意を表する次第である．

2011年2月

日　本　建　築　学　会

設計例作成関係委員
— (五十音順・敬称略) —

構造本委員会
委員長　中島正愛
幹　事　大森博司　　倉本　洋　　三浦賢治
委　員　(省略)

基礎構造運営委員会
主　査　中井正一
幹　事　鈴木康嗣　　田村修次
委　員　井上波彦　　内山晴夫　　小椋仁志
　　　　加倉井正昭　金子　治　　佐原　守
　　　　土屋　勉　　土屋富男　　時松孝次
　　　　長尾俊昌　　長谷川正幸　畑中宗憲
　　　　平出　務　　藤井　衛　　三町直志
　　　　山崎雅弘

小規模建築物基礎設計小委員会
主　査　藤井　衛
幹　事　安達俊夫
委　員　伊集院博　　伊奈　潔　　岡野泰三
　　　　郭　賢治　　黒柳信之　　佐藤　隆
　　　　須々田幸治　高田　徹　　平出　務
　　　　松下克也　　松谷裕治　　水谷羊介
　　　　山本明弘

原案執筆担当

第1章　概要
　　　　　藤井　衛　　安達俊夫　　岡野泰三
　　　　　佐藤　隆　　郭　賢治

第2章　地盤補強を要しない直接基礎の設計例
　　　　　平出　務　　須々田幸治　　松下克也
　　　　　水谷羊介　　山本明弘

第3章　地盤補強を要する直接基礎の設計例
　　　　　伊集院博　　岡野泰三　　黒柳信之
　　　　　佐藤　隆　　高田　徹　　松下克也
　　　　　水谷羊介　　郭　賢治

第4章　造成地盤における擁壁と基礎の設計例
　　　　　松谷裕治　　廣部浩三

第5章　修復工法
　　　　　伊奈　潔　　佐藤　隆　　須々田幸治

協力委員
　　　　　二川和貴　　廣部浩三　　渡邊佳勝

小規模建築物基礎設計例集

目　　次

第1章　概　　要

 1.1節　設計例の概要……………………………………………………………………… 1
 1.2節　基礎の選定方法…………………………………………………………………… 2
 1.3節　荷重の算定方法…………………………………………………………………… 6

第2章　地盤補強を要しない直接基礎の設計例

 2.1節　砂質土地盤に建つ建物の布基礎………………………………………………… 27
 2.2節　粘性土地盤に建つ建物のべた基礎……………………………………………… 39
 2.3節　ローム地盤に建つ建物の偏心布基礎…………………………………………… 50
 2.4節　片側に土圧を受ける粘性土地盤に建つ建物の布基礎………………………… 60

第3章　地盤補強を要する直接基礎の設計例

 3.1節　中間層地盤に浅層混合処理工法を適用した場合の設計……………………… 75
 3.2節　支持層が浅い場合の深層混合処理工法の設計………………………………… 85
 3.3節　支持層が深い場合の深層混合処理工法の設計………………………………… 97
 3.4節　支持層が浅い場合の木杭の設計………………………………………………… 103
 3.5節　支持層が深い場合の木杭の設計………………………………………………… 117
 3.6節　支持層がきわめて深い場合の小口径鋼管杭の設計…………………………… 129
 3.7節　小規模建築物の一部に地下室がある設計……………………………………… 141
 3.8節　液状化の可能性の判定と対策…………………………………………………… 154

第4章　造成地盤における擁壁と基礎の設計例

 4.1節　擁壁の計画………………………………………………………………………… 167
 4.2節　擁壁の設計………………………………………………………………………… 176
 4.3節　擁壁下部地盤の検討……………………………………………………………… 184
 4.4節　既存擁壁に近接する場合の基礎設計…………………………………………… 191

第5章　修復工法

 5.1節　不同沈下の調査および修復工法選定の検討例………………………………… 202
 5.2節　耐圧版工法による沈下修復工法の設計例……………………………………… 211
 5.3節　小口径鋼管杭圧入工法による沈下修復工法の設計例………………………… 227

第1章 概　　要

1.1節　設計例の概要

　本書は，2008年2月に刊行された本会編「小規模建築物基礎設計指針」（以後，小規模指針と呼ぶ）をもとに，基礎の設計例や修復工法の計画・設計例を示したものである．小規模指針が刊行され約3年が経過し，おおむね小規模指針が目標とする戸建住宅基礎設計・施工の品質管理に関する考え方が社会に定着してきた感があるが，反面，設計上の細部については設計者の判断にゆだねる箇所も多く，一部の読者からは設計の具体的諸数値を求める声も挙がっていた．本書は，このような背景をもとに，読者が小規模指針をより深く理解できるよう，また適切に使用されることを目的に刊行したものである．以下に各章の内容を示す．

　第1章は，本書の概要を説明したものである．設計例の各章の内容と基礎の選定に対する考え方および本書で対象とする小規模建築物の基礎に作用する荷重の算定方法を示している．荷重の算定に関しては，本会編「木質構造設計規準・同解説」(2006)に示される荷重の算定方法が，本書の内容に適合していると判断したため，同規準にしたがった算定方法を提示している．また，このような算定方法に対して，小規模指針に示されている標準荷重表から得られた荷重を求め，両者を比較し標準荷重表の適用性についても説明を加えている．

　第2章は，地盤補強を要しない直接基礎の設計例を示したものである．基礎の種類としては，布基礎，べた基礎，偏心布基礎および片側に土圧を受ける布基礎の4種類であり，それぞれ各種の地盤について設計例を示している．設計は，「構造設計」と図表による「簡易設計」の2種類を示している．

　第3章では，地盤補強の浅層混合処理工法，深層混合処理工法，小口径鋼管杭および木杭について，それぞれ支持層が浅い場合と深い場合について設計方法を示している．また，一部地下室がある建物の設計例や液状化判定法についても触れている．

　第4章では，擁壁の設計や擁壁近傍の直接基礎の設計例を示している．特に，最近では，擁壁がらみの建物の不同沈下に関するトラブルが急増しており，新規擁壁や既存擁壁近傍の建物の基礎設計においては，特に慎重に対処する必要がある．ここでは，それらに対応したいくつかの設計例を提示している．

　第5章では，修復工法の計画・設計例を示している．ここでの修復とは，大規模な揚屋を意味する．修復工法といえども基礎に対する設計の方法は新規の場合と何ら変わることはない．

　これまで，修復に対する設計方法を提示した技術基準類は皆無であり，本書により，修復設計の考え方が理解されることを期待している．

　以上のように，本書は多くの地盤や基礎についての設計例を示しているが，あくまでも架空の地盤での例題にすぎない．実務の設計においては，設計例に示された諸数値の意味を十分に考慮しつつ，より安全性・経済性に配慮した適切な設計を心掛けることを望みたい．

1.2節　基礎の選定方法

　最初に，地盤補強の有無に関する検討を行う．そのためには，資料調査や現地踏査を行う必要がある．資料調査や現地踏査により，地盤補強の必要性が感じられたら，スウェーデン式サウンディング試験（以後，SWS試験と呼ぶ）結果あるいは適切な追加試験結果により補強工法を選択すればよい．このように，地盤調査により直接的に補強工法を選定するのではなく，資料調査や現地踏査を踏まえて基礎の選定方法を考えてゆくことが望ましい．資料調査による判定としては，図1.2.1のように地形模式図をもとに，図1.2.2に示すようなフローチャートが利用できる．

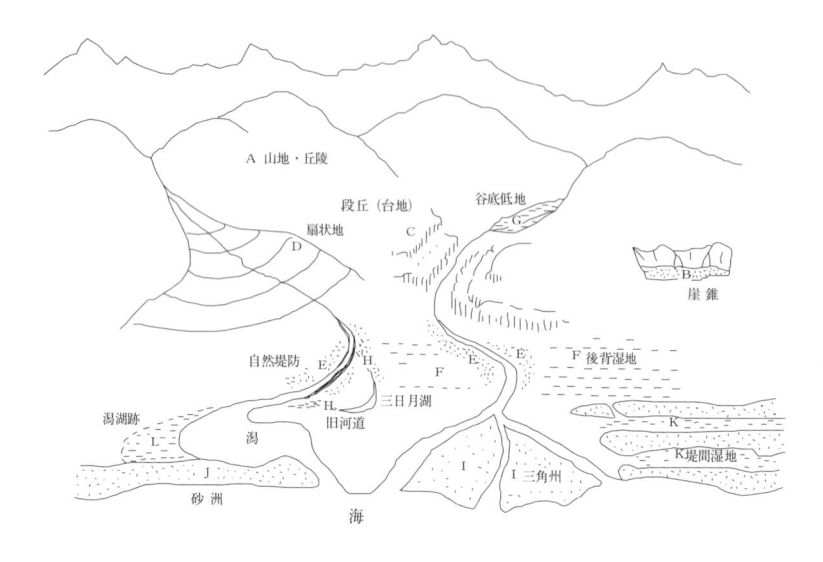

図 1.2.1　地形模式図

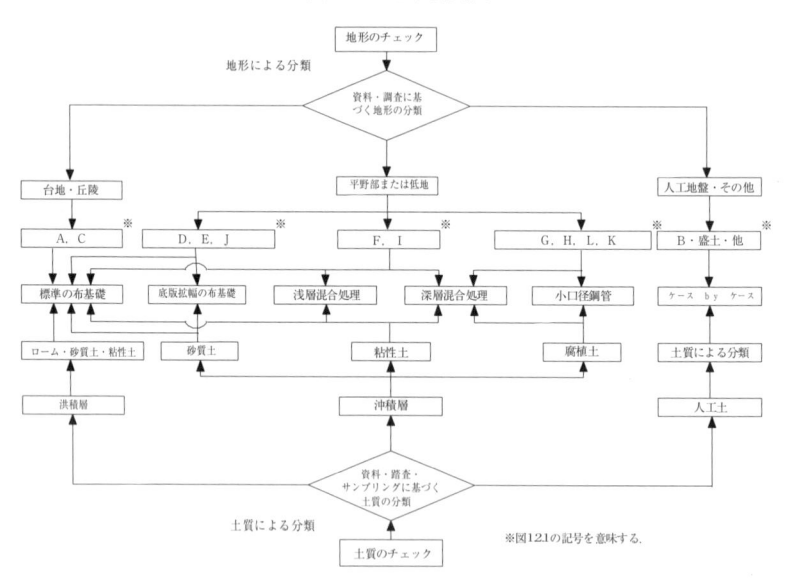

図 1.2.2　地形による基礎の選定例

また，現地形図と旧版地形図を比較することも有効であり，最近は，パソコンのネット上からも簡単にその情報を入手することができる．設計対象敷地が，明らかに池，沼，海，潟，川などを埋立てた場合には，地盤補強が必要であると判断する．さらに，現地踏査からも地盤補強に関して有力な情報を得ることができる．例えば，対象敷地あるいは敷地近傍に既存擁壁があり，図1.2.3にみられるような現象がある場合は，地盤補強が必要であると判断する．このような敷地は，地盤沈下が生じていることが多く，基礎を設計するうえでは十分な配慮が必要である．また，これとは別に，一般に表1.2.1のような地盤は問題がないと判断することもできる．

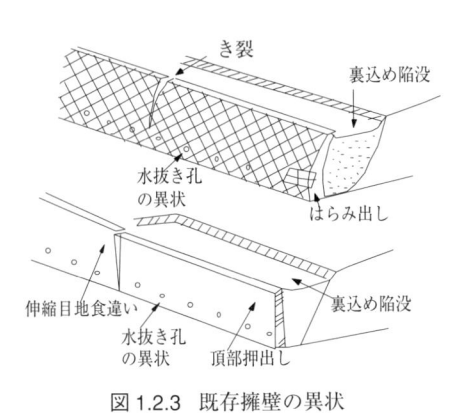

図1.2.3 既存擁壁の異状

表1.2.1 安全な地盤の基準

	判　断　基　準
新規造成地盤	新規造成宅地における水準測量や動態観測データにより，建築物に有害な損傷を与える不同沈下のおそれがない地盤．この場合の目安として，地盤に対して，3か月〜6か月の動態観測を行い，実測された数値を用いて，s-logt法などにより長期（例えば30年）の地盤変動を評価し，傾斜角が3/1 000未満になることを確認する．
既存宅地地盤	次のいずれかの地盤とする． ①建替え地盤であり，計画建物が既存建物と同じ，あるいはそれ以下であり，実測した宅地内工作物（例えば，擁壁やブロックの端部）の水準測量による傾斜角が6/1000未満の場合． ②現地踏査の結果，対象敷地の盛土材あるいは埋土材および周辺の家屋，擁壁，塀，水路，舗装道路などに沈下障害の可能性がないと確認できた場合． ③現地周辺の圧密沈下の検討資料より，建築物に有害な損傷を与える不同沈下のおそれがないと判断された地盤． ④洪積地盤（例えば，地山のロームが堆積した丘陵地）により，建築物に有害な損傷を与える不同沈下のおそれがない地盤．

出典（財）日本建築センター：地盤及び基礎の取り扱い，2010

SWS試験より，図1.2.4に見られるように，明らかに不均質地盤と判定された場合には，べた基礎あるいは地盤補強が必要であると考えたほうがよい．対象地盤が不均質でないと判断された場合は，表1.2.2や図1.2.5より，基礎の選定を行えばよい．

a) きわめて不均質な軟弱地盤

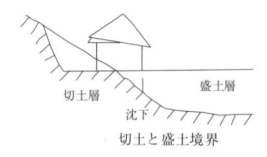

b) 支持力に大きな違いがある切・盛地盤

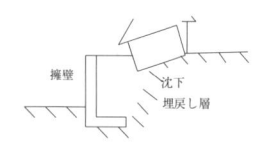

c) 同左

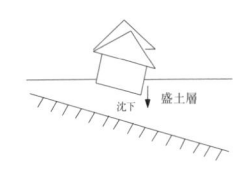

d) 盛土の厚さに大きな差がある場合

e) がらの存在が建物に有害な不同沈下を発生させる恐れがある場合

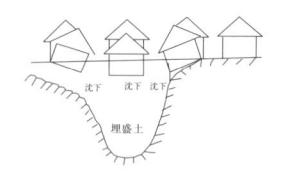

f) 埋積谷で傾斜している地盤

図1.2.4　各種の不均質地盤

表1.2.2　支持力による基礎の選定の目安

長期許容支持力度 (kN/m^2)	基礎の種類
$q_a < 20$	地盤補強
$q_a \geq 20$	べた基礎
$q_a \geq 30$	布基礎

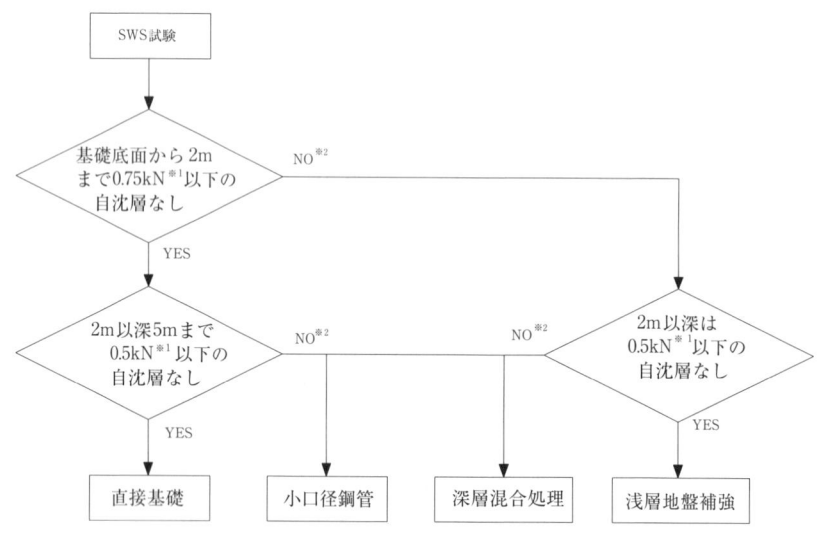

※1　SWS試験におけるおもり荷重
※2　必要に応じて追加試験を実施

図1.2.5　SWS試験結果に基づく基礎の選定

小規模建築物は，基礎の剛性が小さいため，基礎各部の相対沈下量の大きさによって生じた不同沈下により，上部建物に有害な変形を発生させることが多い．図1.2.6は，地盤の許容応力度等に関する平成13年国土交通省告示1113号に準じて表記したものである．告示では，この条件に該当する場合，沈下の検討が必要とされているので，小規模建築物の場合も同様の判断基準とした．図1.2.6のような地盤においては，総沈下量が10cm以上，傾斜角（地盤において建物両端の傾斜角度）が3/1000以上，かつ変形角（地盤において建物中央部と端部での傾斜角の差）が2.5/1000以上の場合は，地盤補強が必要である．なお，沈下量の算出においては，不攪乱試料をもとに圧密試験を行うべきであるが，それが無理な場合は自然含水比をもとに，圧縮指数C_cあるいは，体積圧縮係数m_vを推定し，上記の検討を行ってもよい．

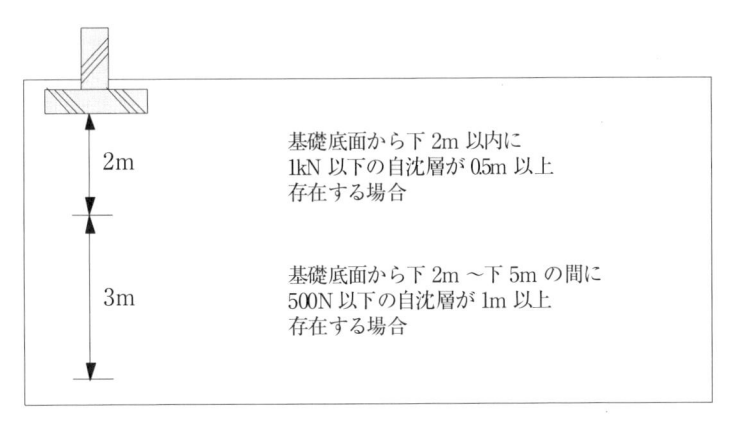

図1.2.6 沈下の検討を要する地盤

・基礎底面から下2m以内に1kN以下の自沈層が0.5m以上存在する場合（2m）
・基礎底面から下2m～下5mの間に500N以下の自沈層が1m以上存在する場合（3m）

1.3節　荷重の算定方法

本節では，直接基礎を設計するための荷重を算定する方法について解説する．第2章以降の設計例は本節に示す建物プランを基本としている．

1.3.1　一般事項

(1) 建物概要

　　建物場所　　　東京都23区内
　　用　　途　　　戸建住宅

(2) 建物規模

　　階　　数　　　地上2階
　　軒　　高　　　6 300(mm)
　　最高高さ　　　8 135(mm)
　　階　　高　　　1階　3 050(mm)，2階　2 850(mm)
　　建築面積　　　66.25(m^2)
　　延床面積　　　132.5(m^2)
　　各階床面積　　1階　66.25(m^2)，2階　66.25(m^2)（荷重算定用の面積）

(3) 構造概要

　　構造種別　　　木造
　　構造形式　　　在来軸組構法
　　仕上げ概要　　屋根　　厚型スレート葺き
　　　　　　　　　天井　　せっこうボード
　　　　　　　　　床　　　畳またはフローリング
　　　　　　　　　外壁　　サイディング
　　　　　　　　　内壁　　せっこうボード

1.3.2　設計条件

　　積雪地域　　　　　　　一般地域
　　垂直積雪量　　　　　　30(cm)
　　単位積雪荷重　　　　　20(N/cm/m^2)
　　地震地域係数　　　　　1.0
　　地盤種別　　　　　　　第二種地盤
　　基準風速　　　　　　　34(m/s)
　　地表面粗度区分　　　　Ⅲ
　　地盤の長期許容支持力度　30(kN/m^2)以上

1.3.3 使用材料の規格

本設計例の基礎で主に使用するコンクリートと鉄筋の材料の規格を表1.3.1に示す.

表1.3.1 コンクリート・鉄筋の規格等

材　　料	種　　　　類	規　　格
コンクリート	普通コンクリート $F_c\,21$	JIS A 5308 (レディーミクストコンクリート)
鉄　　筋	異形鉄筋 D10〜D16 (SD295A)	JIS G 3112 (鉄筋コンクリート用棒鋼)
組 立 鉄 筋	異形鉄筋 D10〜D16 (SD295A)	JIS G 3112 (鉄筋コンクリート用棒鋼)

1.3.4 部材の配置

梁は耐力壁の上下に配置することを基本とし，4P (P=910 mm) を標準的なスパン，6Pを最大のスパンとする．梁の継ぎ手は下階の耐力壁または柱の位置で設けることとする．

基礎梁は1階の耐力壁下に配置し，必ず基礎梁で閉じた矩形とする．矩形の大きさは4P×4Pを標準とする．玄関周りの軸力のみを受けるポーチ柱などの場合は，独立基礎により荷重を受け，基礎梁を持出し周囲の基礎と連結させることも可能である．トイレの入り口など人の出入りの多い建具や収納庫の下部では，たわみを防ぐために基礎を配置することが望ましい．

1.3.5 図　　面

(1) 平面図

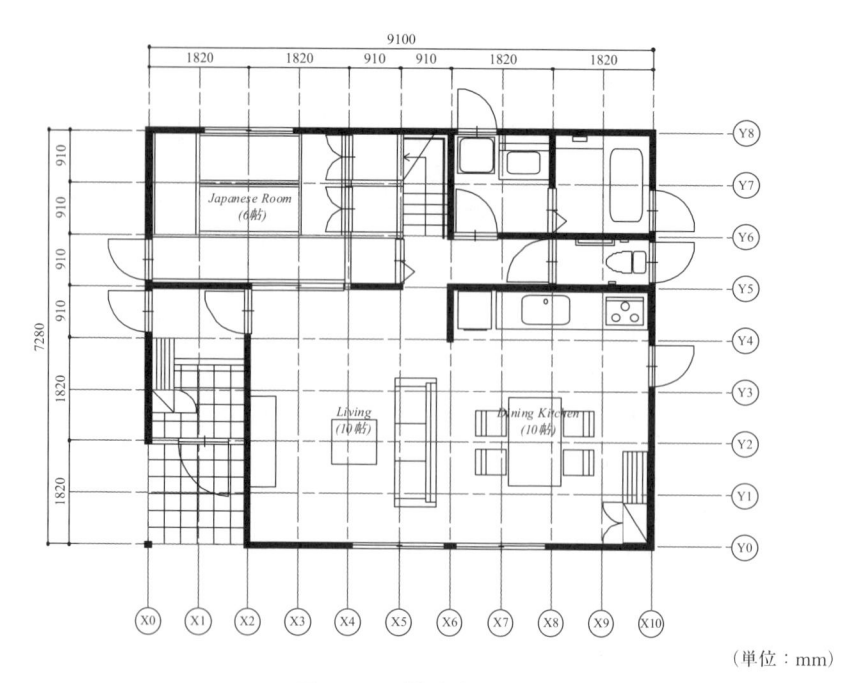

図 1.3.1　1階平面図

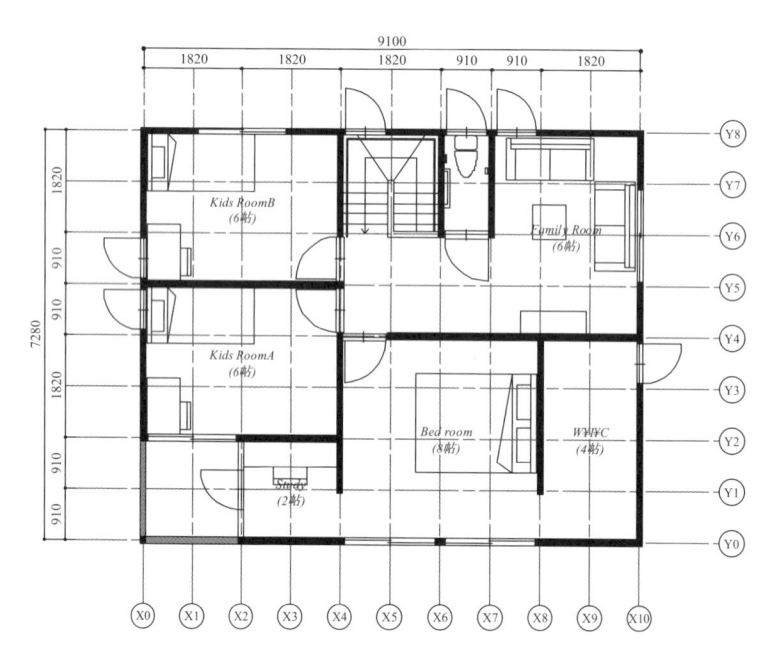

（単位：mm）

図 1.3.2　2階平面図

（単位：mm）

(2) 立面図

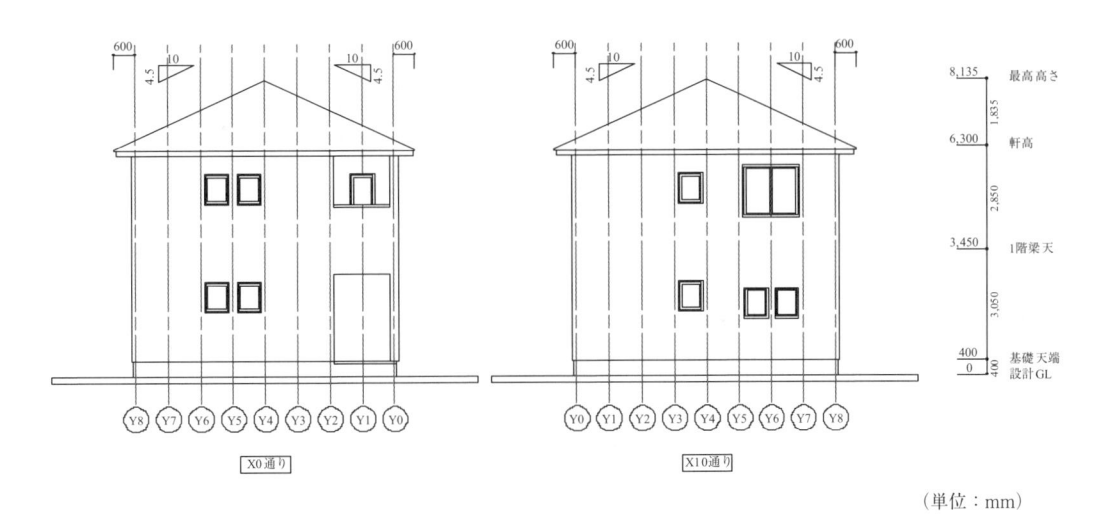

図 1.3.3 立面図（X 通り）

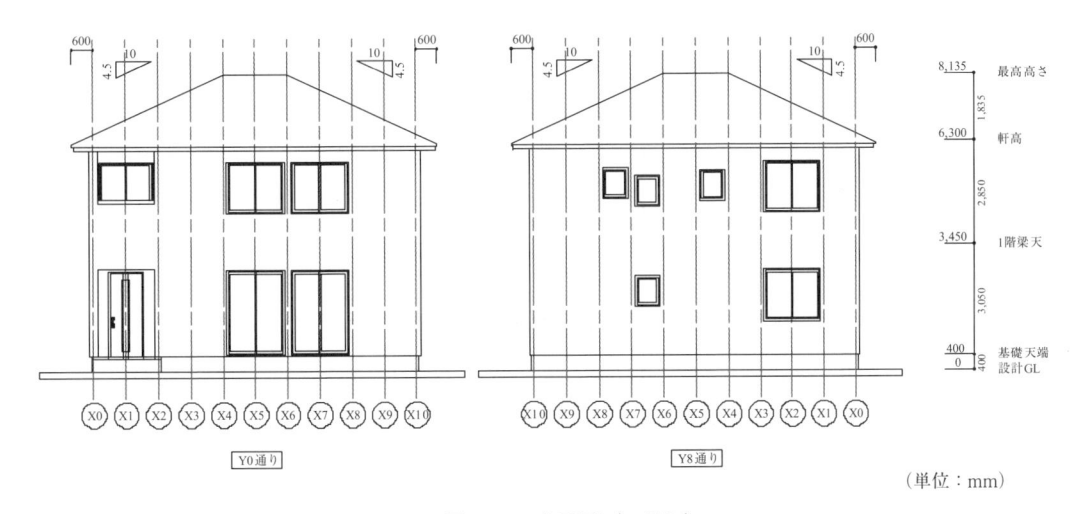

図 1.3.4 立面図（Y 通り）

(3) 略伏図

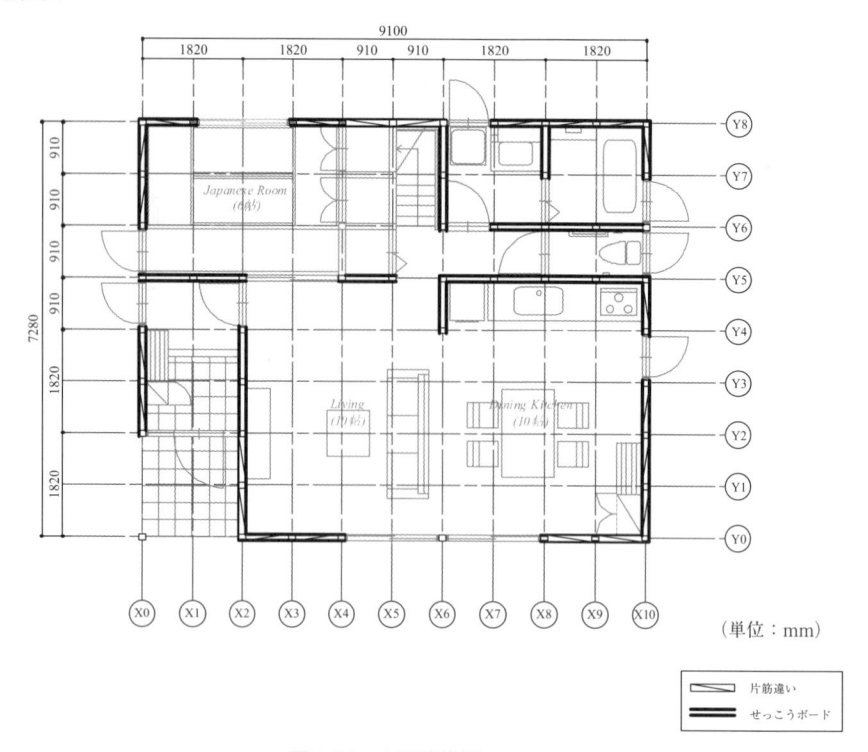

図 1.3.5　1 階壁伏図

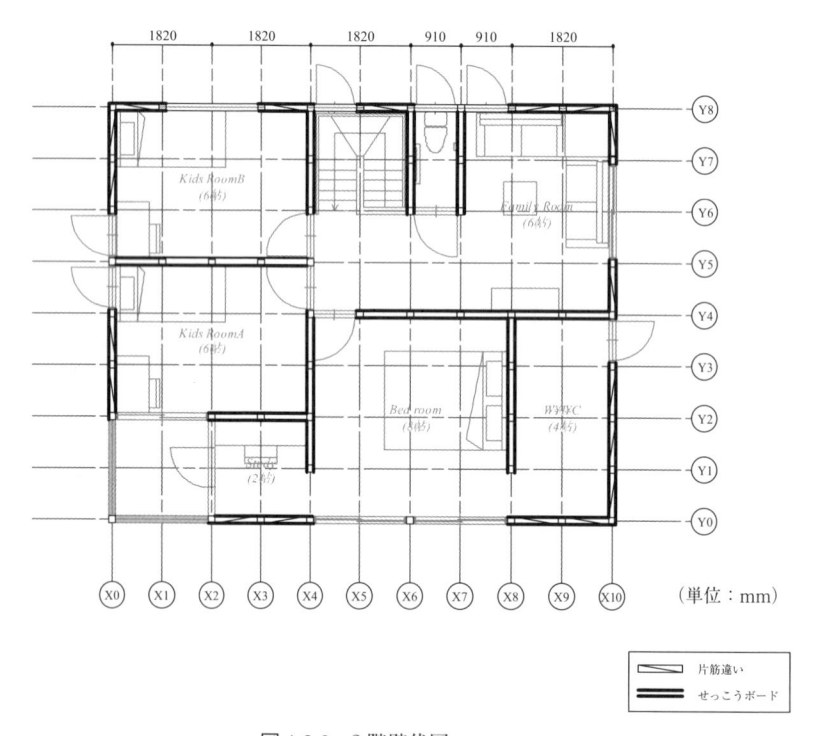

図 1.3.6　2 階壁伏図

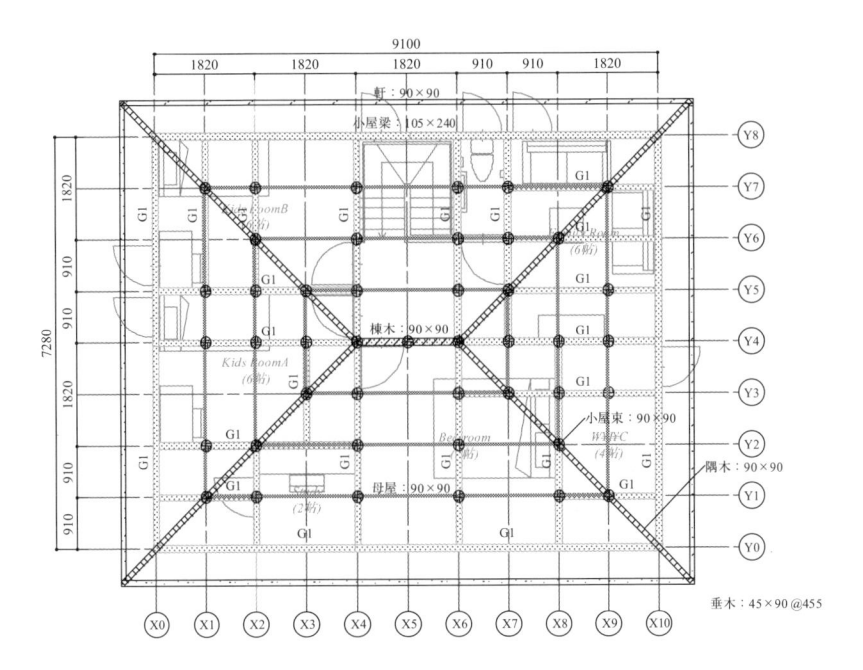

図 1.3.7　棟木・隅木・垂木・母屋・小屋梁伏図

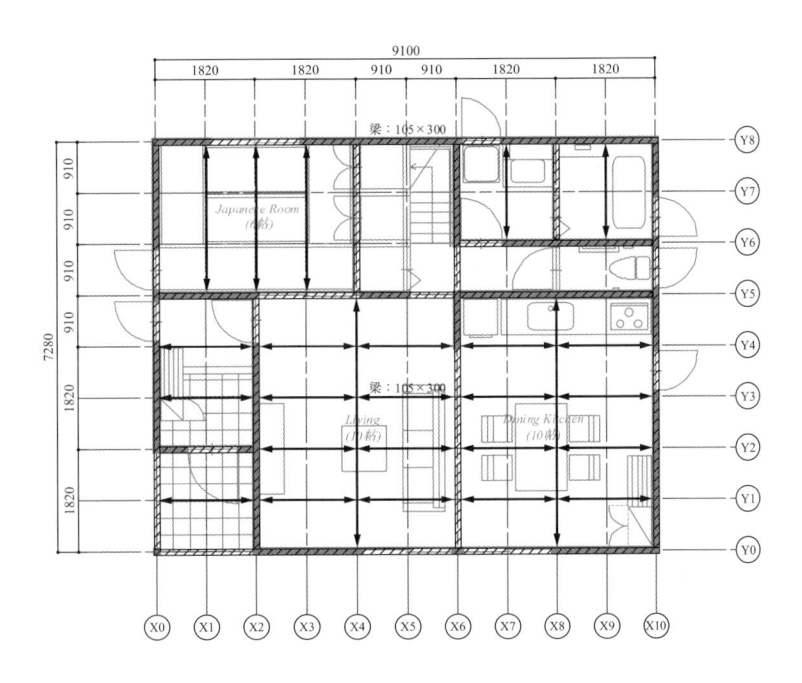

図 1.3.8　2階梁伏図

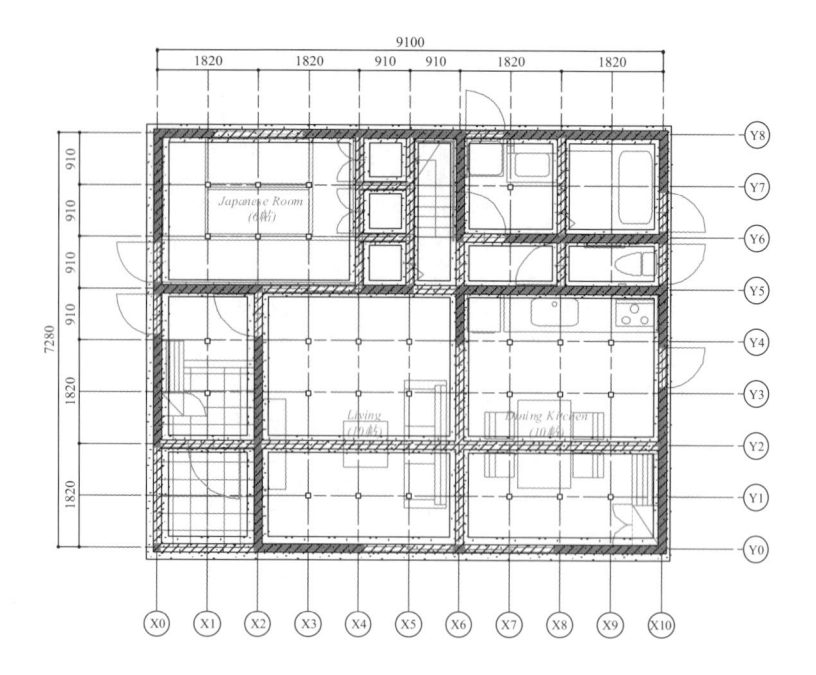

(単位：mm)

図 1.3.9　布基礎伏図

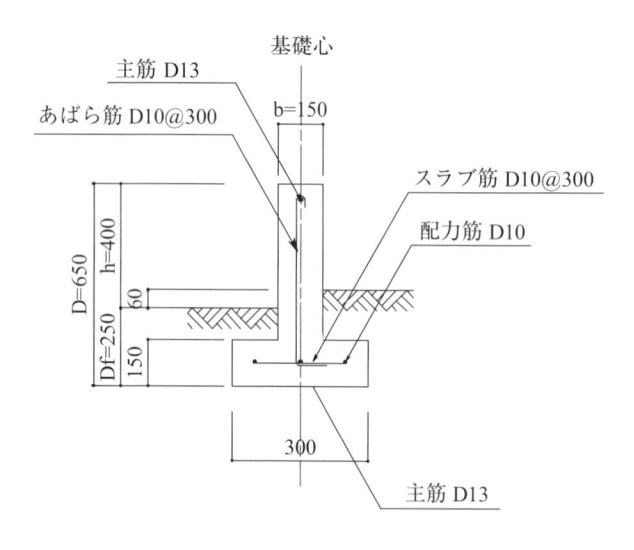

(単位：mm)

図 1.3.10　布基礎断面図

(4) 略軸組図

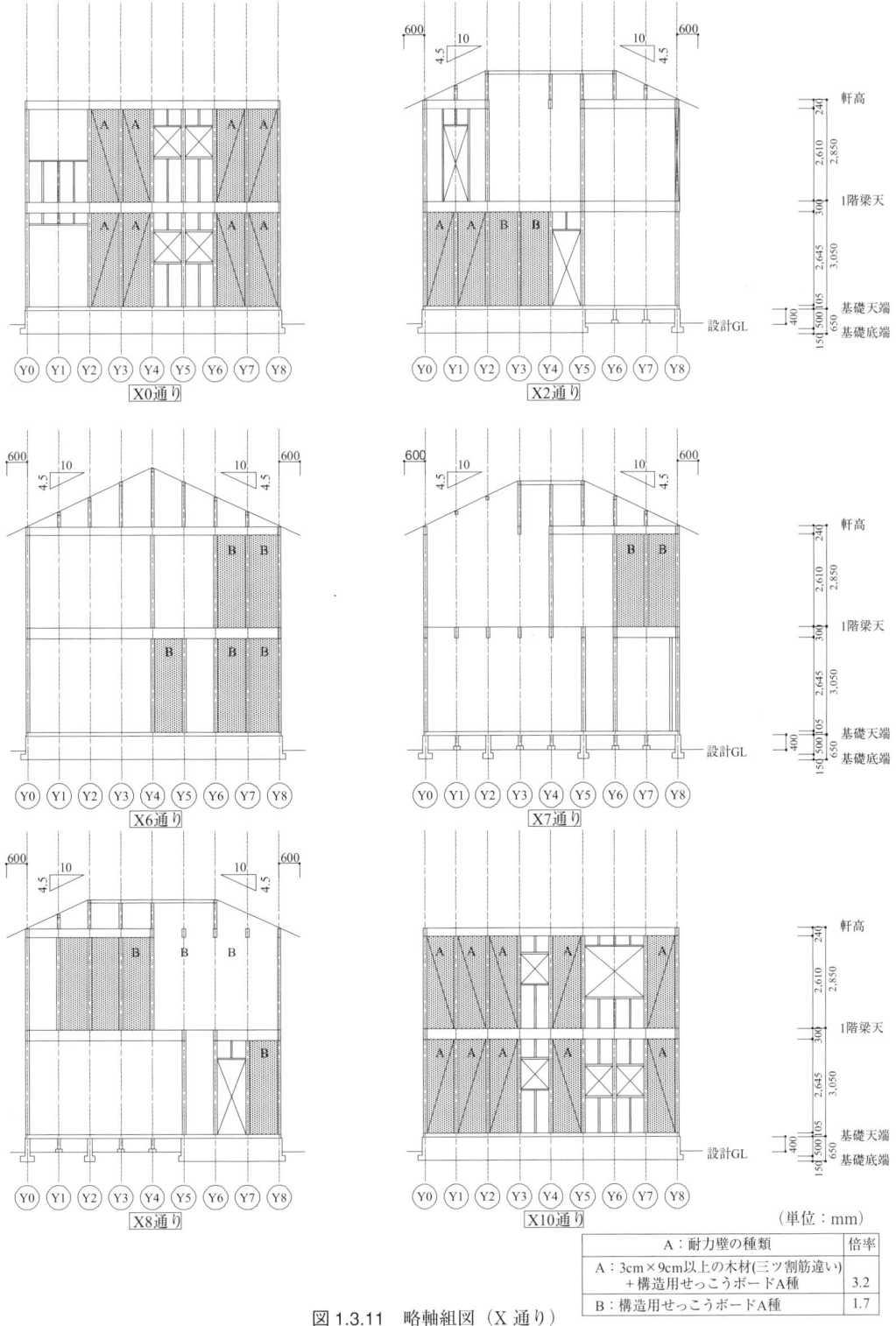

図1.3.11 略軸組図（X通り）

（単位：mm）

A：耐力壁の種類	倍率
A：3cm×9cm以上の木材(三ツ割筋違い) ＋構造用せっこうボードA種	3.2
B：構造用せっこうボードA種	1.7

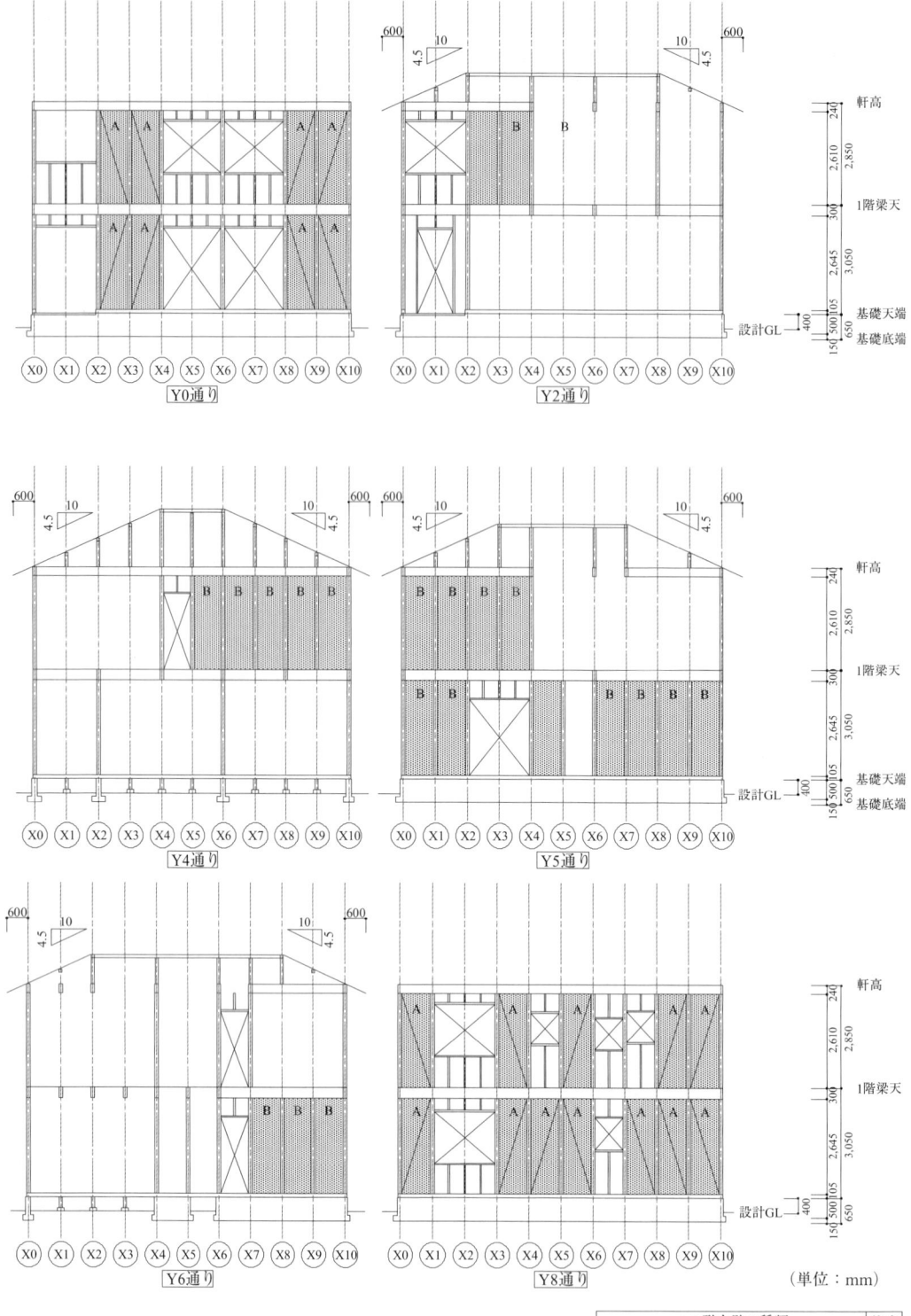

図 1.3.12 略軸組図（Y 通り）

（単位：mm）

A：耐力壁の種類	倍率
A：3cm×9cm以上の木材(三ツ割筋違い)+構造用せっこうボードA種	3.2
B：構造用せっこうボードA種	1.7

1.3.6 設計荷重

(1) 固定荷重

固定荷重は，施行令第3章第8節第2款第84条による．

屋　根	厚型スレート		440
	母屋		50
	計		490 (N/m²)
	水平面	$490 \times 1/\cos(24.2°) =$	538 (N/m²)
	梁桁	（スパン6m以下）	170
	天井	（せっこうボード）	150
	計	（屋根面）	858 (N/m²) → 860 (N/m²)
外　壁	サイディング張り（外側）		100
	壁の軸組		150
	せっこうボード　（内側）		100
	計		350 (N/m²)
内　壁	壁の軸組		150
	せっこうボード　（両面）		200
	計		350 (N/m²)
2階床	畳またはフローリング		190
	床板・根太		150
	床梁	（スパン6m以下）	170
	天井	（せっこうボード）	150
	計		660 (N/m²)
1階床	畳またはフローリング		190
	床板・根太		150
	計		340 (N/m²)
基　礎	基礎梁立り　（400 mm, 24 kN/m³）		9600
	計		9600 (N/m²)

(2) 積載荷重

表1.3.2　積載荷重

(N/m²)

種　　類	基　礎　用	地　震　用
荷　　重	1300	600

(3) 荷　重　表

表1.3.3　荷重表

(N/m²)

室の種類		基礎検討用	地震時検討用
2階床	固定荷重	660	660
	積載荷重	1 300	600
	合計荷重	1 960	1 260
1階床	固定荷重	340	—
	積載荷重	1 300	—
	合計荷重	1 640	—

(4) 地　震　力

地震力は，令88条による．

a．各階重量の算定

表1.3.4　各階重量の算定

階	部位	単位荷重 W (kN/m²)	長さまたは面積 (m), (m²)	高さ H (m)	下側半分の重量 (kN)	重量または上側半分の重量 (kN)	当該層が支える荷重 ΣWi (kN)
R階	屋根	0.86	(0.91×10+0.6×2)×(0.91×8+0.6×2)			75.12	
	外壁	0.35	((0.91×10)+(0.91×8))×2	2.85	16.34	16.34	
	外壁建具	—	外壁とみなす				
	間仕切り壁	0.35	(13.65+16.38)	2.85	14.98	14.98	
	内部建具	—	内壁とみなす				
					31.32	106.44	106.44
2階						31.32	
	床	1.26	(0.91×10)×(0.91×8)			83.47	
	外壁	0.35	((0.91×10)+(0.91×8))×2	3.05	17.49	17.49	
	外壁建具	—	外壁とみなす				
	内壁	0.35	(10.92+14.56)	3.05	13.60	13.60	
	内部建具	—	内壁とみなす				
					31.09	145.88	252.32

b．地震力の算定

表1.3.5　地震力の算定

階	W_i (kN)	ΣW_i (kN)	α_i	A_i	C_i	Q_i (kN)
2	106.44	106.44	0.422	1.294	0.259	27.54
1	145.88	252.32	1.000	1.000	0.200	50.47

記号　W_i：当該層の荷重
　　　ΣW_i：当該層が支える荷重
　　　α_i：建築物の A_i を算定しようとする高さの部分が支える部分の固定荷重と積載荷重との和を当該建築物の地上部分の固定荷重と積載荷重の和で除した数値．なお，T（建物の設計用一次固有周期）は以下のとおりである．
　　　　$T = 0.03 \times h = 0.03 \times$（建築物の最高高さと軒高の平均）
　　　　　$= 0.03 \times (6.300 + 1.835/2) = 0.22$（秒）
　　　A_i：地震層せん断力係数の建築物の高さ方向の分布を表す係数
　　　C_0：標準せん断力係数　$C_0 = 0.2$
　　　C_i：層せん断力係数
　　　Q_i：建物の各階に加わる地震力

(5)　風 圧 力

風圧力は，令87条による．

a．各部の風圧力の算定

表1.3.6　各部の風圧力の算定

階	壁高さ (m)	k_z	風力係数	単位面積あたりの風圧力 (N/m²)
屋根（X方向）	7.22	—	0.64	617
屋根（Y方向）		—	0.64	617
2階外壁	4.88	0.863	1.09	1 047
1階外壁	1.93	0.863	1.09	1 047

記号　q：速度圧　$q = 0.6 \times E \times V_0^2$，$E = Er^2 \times G_f$
　　　Er：平均風速の高さ方向の分布を表す係数　$Er = 1.7 \left(\dfrac{H}{Z_G}\right)^\alpha$
　　　Z_b：地表面粗度区分に応じて定まる数値　$Z_b = 5$
　　　Z_G：地表面粗度区分に応じて定まる数値　$Z_G = 450$
　　　α：地表面粗度区分に応じて定まる数値　$\alpha = 0.2$
　　　G_f：ガスト影響係数．$G_f = 2.5$
　　　H：建築物の最高高さと軒高の平均　$H = 6.300 + 1.835/2 = 7.218$ (m)
　　　k_z：Z_b，H，α より算定した値．$k_z = \left(\dfrac{H}{Z_b}\right)^{2\alpha}$ $(Z \leq Z_b)$
　　　Z：当該高さ

b. 風圧力の算定

表1.3.7 風圧力の算定

方向	階	風荷重 (N/m²)	面　　積 (m²)		Qw (kN)	iQw (kN)	ΣQw (kN)
X方向	2	617	$(7.28+0.6\times2)\times1.835\times1/2=$	7.78	4.80	15.66	15.66
		1 047	$7.28\times1.425=$	10.37	10.86		
	1	1 047	$7.28\times1.425=$	10.37	10.86	22.49	38.15
		1 047	$7.28\times1.525=$	11.10	11.63		
Y方向	2	617	$(9.10+0.6\times2)\times1.835/2=$	9.45	5.83	19.41	19.41
		1 047	$9.10\times1.425=$	12.97	13.58		
	1	1 047	$9.10\times1.425=$	12.97	13.58	28.11	47.52
		1 047	$9.10\times1.525=$	13.88	14.53		

(6) 積雪荷重

積雪荷重は，令86条による．

表1.3.8 積雪荷重の算定

垂直積雪量（cm）	30
単位積雪重量（N/cm/m²）	20
屋根勾配 β（°）	4.5/10（24.2°）
低減係数	―
積雪荷重（N/m²）	600

(7) 荷重の組合せ

表1.3.9 荷重の組合せ

荷重・外力状態		一　般　地　域
長　　期	常　時	$G+P$
	積雪時	―
短　　期	積雪時	$G+P+S$
	風圧時	$G+P+W$
	地震時	$G+P+K$

記号　G：令84条に規定する固定荷重によって生ずる力
　　　P：令85条に規定する積載荷重によって生ずる力
　　　S：令86条に規定する積雪荷重によって生ずる力
　　　W：令87条に規定する風圧力によって生ずる力
　　　K：令88条に規定する地震力によって生ずる力

1.3.7 基礎設計用鉛直荷重の算定

(1) 基礎設計用鉛直荷重の算定

基礎設計用鉛直荷重を図1.3.13，図1.3.14に示す．基礎設計用鉛直荷重には，基礎スラブ設計用荷重 W_F（図1.3.13）と基礎梁設計用荷重 W_B（図1.3.14）の2種類を用いる．

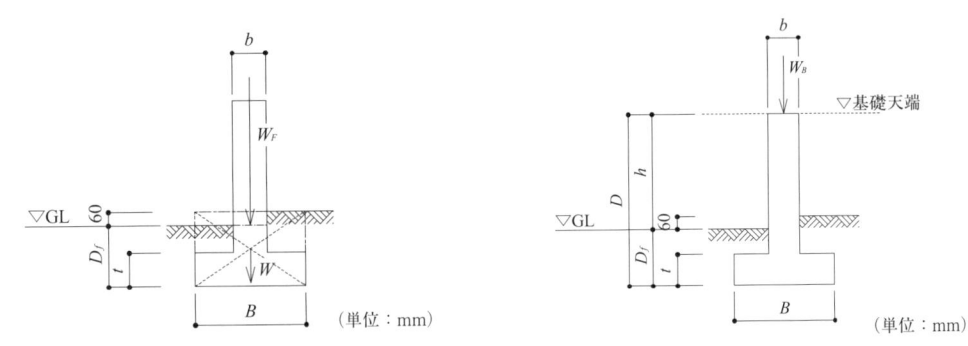

図1.3.13 基礎スラブ設計用荷重 W_F

図1.3.14 基礎梁設計用荷重 W_B

基礎設計用鉛直荷重の算定は，小規模指針 p.55 の3にのっとり，該当するとおりの鉛直支持要素（壁，柱）の負担範囲，二次部材（小梁，根太，母屋，垂木など）の配置により力の流れを合理的に考えて決定する．また，荷重の分布状態（梁かけによる集中荷重，積載等による分布荷重など）については便宜的に，図1.3.15，図1.3.16のように端部に発生する支点反力を算定し，下階に伝達する荷重を算定する．

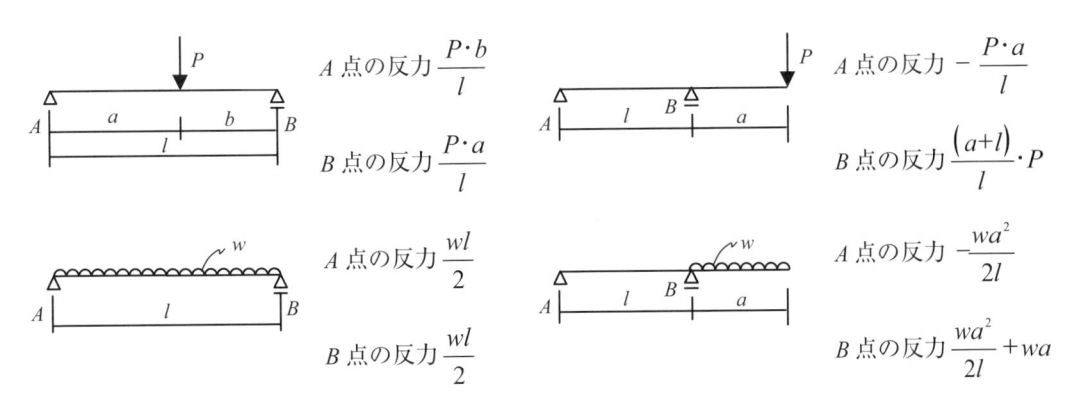

A 点の反力 $\dfrac{P \cdot b}{l}$

B 点の反力 $\dfrac{P \cdot a}{l}$

A 点の反力 $-\dfrac{P \cdot a}{l}$

B 点の反力 $\dfrac{(a+l)}{l} \cdot P$

A 点の反力 $\dfrac{wl}{2}$

B 点の反力 $\dfrac{wl}{2}$

A 点の反力 $-\dfrac{wa^2}{2l}$

B 点の反力 $\dfrac{wa^2}{2l}+wa$

図1.3.15 下階に伝達する荷重（一般部）

図1.3.16 下階に伝達する荷重（持出し梁）

また，根入れ部分の荷重は小規模指針（6.3.1）式により算定する．

$$W = \{\gamma_{RC} \times B \times t + \gamma_{RC} \times b \times (D_f + 60 - t) + \gamma_S \times (B-b) \times (D_f + 60 - t)\} \times 10^{-6} \quad (1.3.1)$$

記号

W ：図1.3.13に示す点線で囲まれた GL+60 mm 以下の基礎および土の自重 (kN/m)

γ_{RC} ：鉄筋コンクリートの単位体積重量 (kN/m³)

γ_s ：埋戻し土の単位体積重量(kN/m³)

B ：基礎スラブ幅(mm)

t ：基礎スラブ厚さ(mm)

表1.3.10〜表1.3.14に布基礎設計用通り荷重の算定を示す．荷重値は1.3.5(1)固定荷重，表1.3.3の荷重表による．なお，本設計例では建具は壁とみなして算定する．基礎梁以外の部分では1P間隔ごとに束基礎を配置するため，1階床の荷重は基礎梁上のみ負担幅0.5Pとして算定する．

短期積雪時について，X0通りの基礎梁を例とし以下に示す．基礎梁設計用の長期荷重は4.46(kN/m)であり，積雪量30(cm)を加算した短期積雪荷重は4.92(kN/m)である．したがって，長期荷重と短期積雪荷重の荷重比は4.92/4.46＝1.11である．一方，許容値について短期許容応力度/長期許容応力度の比は，地盤は2.0，コンクリートは2.0，鉄筋は1.5である．よって本設計例の場合では，短期積雪荷重時は長期荷重時の検討で担保されるため長期鉛直時の検討のみを示す．詳しくは小規模指針を参照されたい．

(2) 基礎設計用水平荷重の算定

表1.3.5地震力の算定，表1.3.7風圧力の算定より，地震力のほうが風圧力より大きいため，以降，水平荷重に関しては地震時のみを対象として算定する．

表1.3.10 布基礎設計用通り荷重の算定（その1）

検討部材情報				建物荷重			
部材位置			長さ	部 位	負担面積	単位荷重	負担荷重	長さあたり荷重
通り	始端	終端	(m)		(m²)	(N/m²)	(kN)	(kN/m)
X0	Y0	Y8	7.280	屋 根	5.49	860	4.72	0.65
				2階壁	20.75	350	7.26	1.00
				2階床	5.38	1 960	10.54	1.45
				1階壁	16.65	350	5.83	0.80
				1階床	2.48	1 640	4.07	0.56
				合 計	基礎梁設計用荷重：W_B			4.46
				基礎立上り	1.09	9 600	10.48	1.44
				合 計	基礎スラブ設計用荷重：W_F			5.90
X2	Y0	Y5	4.550	屋 根	2.28	860	1.96	0.43
				2階壁	5.19	350	1.82	0.40
				2階床	8.28	1 960	16.23	3.57
				1階壁	13.88	350	4.86	1.07
				1階床	4.14	1 640	6.79	1.49
				合 計	基礎梁設計用荷重：W_B			6.96
				基礎立上り	0.68	9 600	6.55	1.44
				合 計	基礎スラブ設計用荷重：W_F			8.40
X4	Y5	Y8	2.730	屋 根	12.63	860	10.86	3.98
				2階壁	7.78	350	2.72	1.00
				2階床	2.48	1 960	4.86	1.78
				1階壁	8.33	350	2.92	1.07
				1階床	2.48	1 640	4.07	1.49
				合 計	基礎梁設計用荷重：W_B			9.32
				基礎立上り	0.41	9 600	3.93	1.44
				合 計	基礎スラブ設計用荷重：W_F			10.76

表1.3.11 布基礎設計用通り荷重の算定（その2）

検討部材情報				建 物 荷 重			
部材位置			長さ	部　位	負担面積	単位荷重	負担荷重	長さあたり荷重
通り	始端	終端	(m)		(m²)	(N/m²)	(kN)	(kN/m)
X5	Y5	Y8	2.730	屋　根	—	860	0.00	0.00
				2階壁	—	350	0.00	0.00
				2階床	2.48	1 960	4.86	1.78
				1階壁	8.33	350	2.92	1.07
				1階床	2.48	1 640	4.07	1.49
				合　計	基礎梁設計用荷重：W_B			4.34
				基礎立上り	0.41	9 600	3.93	1.44
				合　計	基礎スラブ設計用荷重：W_F			5.78
X6	Y0	Y8	7.280	屋　根	7.14	860	6.14	0.84
				2階壁	5.19	350	1.82	0.25
				2階床	10.77	1 960	21.11	2.90
				1階壁	8.33	350	2.92	0.40
				1階床	6.62	1 640	10.86	1.49
				合　計	基礎梁設計用荷重：W_B			5.88
				基礎立上り	1.09	9 600	10.48	1.44
				合　計	基礎スラブ設計用荷重：W_F			7.32
X4	Y5	Y8	2.730	屋　根	—	860	0.00	0.00
				2階壁	—	350	0.00	0.00
				2階床	2.48	1 960	4.86	2.68
				1階壁	5.55	350	1.94	1.07
				1階床	1.66	1 640	2.72	1.49
				合　計	基礎梁設計用荷重：W_B			5.24
				基礎立上り	0.27	9 600	2.62	1.44
				合　計	基礎スラブ設計用荷重：W_F			6.68

表1.3.12 布基礎設計用通り荷重の算定(その3)

検討部材情報				建物荷重			
部材位置			長さ	部 位	負担面積	単位荷重	負担荷重	長さあたり荷重
通り	始端	終端	(m)		(m²)	(N/m²)	(kN)	(kN/m)
X10	Y0	Y8	7.280	屋 根	8.83	860	7.59	1.04
				2階壁	20.75	350	7.26	1.00
				2階床	5.80	1960	11.37	1.56
				1階壁	22.20	350	7.77	1.07
				1階床	3.31	1640	5.43	0.75
				合 計	基礎梁設計用荷重:W_B			5.42
				基礎立上り	1.09	9600	10.48	1.44
				合 計	基礎スラブ設計用荷重:W_F			6.86
Y0	X0	X10	9.100	屋 根	11.11	860	9.55	1.05
				2階壁	36.31	350	12.71	1.40
				2階床	13.25	1960	25.97	2.85
				1階壁	22.20	350	7.77	0.85
				1階床	4.14	1640	6.79	0.75
				合 計	基礎梁設計用荷重:W_B			6.90
				基礎立上り	1.37	9600	13.10	1.44
				合 計	基礎スラブ設計用荷重:W_F			8.34
Y2	X0	X10	9.100	屋 根	6.62	860	5.69	0.63
				2階壁	10.38	350	3.63	0.40
				2階床	8.28	1960	16.23	1.78
				1階壁	5.55	350	1.94	0.21
				1階床	8.28	1640	13.58	1.49
				合 計	基礎梁設計用荷重:W_B			4.51
				基礎立上り	1.37	9600	13.10	1.44
				合 計	基礎スラブ設計用荷重:W_F			5.95

表 1.3.13 布基礎設計用通り荷重の算定（その 4）

検討部材情報				建　物　荷　重			
部材位置			長さ	部　位	負担面積	単位荷重	負担荷重	長さあたり荷重
通り	始端	終端	(m)		(m²)	(N/m²)	(kN)	(kN/m)
Y5	X0	X10	9.100	屋　根	10.89	860	9.37	1.03
				2階壁	20.75	350	7.26	0.80
				2階床	20.70	1 960	40.57	4.46
				1階壁	24.98	350	8.74	0.96
				1階床	8.28	1 640	13.58	1.49
				合　計	基礎梁設計用荷重：W_B			8.74
				基礎立上り	1.37	9 600	13.10	1.44
				合　計	基礎スラブ設計用荷重：W_F			10.18
Y6	X4	X10	4.550	屋　根	—	860	0.00	0.00
				2階壁	—	350	0.00	0.00
				2階床	4.97	1 960	9.74	2.14
				1階壁	13.88	350	4.86	1.07
				1階床	4.14	1 640	6.79	1.49
				合　計	基礎梁設計用荷重：W_B			4.70
				基礎立上り	0.68	9 600	6.55	1.44
				合　計	基礎スラブ設計用荷重：W_F			6.14
Y7	X4	X5	0.910	屋　根	—	860	0.00	0.00
				2階壁	—	350	0.00	0.00
				2階床	0.91	1 960	1.78	1.96
				1階壁	2.78	350	0.97	1.07
				1階床	0.83	1 640	1.36	1.49
				合　計	基礎梁設計用荷重：W_B			4.52
				基礎立上り	0.14	9 600	1.31	1.44
				合　計	基礎スラブ設計用荷重：W_F			5.96

表 1.3.14 布基礎設計用通り荷重の算定（その 5）

検討部材情報				建 物 荷 重				
部材位置			長さ	部　位	負担面積	単位荷重	負担荷重	長さあたり荷重
通り	始端	終端	(m)		(m²)	(N/m²)	(kN)	(kN/m)
Y8	X0	X10	9.100	屋　根	7.45	860	6.41	0.70
				2階壁	25.94	350	9.08	1.00
				2階床	9.94	1 960	19.48	2.14
				1階壁	27.76	350	9.72	1.07
				1階床	4.14	1 640	6.79	0.75
				合　計	基礎梁設計用荷重：W_B			5.66
				基礎立上り	1.37	9 600	13.10	1.44
				合　計	基礎スラブ設計用荷重：W_F			7.10

　基礎設計用荷重について，表 1.3.10～表 1.3.14 の算定値と小規模指針表 4.1.3 の表（以下，簡易表）より読み取った数値の比較を表 1.3.15 に示す．すべての基礎について，算定値より簡易表の値のほうが上回っている．これは簡易表の数値は，上部構造の部材配置に関係なく荷重状態が最も厳しくなる場合を想定して算定されていること，また，該当する梁間が簡易表にない場合は，大きい方の梁間の数値を採用していることによるものである．

表1.3.15 布基礎設計用通り荷重の一覧

| 検討部材情報 ||||| 建 物 荷 重 算 定 || 簡易表より |
| 部材位置 ||| 長さ | 梁間 | 基礎設計用荷重 || 長さあたり荷重 | 長さあたり荷重 |
通り	始端	終端	(m)	(P)			(kN/m)	(kN/m)
X0	Y0	Y8	7.280	1.0	合計	基礎梁設計用荷重：W_B	4.46	8.62
					合計	基礎スラブ設計用荷重：W_F	5.90	10.06
X2	Y0	Y5	4.550	3.0	合計	基礎梁設計用荷重：W_B	6.96	10.98
					合計	基礎スラブ設計用荷重：W_F	8.40	12.42
X4	Y5	Y8	2.730	2.5	合計	基礎梁設計用荷重：W_B	9.32	10.98
					合計	基礎スラブ設計用荷重：W_F	10.76	12.42
X5	Y5	Y8	2.730	1.0	合計	基礎梁設計用荷重：W_B	4.34	8.62
					合計	基礎スラブ設計用荷重：W_F	5.78	10.06
X6	Y0	Y8	7.280	4.0	合計	基礎梁設計用荷重：W_B	5.88	13.35
					合計	基礎スラブ設計用荷重：W_F	7.32	14.79
X8	Y6	Y8	1.820	2.0	合計	基礎梁設計用荷重：W_B	5.24	8.62
					合計	基礎スラブ設計用荷重：W_F	6.68	10.06
X10	Y0	Y8	7.280	1.0	合計	基礎梁設計用荷重：W_B	5.42	8.62
					合計	基礎スラブ設計用荷重：W_F	6.86	10.06
Y0	X0	X10	9.100	1.0	合計	基礎梁設計用荷重：W_B	6.90	8.62
					合計	基礎スラブ設計用荷重：W_F	8.34	10.06
Y2	X0	X10	9.100	2.5	合計	基礎梁設計用荷重：W_B	4.51	10.98
					合計	基礎スラブ設計用荷重：W_F	5.95	12.42
Y5	X0	X10	9.100	3.0	合計	基礎梁設計用荷重：W_B	8.74	10.98
					合計	基礎スラブ設計用荷重：W_F	10.18	12.42
Y6	X4	X10	5.460	1.5	合計	基礎梁設計用荷重：W_B	4.70	8.62
					合計	基礎スラブ設計用荷重：W_F	6.14	10.06
Y7	X4	X5	0.910	1.0	合計	基礎梁設計用荷重：W_B	4.52	8.62
					合計	基礎スラブ設計用荷重：W_F	5.96	10.06
Y8	X0	X10	9.100	1.5	合計	基礎梁設計用荷重：W_B	5.66	8.62
					合計	基礎スラブ設計用荷重：W_F	7.10	10.06

第2章　地盤補強を要しない直接基礎の設計例

2.1節　砂質土地盤に建つ建物の布基礎

本節では，1.3節で計画した建築物で布基礎を配置し，砂質土地盤によって支持する場合の算定方法について解説する．

2.1.1　一般事項

(1) 建物概要
　　建物場所　　　東京都23区内
　　用　　途　　　戸建住宅

(2) 建物規模
　　階　　数　　　地上2階
　　軒　　高　　　6 300(mm)
　　最高高さ　　　8 135(mm)
　　階　　高　　　1階　3 050(mm)，2階　2 850(mm)
　　建築面積　　　66.25(m^2)
　　延床面積　　　132.5(m^2)
　　各階床面積　　1階　66.25(m^2)，2階　66.25(m^2)（荷重算定用の面積）

(3) 構造概要
　　構造種別　　　木造
　　構造形式　　　在来軸組構法
　　仕上げ概要　　屋根　　厚型スレート葺き
　　　　　　　　　天井　　せっこうボード
　　　　　　　　　床　　　畳またはフローリング
　　　　　　　　　外壁　　サイディング
　　　　　　　　　内壁　　せっこうボード

2.1.2　設計条件

　　積雪地域　　　　　一般地域
　　鉛直積雪量　　　　30(cm)
　　単位積雪荷重　　　20(N/cm/m^2)
　　地震地域係数　　　1.0
　　地盤種別　　　　　第二種地盤
　　基準風速　　　　　34(m/s)

地表面粗度区分　　　　　　Ⅲ

地盤の長期許容支持力度　30(kN/m^2)以上

2.1.3　使用する材料の規格

　本設計例の基礎で使用するコンクリートと鉄筋の規格を表2.1.1，表2.1.2に示す．コンクリートおよび鉄筋の許容応力度は建築基準法のほかに本会編「鉄筋コンクリート構造計算規準・同解説2010」（以後，RC規準と呼ぶ）でも設定しているが，本節の計算ではRC規準の値を用いて検討を行う．なお，算定値との比較における簡易表の値について，引用した小規模指針はRC規準(1999)の値を採用して算定している．

表2.1.1　コンクリートの許容応力度（RC規準）

(単位：N/mm^2)

設計基準強度 F_c	長期許容応力度					短期許容応力度				
	圧縮	引張	せん断	付着		圧縮	引張	せん断	付着	
				上端筋	その他の鉄筋				上端筋	その他の鉄筋
21	7.0	—	0.70	1.40	2.10	14.0	—	1.05	2.10	3.15

表2.1.2　異形鉄筋の許容応力度（RC規準）

(単位：N/mm^2)

鉄筋の種類および品質	鉄筋径	長期許容応力度		短期許容応力度	
		圧縮・引張	せん断補強	圧縮・引張	せん断補強
SD295A	D10，D13，D16，D19，D22	195	195	295	295

2.1.4 図　面

(1) 平面図

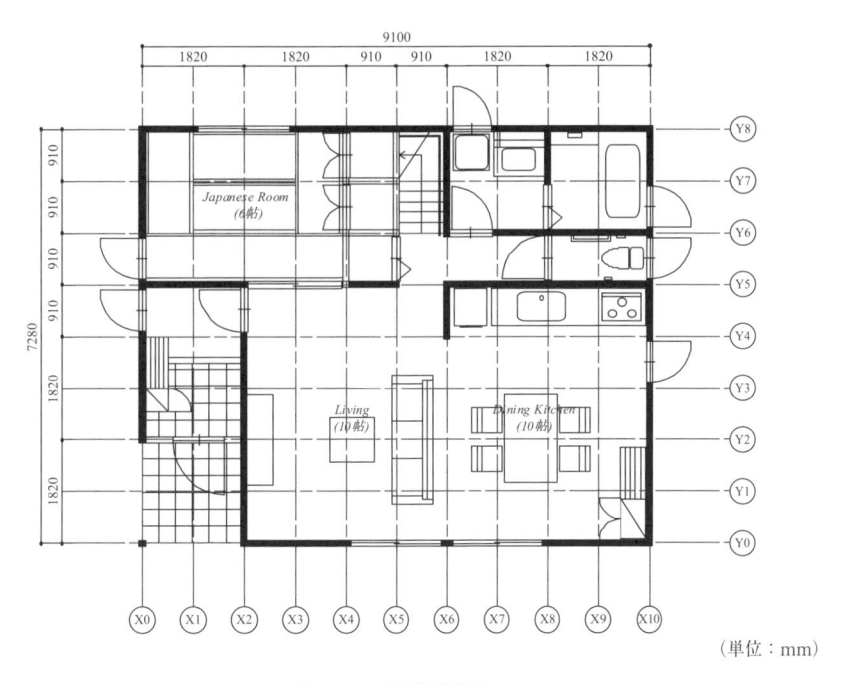

図 2.1.1　1 階平面図

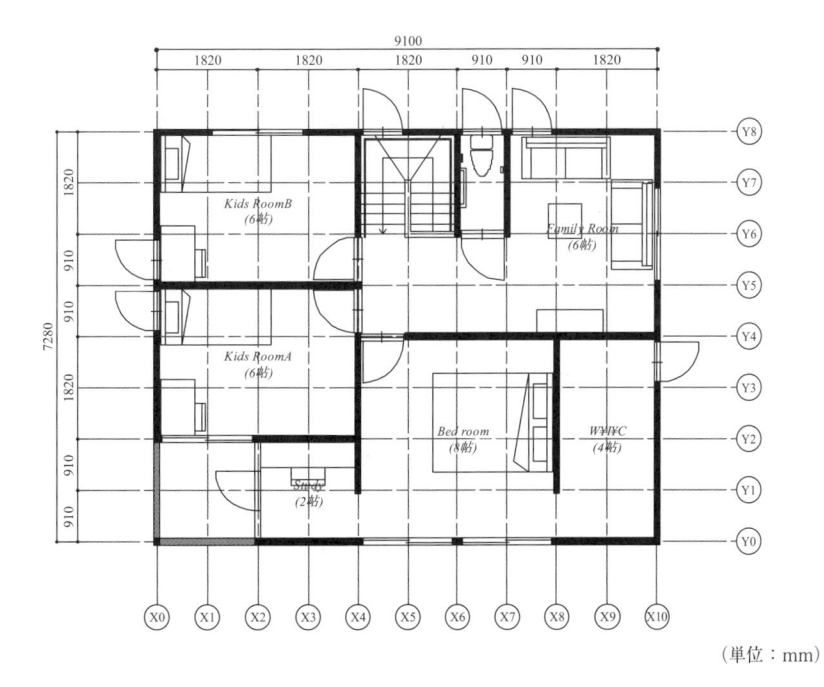

図 2.1.2　2 階平面図

(2) 立 面 図

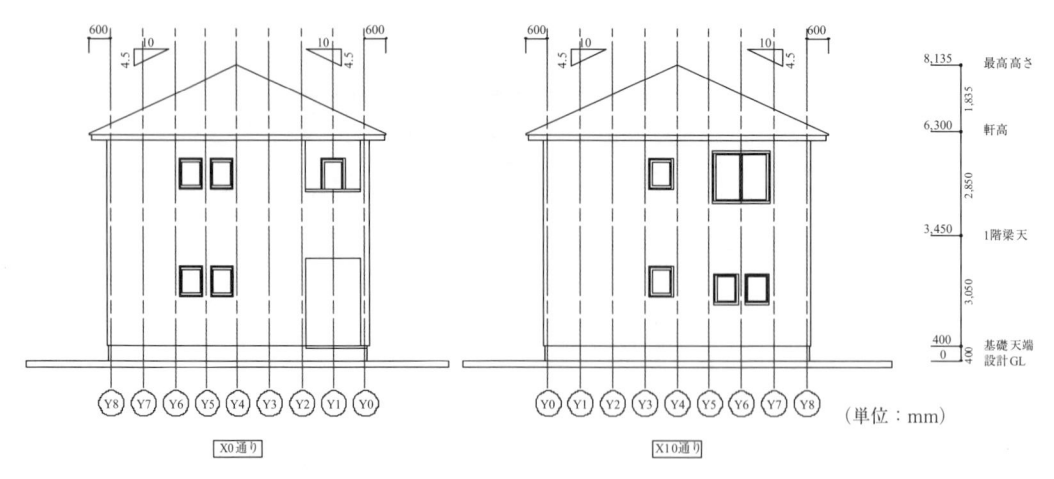

図 2.1.3 立面図（X 通り）

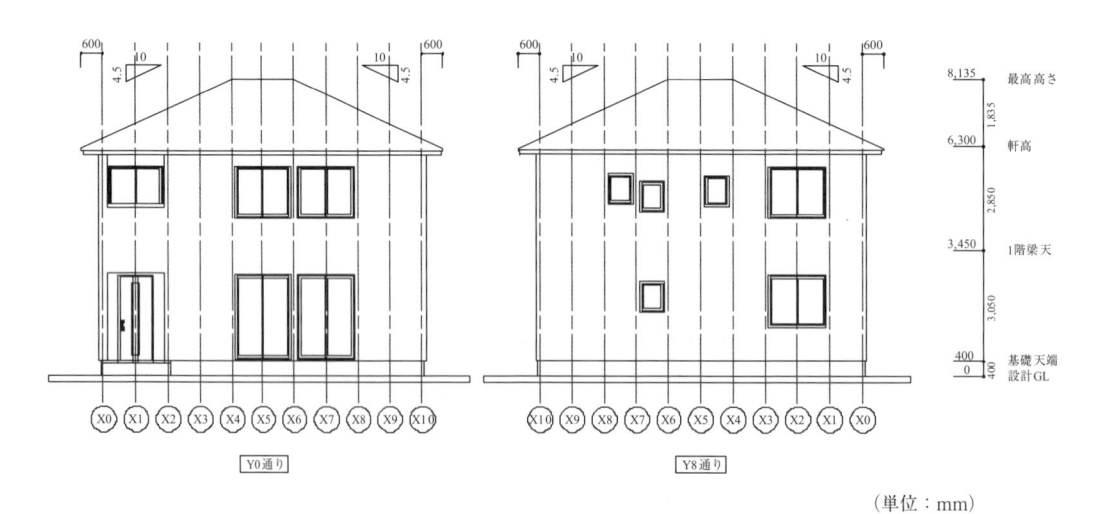

図 2.1.4 立面図（Y 通り）

（単位：mm）

(3) 略伏図

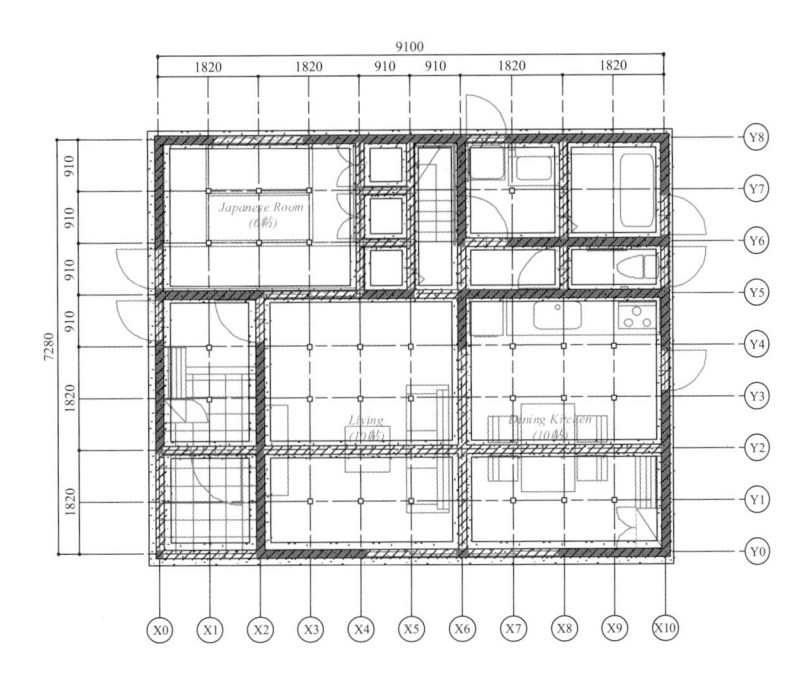

図 2.1.5　布基礎伏図

（単位：mm）

2.1.5 地盤概要

敷地は，緩扇状地に位置しており，平坦な宅地である．SWS試験による地盤調査結果を図2.1.6に示す．

JIS A 1221				スウェーデン式サウンディング試験				
調査件名		建築太郎				試験年月日		
地点番号(地盤高さ)		調査点 A （KBM±0）				試験者		
回転装置の種類		手動	天候	晴れ				
荷重 W_{sw} kN	半回転数 N_a	貫入深さ D m	貫入量 L cm	1mあたりの半回転数 N_{sw}	記事	深さ m	荷重W_{sw} kN	貫入量1mあたりの半回転数 N_{sw}
1.00	0	0.25	0.25	0	シャリシャリ			
1.00	2	0.50	0.25	8	シャリシャリ			
1.00	4	0.75	0.25	16	シャリシャリ			
1.00	4	1.00	0.25	16	シャリシャリ	1.0		
1.00	5	1.25	0.25	20	シャリシャリ			
1.00	5	1.50	0.25	20	シャリシャリ			
1.00	6	1.75	0.25	24	シャリシャリ			
1.00	6	2.00	0.25	24	シャリシャリ	2.0		
1.00	6	2.25	0.25	24	シャリシャリ			
1.00	6	2.50	0.25	24	シャリシャリ			
1.00	6	2.75	0.25	24	シャリシャリ			
1.00	8	3.00	0.25	32	シャリシャリ	3.0		
1.00	10	3.25	0.25	40	シャリシャリ			
1.00	11	3.50	0.25	44	シャリシャリ			
1.00	12	3.75	0.25	48	シャリシャリ			
1.00	13	4.00	0.25	52	シャリシャリ	4.0		
1.00	13	4.25	0.25	52	シャリシャリ			
1.00	14	4.50	0.25	56	シャリシャリ			
1.00	16	4.75	0.25	64	シャリシャリ			
1.00	15	5.00	0.25	60	シャリシャリ	5.0		
1.00	16	5.25	0.25	64	シャリシャリ			
1.00	18	5.50	0.25	72	シャリシャリ			

図2.1.6 SWS試験データ

地盤の長期許容支持力度は，小規模指針（5.4.5）式により算定する．W_{sw}, N_{sw}の値は，基礎直下から2mの範囲（GL−0.25〜2.25m）の平均値を採用する．

$\overline{W_{sw}} = 1.0 \text{(kN)}$

$\overline{N_{sw}} = (8 \times 0.25 + 16 \times 0.25 + 16 \times 0.25 + 20 \times 0.25 + 20 \times 0.25 + 24 \times 0.25 + 24 \times 0.25 + 24 \times 0.25)/2.0$
$= 19.00$

以上より，長期許容支持力度は，

$q_a = 30\overline{W_{sw}} + 0.64\overline{N_{sw}} = 30 + 0.64 \times 19.00 = 42 \quad (\text{kN/m}^2)$

微地形区分は，緩扇状地であり地下水位は5m以浅には確認されないため，中地震動では液状化の影響が地表面には及ばないと判断した．

2.1.6 鉛直荷重に対する検討

小規模指針図 6.3.3 に準じて，基礎の検討を X6 通りの Y0-Y8 間で行う．

根入れ深さ　　　　　　$D_f = 250$ mm
基礎梁幅　　　　　　　$b = 150$ mm
基礎梁せい　　　　　　$D = 650$ mm
基礎スラブ厚　　　　　$t = 150$ mm
配筋　シングル配筋
地盤の長期許容支持力度　$_Lq_a = 42$ kN/m^2
地盤の短期許容支持力度　$_Sq_a = 84$ kN/m^2
基礎スラブ検討用荷重　$W_F = 7.32$ kN/m
　　　　　　　　　　〔表 2.1.3 参照〕
基礎梁検討用荷重　　　$W_B = 5.88$ kN/m〔表 2.1.3 参照〕

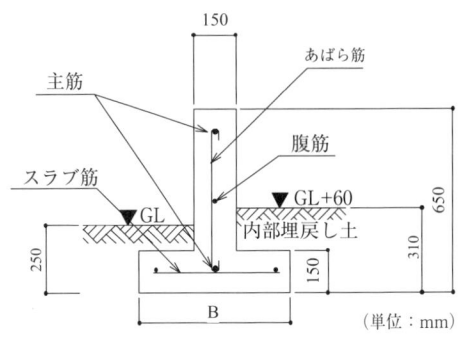

図 2.1.7　基礎の設計断面

(1) 建物荷重の計算

1.3 節荷重の算定方法より布基礎設計用の鉛直荷重を表 2.1.3 に示す．

表2.1.3 基礎設計用通り荷重の一覧

検討部材情報					建物荷重算定		簡易表より
部材位置			長さ	梁間		基礎設計用荷重	長さあたり荷重	長さあたり荷重
通り	始端	終端	(m)	(P)			(kN/m)	(kN/m)
X0	Y0	Y8	7.280	1.0	合計	基礎梁設計用荷重：W_B	4.46	8.62
					合計	基礎スラブ設計用荷重：W_F	5.90	10.06
X2	Y0	Y5	4.550	3.0	合計	基礎梁設計用荷重：W_B	6.96	10.98
					合計	基礎スラブ設計用荷重：W_F	8.40	12.42
X4	Y5	Y8	2.730	2.5	合計	基礎梁設計用荷重：W_B	9.32	10.98
					合計	基礎スラブ設計用荷重：W_F	10.76	12.42
X5	Y5	Y8	2.730	1.0	合計	基礎梁設計用荷重：W_B	4.34	8.62
					合計	基礎スラブ設計用荷重：W_F	5.78	10.06
X6	Y0	Y8	7.280	4.0	合計	基礎梁設計用荷重：W_B	5.88	13.35
					合計	基礎スラブ設計用荷重：W_F	7.32	14.79
X8	Y6	Y8	1.820	2.0	合計	基礎梁設計用荷重：W_B	5.24	8.62
					合計	基礎スラブ設計用荷重：W_F	6.68	10.06
X10	Y0	Y8	7.280	1.0	合計	基礎梁設計用荷重：W_B	5.42	8.62
					合計	基礎スラブ設計用荷重：W_F	6.86	10.06
Y0	X0	X10	9.100	1.0	合計	基礎梁設計用荷重：W_B	6.90	8.62
					合計	基礎スラブ設計用荷重：W_F	8.34	10.06
Y2	X0	X10	9.100	2.5	合計	基礎梁設計用荷重：W_B	4.51	10.98
					合計	基礎スラブ設計用荷重：W_F	5.95	12.42
Y5	X0	X10	9.100	3.0	合計	基礎梁設計用荷重：W_B	8.74	10.98
					合計	基礎スラブ設計用荷重：W_F	10.18	12.42
Y6	X4	X10	5.460	1.5	合計	基礎梁設計用荷重：W_B	4.70	8.62
					合計	基礎スラブ設計用荷重：W_F	6.14	10.06
Y7	X4	X5	0.910	1.0	合計	基礎梁設計用荷重：W_B	4.52	8.62
					合計	基礎スラブ設計用荷重：W_F	5.96	10.06
Y8	X0	X10	9.100	1.5	合計	基礎梁設計用荷重：W_B	5.66	8.62
					合計	基礎スラブ設計用荷重：W_F	7.10	10.06

(2) 地盤の長期許容支持力度の検討

$\gamma_{RC} = 24$ kN/m³　　　$\gamma_s = 16$ kN/m³

基礎自重 W の算定

$$W = \{\gamma_{RC} \times B \times t + \gamma_{RC} \times b \times (D_f + 60 - t) + \gamma_s \times (B - b) \times (D_f + 60 - t)\} \times 10^{-6}$$

$$= \{24 \times B \times 150 + 24 \times 150 \times (250 + 60 - 150) + 16 \times (B - 150) \times (250 + 60 - 150)\} \times 10^{-6}$$

$$= (3\,600B + 576\,000 + 2\,560B - 384\,000)/1\,000\,000$$

$$= (6\,160B + 192\,000)/1\,000\,000$$

$$= 0.0062B + 0.20$$

必要な基礎スラブ幅は，次式により算定し，q_a は，地盤の長期許容支持力度を用いる．

$$B = \frac{W_F + W}{{}_L q_a} \times 10^3$$

$$B = \frac{7.32 + 0.0062B + 0.20}{42} \times 10^3$$

$$B = 0.15B + 180$$

$$B = 180/0.85 = 212 \text{ mm} \quad \rightarrow \quad 基礎スラブ幅 B は 300 \text{ mm} とする．$$

(3) 不同沈下に対する検討

　直接基礎の沈下量は，圧密沈下量を算定し，不同沈下は，建築物の傾斜角または変形角の大きさによって評価するが，当該敷地は砂質地盤であるため有害な沈下はしないと判断した．

(4) 基礎スラブの検討

　基礎スラブに作用する曲げモーメントは，下式により算定する．

$$M = \frac{1}{2} \times w_0 \times l^2 \times 10^{-6}$$

$$w_0 = W_F/B = 7.32/0.30 = 24.4 \text{ kN/m}^2$$

$$l = (300 - 150)/2 = 75 \text{ mm}$$

$$M = \frac{1}{2} \times 24.4 \times 75^2 \times 10^{-6} = 0.069 \text{ kN} \cdot \text{m}$$

$$d = 85 \text{ mm} \quad j = 85 \times 0.875 = 74 \text{ mm}$$

スラブ筋（SD295）の長期許容引張応力度 $f_t = 195 \text{ N/mm}^2$

単位長さあたりに必要なスラブ筋断面積 a_t は，

$$a_t = \frac{M \times 10^6}{f_t \times j}$$

$$= \frac{0.069 \times 10^6}{195 \times 74} = 4.79 \text{ mm}^2 \quad D10@300\,(237.77 \text{ mm}^2)$$

せん断に対する検討

$$Q = w_0 \times l \times 10^{-3} = 24.4 \times 75 \times 10^{-3} = 1.83 \text{ kN}$$

コンクリートの長期許容せん断応力度 $f_s = 0.7 \text{ N/mm}^2\,(F_C = 21 \text{ N/mm}^2)$

$$Q_A = f_s \times j$$

$$= 0.7 \times 74 = 51.8 \text{ kN} \; > \; Q$$

スラブ筋（曲げ補強筋）の必要付着長さ l_{ab} の算定は次式による．

$$l_{ab} = \frac{\sigma_t \times A_S}{K \times f_b \times \psi}$$

ここで σ_t はスラブ筋の存在引張応力度で，鉄筋間隔が 300 mm であることから 1 m あたりの鉄

筋断面積は $A_S=237.77\,\mathrm{mm^2}$ となり，

$$\sigma_t=\frac{M\times 10^6}{j\times A_S}=\frac{0.069\times 10^6}{74\times 237.77}=3.93\,\mathrm{N/mm^2}$$

$K=1.9,\ f_b=1.40\,\mathrm{N/mm^2},\ \phi=1\,000/300\times 30=100$（D10 を 3 本の場合）

$$l_{db}=\frac{3.93\times 237.77}{1.9\times 1.40\times 100}=3.52\,\mathrm{mm}$$

となり，スラブ筋は，かぶり厚を考慮し，基礎スラブ幅から両端 60 mm を引いた 180 mm とする．この場合，$l_{db}=(300-150)/2-60=15\,\mathrm{mm}$ となり十分安全である．

また，配力筋は一般的に使用される D10 を 1 本配置する．

(5) 基礎梁の検討

1) 主筋の検討

設計用曲げモーメントは条件の厳しい開口中央部上端とする．

$$M_{上}=\frac{1}{8}wl^2,\ w=W_B$$
$$=\frac{1}{8}\times 5.88\times 3.64^2=9.74\,\mathrm{kN\cdot m}$$

主筋（SD295）の長期許容引張応力度 $f_t=195\,\mathrm{N/mm^2}$，上側鉄筋中心を上端から 70 mm の位置とすると

$$a_t=\frac{M\times 10^6}{f_t\times j}$$

$$=\frac{9.74\times 10^6}{195\times(650-70)\times 0.875}$$

$$=98.43\,\mathrm{mm^2}\quad\rightarrow\quad 1\text{-}\mathrm{D13}(127\,\mathrm{mm^2})$$

2) せん断力に対する検討

$$Q=\frac{1}{2}\times w\times l=\frac{1}{2}\times 5.88\times 3.64=10.71\,\mathrm{kN}$$
$$Q_A=f_s\times b\times j\times 10^{-3}$$
$$=0.7\times 150\times(650-70)\times 0.875\times 10^{-3}=53.29\,\mathrm{kN}\ >\ Q$$

表 2.1.4 に上述の検討による基礎スラブ幅と基礎梁の主筋断面の一覧を示す．また，小規模指針のスラブ幅検討用簡易表および基礎梁の配筋検討用簡易表より，読み取った値を同じく表 2.1.4 に併記する．ここで，スラブ幅は 300(mm)を下限とする．なお，引用した小規模指針は RC 規準(1999)の値を採用して算定している．

基礎梁に人通口など開口を設ける場合は，基礎梁の欠損になるので，なるべく上部構造の大きな開口の下（特に開口端近辺）を避け，かつ必要な補強措置をとる．開口により基礎梁断面が欠損する場合は，欠損した断面で構造検討を行う必要がある．補強方法については，小規模指針図 6.2.4 を参照されたい．

表2.1.4 鉛直荷重時の基礎断面の検討結果

検討部材情報				設計用荷重	検討結果	簡易表より
部材位置			長さ	上段／基礎梁用荷重：W_B	上段／スラブ幅 B(mm)	上段／スラブ幅 B(mm)
通り	始端	終端	(m)	下段／基礎スラブ用荷重：W_F	下段／主筋配筋	下段／主筋配筋
X0	Y0	Y8	7.280	4.46	300	300
				5.90	D13	D13
X2	Y0	Y5	4.550	6.96	300	320
				8.40	D13	D13
X4	Y5	Y8	2.730	9.32	300	400
				10.76	D13	D13
X5	Y5	Y8	2.730	4.34	300	300
				5.78	D13	D13
X6	Y0	Y8	7.280	5.88	300	300
				7.32	D13	D13
X8	Y6	Y8	1.820	5.24	300	300
				6.68	D13	D13
X10	Y0	Y8	7.280	5.42	300	300
				6.86	D13	D13
Y0	X0	X10	9.100	6.90	300	310
				8.34	D13	D13
Y2	X0	X10	9.100	4.51	300	300
				5.95	D13	D13
Y5	X0	X10	9.100	8.74	300	380
				10.18	D13	D13
Y6	X4	X10	5.460	4.70	300	300
				6.14	D13	D13
Y7	X4	X5	0.910	4.52	300	300
				5.96	D13	D13
Y8	X0	X10	9.100	5.66	300	300
				7.10	D13	D13

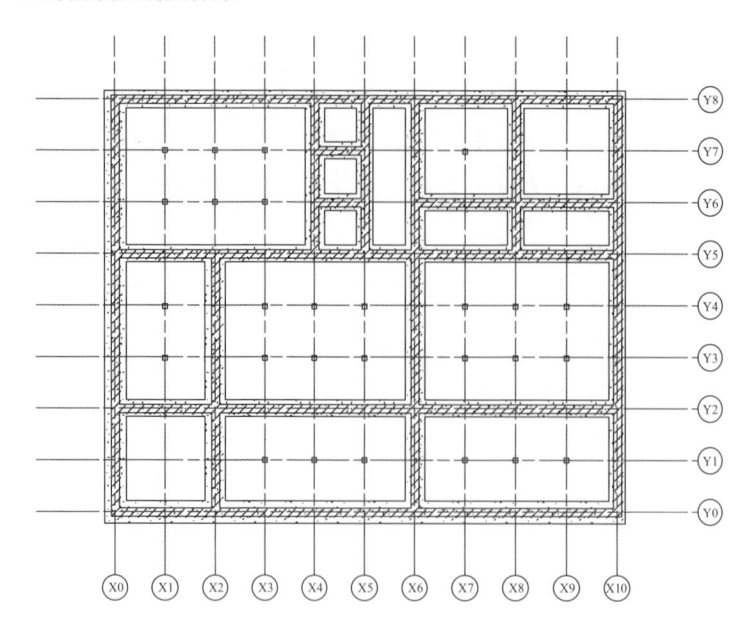

図 2.1.8 布基礎伏図

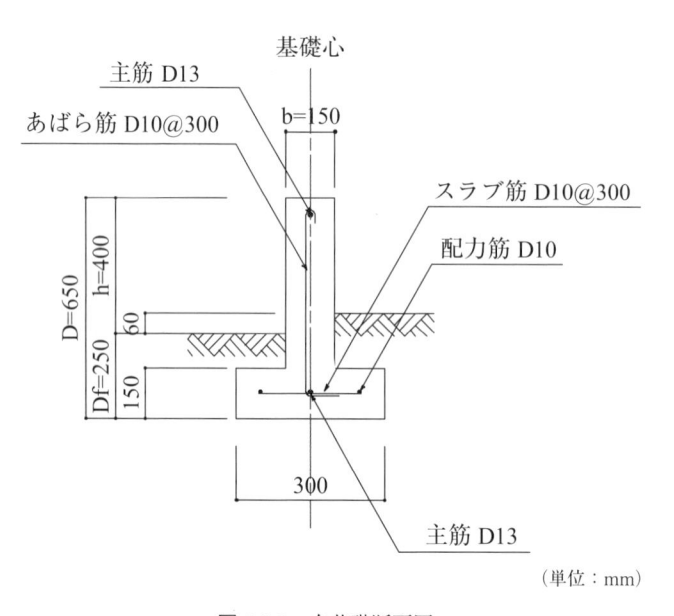

図 2.1.9 布基礎断面図

（単位：mm）

2.2節　粘性土地盤に建つ建物のべた基礎

本節では，粘性土地盤に 1.3 節で想定した建物にべた基礎を配置する場合の算定方法について解説する．一般事項，設計条件，および使用する材料の規格は，2.1 節を参照されたい．

2.2.1　図面

べた基礎伏図を図 2.2.1 に示す．

（単位：mm）

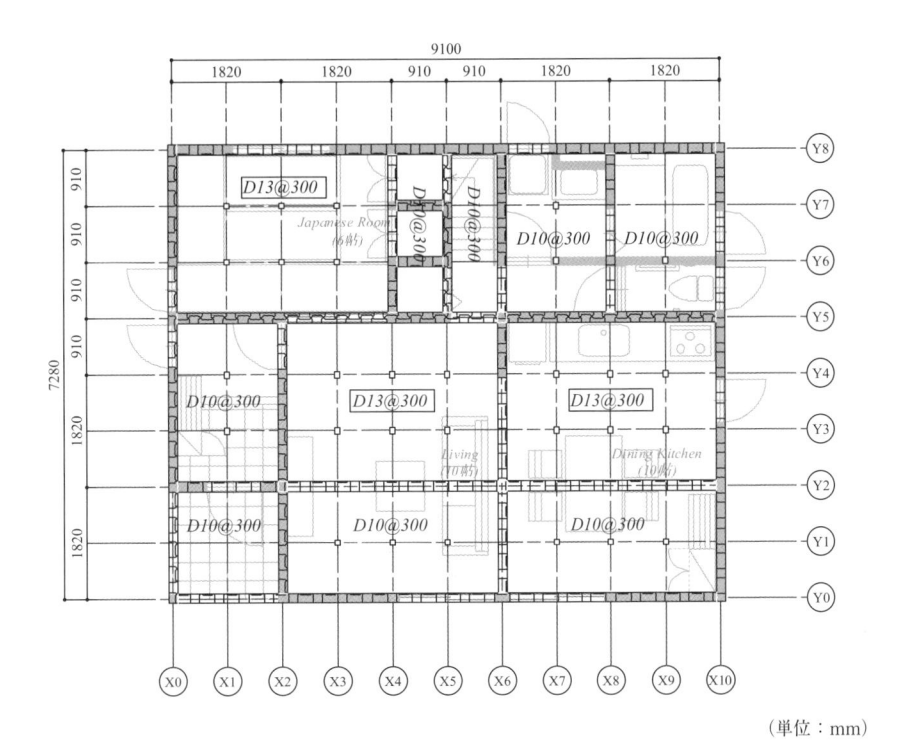

図 2.2.1　べた基礎伏図

2.2.2 地盤概要

図2.2.2に建物の配置図，図2.2.3に調査地周辺の土地条件図および図2.2.4にSWS試験結果を示す．

図2.2.4のSWS試験結果より，表層部0.5mまでは自沈層が存在しているが，その下部の地盤は一様に回転層となっており，比較的良好な地盤であると判断できる．図2.2.5には各測点の地盤状況を示す．

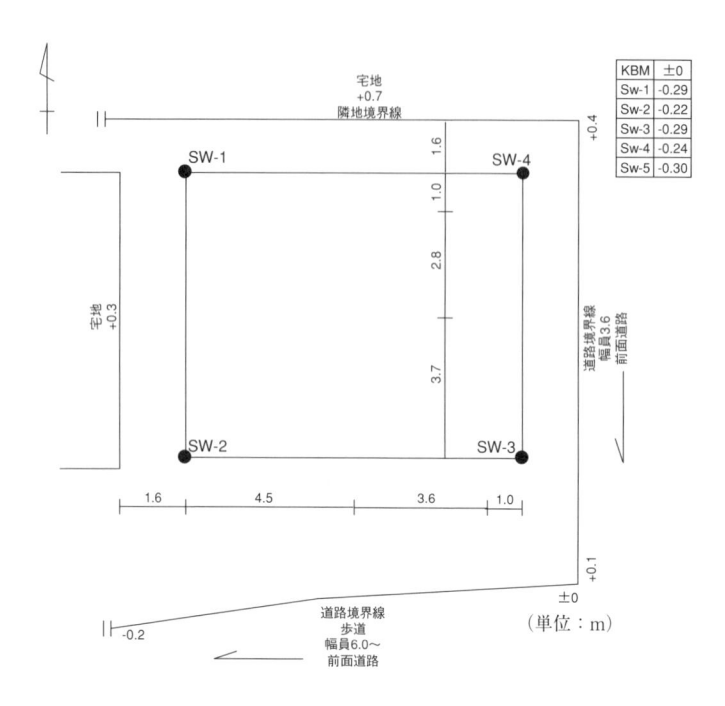

図2.2.2　建物配置図および調査位置図

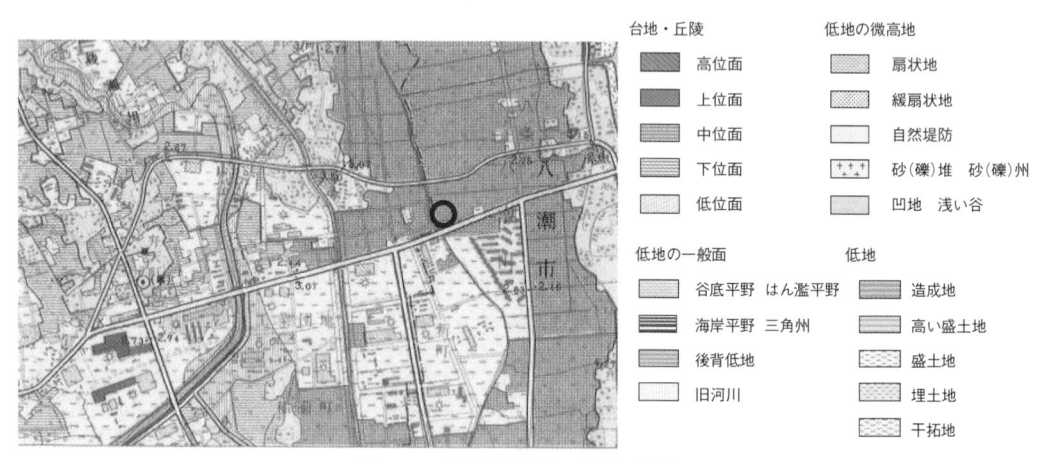

図2.2.3　調査地周辺の土地条件図

図 2.2.4　SWS 試験データ

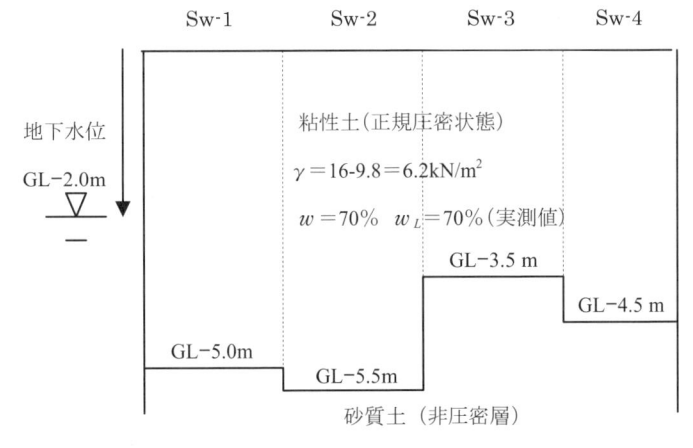

図 2.2.5　地盤状況

地盤の長期許容支持力度は，小規模指針（5.4.5）式により，各測定点のうち最も小さい値の測定点1で算定する．$\overline{W_{SW}}$，$\overline{N_{SW}}$ の値は，基礎直下から2mの範囲（GL−0.25～2.25m）の平均値を採用する．

$$_Lq_a = 30\overline{W_{SW}} + 0.64\overline{N_{SW}} \quad (kN/m^2) \tag{2.2.1}$$

$$\overline{W_{SW}} = (0.75 \times 0.25 + 1.0 \times 1.75)/2.0 = 0.96 \quad (kN)$$

$$\overline{N_{SW}} = (0 \times 0.25 + 0 \times 0.25 + 0 \times 0.25 + 8 \times 0.25 + 0 \times 0.25 + 4 \times 0.25 + 8 \times 0.25 + 4 \times 0.25)/2.0 = 3.0$$

以上より，長期許容支持力度は，

$$_Lq_a = 30\overline{W_{SW}} + 0.64\overline{N_{SW}} = 30 \times 0.96 + 0.64 \times 3.0 = 30.7 \quad (kN/m^2)$$

2.2.3 鉛直荷重に対する検討

小規模指針図6.6.1に準じて，基礎の検討をする．表2.2.1にべた基礎設計用ならし荷重の算定結果を示す．

表2.2.1 べた基礎設計用ならし荷重の算定結果

荷重条件	べた基礎設計用荷重（kN/m²）
屋根	1.13
外壁	2.10
床	3.92
基礎（地表面以上）	0.40
合計	7.55

べた基礎の検討用荷重　$W_F = 7.55 \, kN/m^2$

基礎梁検討用荷重　$W_B = 9.32 \, kN/m$

地盤の長期許容支持力度　$_Lq_a = 30 \, kN/m^2$

地盤の短期許容支持力度　$_Sq_a = 60 \, kN/m^2$

(1) 建物荷重の計算

設計に用いる建物荷重は，表2.2.1による．

(2) 地盤の長期許容支持力度の検討

建築物の総荷重　$\Sigma W = W_F + $ スラブの自重

また，スラブ厚 $t = 150$ mm であるため建物総荷重 ΣW は，

$$\Sigma W = 7.55 + \gamma_{RC} \times t \times 10^{-3} = 7.55 + 24 \times 150 \times 10^{-3} = 11.15 \, kN$$

$$\frac{\alpha \times \Sigma W}{A} = \frac{1.0 \times 11.15}{1.0} = 11.15 \, kN/m^2 \leq {_Lq_a} = 30 \, kN/m^2$$

(3) 圧密沈下に対する検討

圧密対象層については，簡易沈下量の算定により不同沈下の検討を行う．

圧密沈下量は，小規模指針（5.5.1）式を用いて算定する．

$$S=\frac{C_c \cdot H}{1+e_0}\log\left(1+\frac{\Delta\sigma}{\sigma}\right) \tag{2.2.1}$$

記号

S ：圧密沈下量（m）

σ ：有効上載圧（kN/m^2）

$\Delta\sigma$：地中増加応力（kN/m^2）

C_c：圧縮指数

e_0：初期間げき比

H：圧密対象層（m）

1) 有効上載圧の算定

建物建設前の有効上載圧 σ は，一般には全上載圧と間げき水圧の差であり，図2.2.6に示した横線部分の応力である．地盤が一様で間げき水圧が静水圧分布であるとすれば，本計画における深さ Z（地下水位以深）の有効上載圧は，小規模指針（5.5.3）式より求めることができる．また，有効上載圧はSWS試験ポイントごとに算定する（添字①～④）．

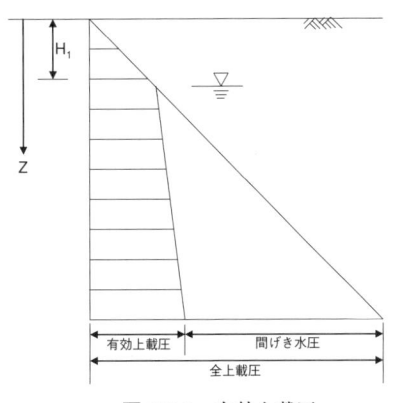

図 2.2.6 有効上載圧

$$\sigma=rH_1+(\gamma-9.8)(z-H_1) \tag{2.2.2}$$

記号

σ ：有効上載圧（kN/m^2）

γ ：土の湿潤単位体積重量（kN/m^3）

H_1：地下水位（m）

z ：地表面からの深度（対象層の中心深度）（m）

$\sigma_①=16\times2.0+(16-9.8)(2.5-2.0)=35.1$（kN/m^2）

$\sigma_②=16\times2.0+(16-9.8)(2.75-2.0)=36.65$（kN/m^2）

$\sigma_③=16\times1.75=28$（kN/m^2）

$\sigma_④=16\times2.0+(16-9.8)(2.25-2.0)=33.55$（kN/m^2）

2) 地中増加応力の算定

図 2.2.7 のように幅 B,長さ L である地表面上の長方形面に荷重 q が作用したとき,この長方形の隅角下での深さ z の位置における地中応力の鉛直方向成分は,小規模指針 (5.5.4) 式より求めることができる.また,このとき地中増加応力 $\Delta\sigma$ の算出は,圧密対象層が一様な場合,図 2.2.8 のようにその中心までの深度において行う.

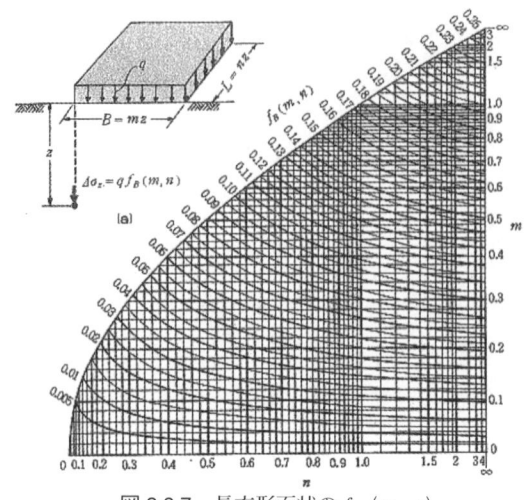

図 2.2.7 長方形面状の $f_B (m, n)$

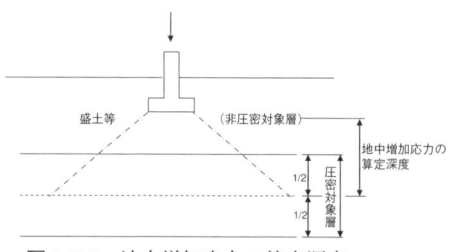

図 2.2.8 地中増加応力の算定深度

$$\Delta\sigma = \frac{q}{2\pi}\left\{\frac{mn}{\sqrt{m^2+n^2+1}}\frac{m^2+n^2+2}{(m^2+1)(n^2+1)} + \sin^{-1}\frac{mn}{\sqrt{(m^2+1)(n^2+1)}}\right\} \quad (2.2.3)$$

記号

  $\Delta\sigma$:地中増加応力(kN/m^2)

  q:接地圧(kN/m^2)

  m:B/z

  n:L/z

長方形荷重面隅角の地中増加応力は以上の方法によって求められるが,隅角下以外の任意の点における地中増加応力は,次に示す長方形分割法により求めることができる.

図 2.2.9 (a) のように長方形 ACEG 面に等分布荷重が作用しているとき,長方形内の任意の点 O 下で深さ Z なる点の地中増加応力を求めるには,長方形 ACEG を 4 個の長方形 ①, ②, ③, ④

(ABOH, BCDO, DEFO, FGHO) に分割し，それぞれの長方形内における荷重によって O 点直下 Z なる深さの点に生ずる地中増加応力を算定し，これらを合算する．図 2.2.9 (b) のように出入隅をもった ACDOFG 面に等分布荷重が作用しているときも，上記と同様に変形な ACDOFG 面を O 点の直下 Z なる深さ 3 個の長方形①，②，④ (ABOH, BCDO, FGHO) に分割することで算定できる．

荷重作用面の形がさらに複雑な長方形の組み合わせである場合にも，適切に上述の方法を組み合わせることによって，任意点の地中応力を算定することができる．

図 2.2.9 長方形分割法

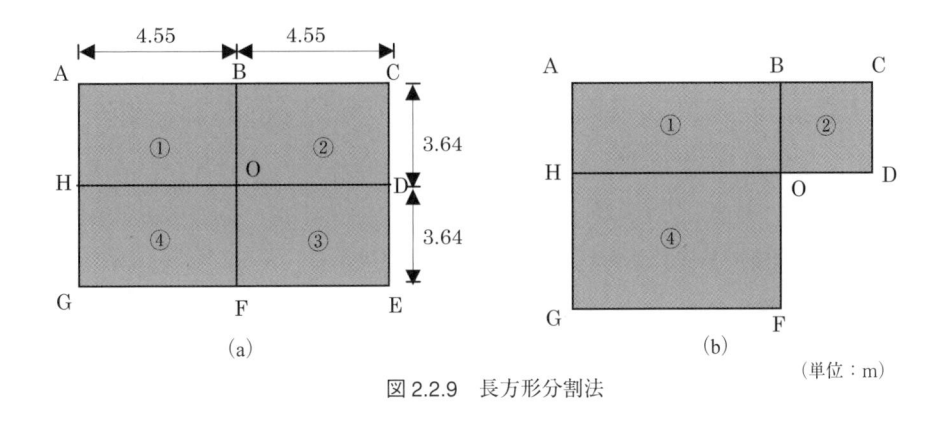

図 2.2.10 に基礎伏図を示す．小規模指針 (5.5.4) 式を用いて各調査ポイントの $\Delta\sigma$ を算定すると以下のとおりとなる．

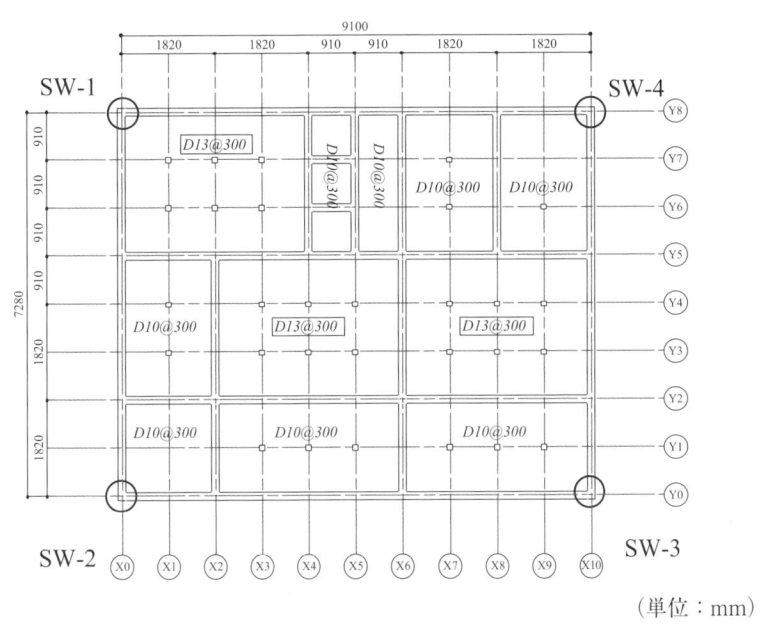

図 2.2.10 基礎伏図

$$\Delta\sigma_① = \frac{11.15}{2\pi}\left\{\frac{2.912\times 3.64}{\sqrt{2.912^2+3.64^2+1}}\frac{2.912^2+3.64^2+2}{(2.912^2+1)(3.64^2+1)} + \sin^{-1}\frac{2.912\times 3.64}{\sqrt{(2.912^2+1)(3.64^2+1)}}\right\}$$

$$= 2.731 (\mathrm{kN/m^2})$$

$$\Delta\sigma_② = \frac{11.15}{2\pi}\left\{\frac{2.647\times 3.309}{\sqrt{2.647^2+3.309^2+1}}\frac{2.647^2+3.309^2+2}{(2.647^2+1)(3.309^2+1)} + \sin^{-1}\frac{2.647\times 3.309}{\sqrt{(2.647^2+1)(3.309^2+1)}}\right\}$$

$$= 2.714 (\mathrm{kN/m^2})$$

$$\Delta\sigma_③ = \frac{11.15}{2\pi}\left\{\frac{4.16\times 5.2}{\sqrt{4.16^2+5.2^2+1}}\frac{4.16^2+5.2^2+2}{(4.16^2+1)(5.2^2+1)} + \sin^{-1}\frac{4.16\times 5.2}{\sqrt{(4.16^2+1)(5.2^2+1)}}\right\}$$

$$= 2.767 (\mathrm{kN/m^2})$$

$$\Delta\sigma_④ = \frac{11.15}{2\pi}\left\{\frac{4.044\times 3.236}{\sqrt{4.044^2+3.236^2+1}}\frac{4.044^2+3.236^2+2}{(4.044^2+1)(3.236^2+1)} + \sin^{-1}\frac{4.044\times 3.236}{\sqrt{(4.044^2+1)(3.236^2+1)}}\right\}$$

$$= 2.745 (\mathrm{kN/m^2})$$

$B=7.28$ m（①～④共通），$L=9.10$ m（①～④共通），$z_①=2.5$ m，$z_②=2.75$ m，$z_③=1.75$ m，$z_④=2.25$ m（図2.2.5の粘性土全層を圧密層とみなす）

3）圧縮指数の算定

圧縮指数 C_c は，小規模指針（3.3.2）式で算定する．

$$C_c = 0.01 w_L \tag{2.2.4}$$

$$= 0.01 \times 70 = 0.70$$

記号

　　　C_c：圧縮指数

　　　w_L：液性限界（%）

4）初期間げき比の算定

初期間げき比 e_0 は，小規模指針（3.3.7）式で算定する．

$$e_0 = \frac{\rho_s}{\rho}\left(1+\frac{w}{100}\right) - 1 \tag{2.2.5}$$

$$= \frac{2.65}{1.6}\left(1+\frac{70}{100}\right) - 1 = 1.816$$

記号

　　　e_0：初期間げき比

　　　w：含水比（%）

　　　ρ_s：土粒子の密度（g/cm³），2.65を用いる．

　　　ρ：土の湿潤密度（g/cm³）

5）圧密沈下量の算定

圧密沈下量 S は，小規模指針（5.5.1）式で算定する．

$$S = \frac{C_c \cdot H}{1+e_0}\log\left(1+\frac{\Delta\sigma}{\sigma}\right)$$

$$S_① = \frac{0.7 \cdot 5.0}{1+1.816} \log\left(1+\frac{2.731}{35.1}\right) = 0.040 \text{(m)}$$

$$S_② = \frac{0.7 \cdot 5.5}{1+1.816} \log\left(1+\frac{2.714}{36.65}\right) = 0.042 \text{(m)}$$

$$S_③ = \frac{0.7 \cdot 3.5}{1+1.816} \log\left(1+\frac{2.767}{28}\right) = 0.036 \text{(m)}$$

$$S_④ = \frac{0.7 \cdot 4.5}{1+1.816} \log\left(1+\frac{2.745}{33.55}\right) = 0.038 \text{(m)}$$

6) 傾斜角の算定

図 2.2.11 には本建物の傾斜角の算定パターンを示す．傾斜角は A～F の 6 パターンにより確認した．

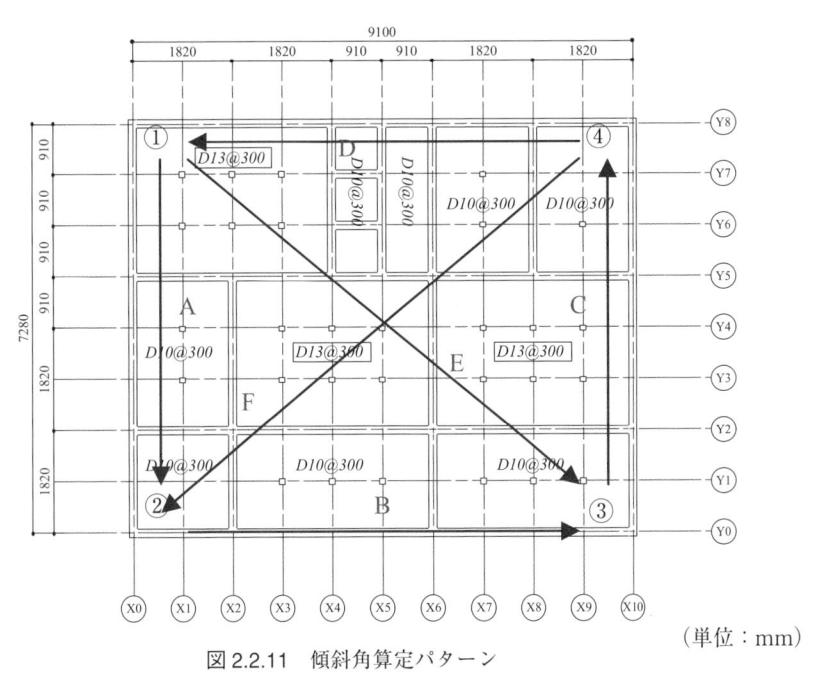

図 2.2.11 傾斜角算定パターン

(単位：mm)

$$\theta_A = \frac{0.042-0.040}{7.28} = \frac{0.27}{1\,000} \text{ rad}$$

$$\theta_B = \frac{0.042-0.036}{9.10} = \frac{0.66}{1\,000} \text{ rad}$$

$$\theta_C = \frac{0.038-0.036}{7.28} = \frac{0.27}{1\,000} \text{ rad}$$

$$\theta_D = \frac{0.040-0.038}{9.10} = \frac{0.22}{1\,000} \text{ rad}$$

$$\theta_E = \frac{0.040-0.036}{11.65} = \frac{0.34}{1\,000} \text{ rad}$$

$$\theta_F = \frac{0.042 - 0.038}{11.65} = \frac{0.34}{1\,000}\,\text{rad}$$

以上の算定結果から傾斜角は最大で $0.66/1\,000$ rad となり,許容値である $3/1\,000$ rad を大きく下回っているため地盤補強を行う必要はない.

(4) 基礎スラブの検討

例として,3P×4P 区画のスラブの検討を行う.

周辺固定の長方形スラブが等分布荷重を受けるときの曲げモーメントを算定する.

$$L_x = 2.73\,\text{m},\ L_y = 3.64\,\text{m} \quad w = W_F = 7.55\,\text{kN/m}^2$$

$$w_x = \frac{L_y^4}{L_x^4 + L_y^4} \times w = \frac{3.64^4}{3.64^4 + 2.73^4} \times 7.55 = 5.74\,\text{kN/m}^2$$

X 方向の曲げモーメント

両端正曲げモーメント

$$M_{x1} = \frac{1}{12} \times w_x \times L_x^2 = \frac{1}{12} \times 5.74 \times 2.73^2 = 3.57\,\text{kN·m}$$

中央最大負曲げモーメント

$$M_{x2} = \frac{1}{18} \times w_x \times L_x^2 = \frac{1}{18} \times 5.74 \times 2.73^2 = 2.38\,\text{kN·m}$$

Y 方向の曲げモーメント

両端正曲げモーメント

$$M_{y1} = \frac{1}{24} \times w \times L_x^2 = \frac{1}{24} \times 7.55 \times 2.73^2 = 2.35\,\text{kN·m}$$

中央最大負曲げモーメント

$$M_{y2} = \frac{1}{36} \times w \times L_x^2 = \frac{1}{36} \times 7.55 \times 2.73^2 = 1.57\,\text{kN·m}$$

必要なスラブの鉄筋量は,両端正曲げモーメントにて算定する.

$$a_t = \frac{M_{x1} \times 10^6}{f_t \times j} = \frac{3.57 \times 10^6}{200 \times (150 - 75) \times 0.875} = 272\,\text{mm}^2 \quad \text{D13@300}\,(423\,\text{mm}^2)$$

$$a_t = \frac{M_{y1} \times 10^6}{f_t \times j} = \frac{2.35 \times 10^6}{200 \times (150 - 75) \times 0.875} = 179\,\text{mm}^2 \quad \text{D10@158}\,(238\,\text{mm}^2)$$

基礎スラブの配筋は,X 方向 D13@300 シングル,Y 方向 D10@150 シングルとする.

せん断力に対する検討

$$Q = \frac{1}{2} \times w_x \times L_x = \frac{1}{2} \times 5.24 \times 2.73 = 7.84\,\text{kN}$$

$$Q_A = f_S \times j = 0.7 \times (150 - 75) \times 0.875 = 45.9\,\text{kN} \ > \ Q$$

(5) 基礎梁の検討
2.1節砂質土地盤に建つ建物の布基礎と同様の検討のため省略する．

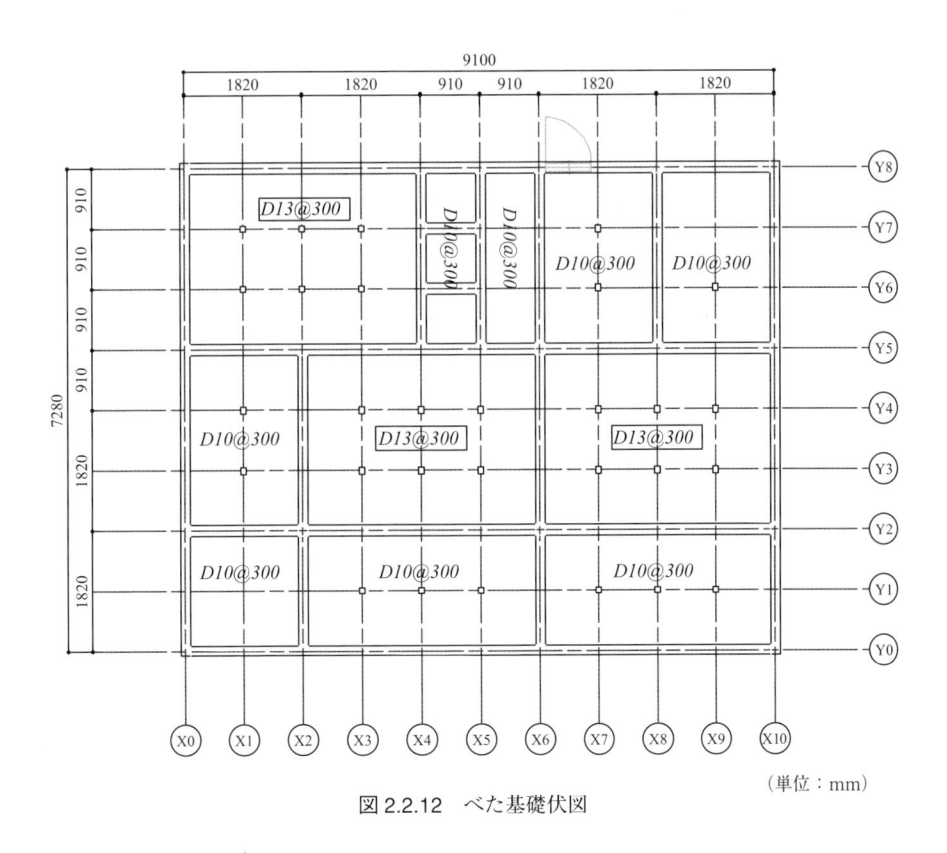

図 2.2.12　べた基礎伏図

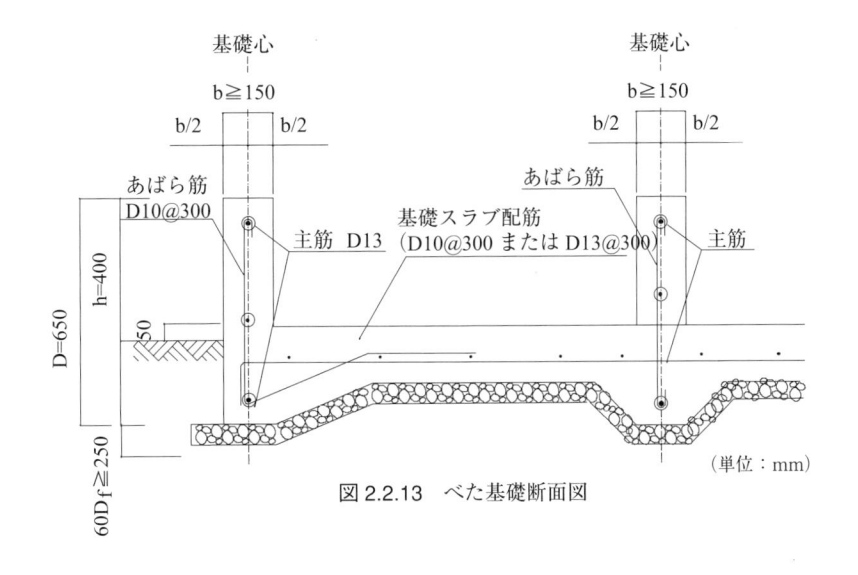

（単位：mm）

図 2.2.13　べた基礎断面図

（単位：mm）

2.3節　ローム地盤に建つ建物の偏心布基礎

2.3.1　敷地概要

図2.3.1に配置図およびSWS試験位置を，図2.3.2に基礎伏図を示す．本建物では，敷地条件よりX10通りの布基礎を偏心布基礎として計画する．

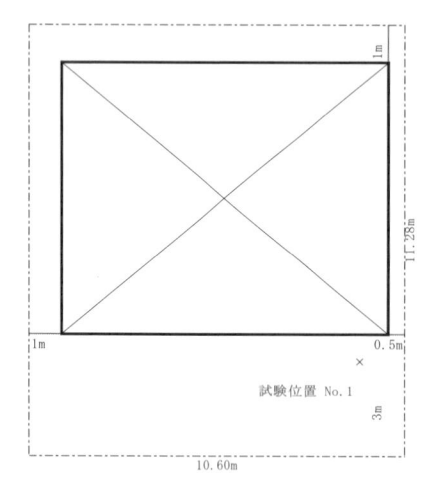

図2.3.1　配置図および試験位置　　　　　　　図2.3.2　基礎伏図

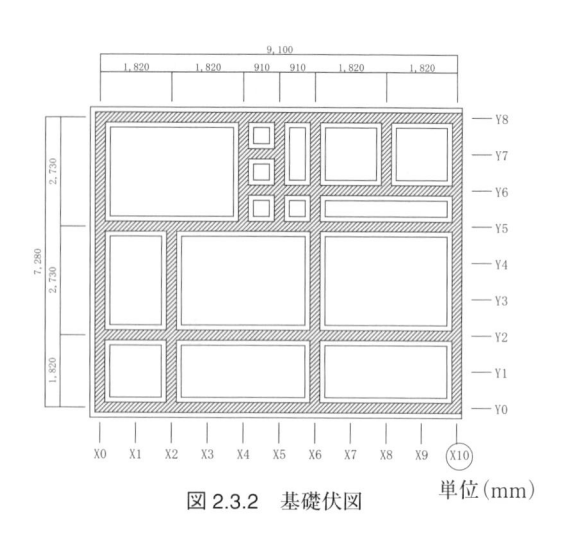

2.3.2　地盤概要

図2.3.3にSWS試験データを示す．本敷地は自然堆積したローム地盤であり，敷地内は平坦となっている．

荷重 W_{sw} kN	半回転数 N_a	貫入深さ D m	貫入量 L cm	1mあたりの半回転数 N_{sw}	記事
1.00	13	0.25	0.25	52	無音
1.00	2	0.50	0.25	8	無音
1.00	2	0.75	0.25	8	無音
1.00	1	1.00	0.25	4	無音
1.00	3	1.25	0.25	12	無音
1.00	2	1.50	0.25	8	無音
1.00	2	1.75	0.25	8	無音
1.00	0	2.00	0.25	0	ジンワリ
1.00	1	2.25	0.25	4	無音
1.00	2	2.50	0.25	8	無音
1.00	2	2.75	0.25	8	無音
1.00	0	3.00	0.25	0	ジンワリ
1.00	4	3.25	0.25	16	無音
1.00	6	3.50	0.25	24	無音
1.00	7	3.75	0.25	28	無音
1.00	12	4.00	0.25	48	無音
0.75	10	4.25	0.25	40	無音
0.75	8	4.50	0.25	32	無音
1.00	10	4.75	0.25	40	無音
1.00	11	5.00	0.25	44	無音
0.75	10	5.25	0.25	40	無音
0.75	8	5.50	0.25	32	無音
0.75	10	5.75	0.25	40	無音
0.75	11	6.00	0.25	44	無音

図2.3.3　SWS試験データ

2.3.3 設計方針

偏心布基礎の設計は，鉛直荷重と水平荷重に対して，小規模指針図6.4.2（下図2.3.4）に従い，安全性を確保する．なお，本設計例では偏心モーメントに対して，隣接する直交梁にねじりモーメントとして伝達させる設計方針とする．

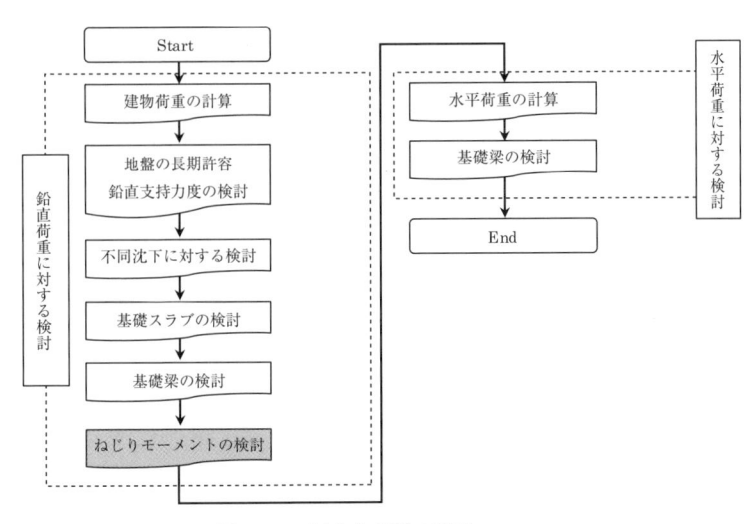

図2.3.4　偏心布基礎の設計フロー

2.3.4 設計条件

図2.3.5に偏心布基礎の設計断面を示す，また，以下に設計条件を示す．

基礎スラブ検討用荷重　$W_F=6.86\,\mathrm{kN/m}$〔表1.3.15参照：X10通り Y0〜Y8〕

基礎梁検討用荷重　$W_B=5.42\,\mathrm{kN/m}$〔表1.3.15参照：X10通り Y0〜Y8〕

根入れ深さ　$D_f=250\,\mathrm{mm}$

基礎梁幅　$b=150\,\mathrm{mm}$（仮定）

基礎梁せい　$D=650\,\mathrm{mm}$

基礎スラブ厚　$t=150\,\mathrm{mm}$

配筋　シングル配筋

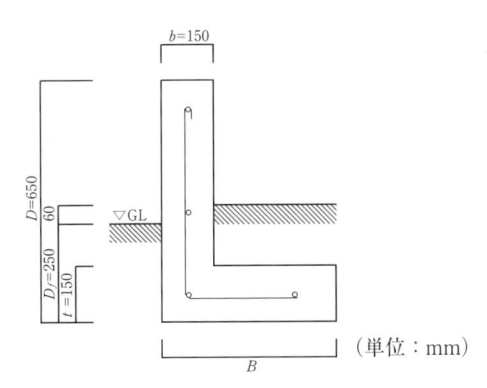

図2.3.5　偏心布基礎の設計断面（X10通り）

鉄筋コンクリートの単位体積重量　$\gamma_{RC}=24\ \text{kN/m}^3$

埋戻し土の単位体積重量　$\gamma_s=14\ \text{kN/m}^3$

なお，偏心布基礎以外の設計断面については，小規模指針図6.3.3の手順に従い外周基礎と内部間仕切り基礎の2種類について，表1.3.15を参照して荷重条件が最も厳しい通りについて検討した．

図2.3.6に偏心布基礎以外の設計断面を示す．算定方法は2.1節を参照されたい．

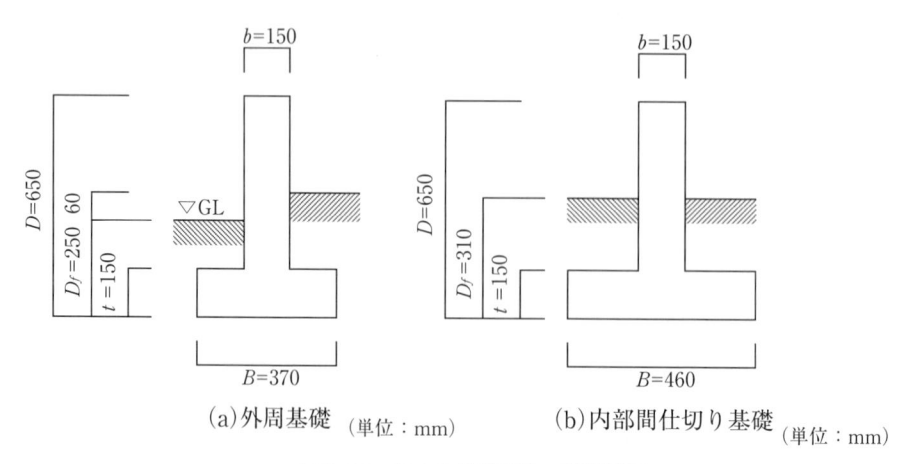

図2.3.6　偏心布基礎以外の設計断面

2.3.5　鉛直荷重に対する検討

(1) 建物荷重の算定

建物荷重の算定結果は，表1.3.15を用いる．

(2) 地盤の長期許容支持力度の検討および建物荷重の算定

①地盤の長期許容支持力度の算定

図2.3.3および図2.3.5より，地盤の長期許容支持力度 $_Lq_a$ を求める．

なお，$\overline{W_{sw}}$，$\overline{N_{sw}}$ の値は基礎直下から2mの範囲(GL−0.25〜2.25m)の平均値を採用する．

$$\begin{aligned}
_Lq_a &= 30\overline{W_{sw}}+0.64\overline{N_{sw}} \\
&= 30\times 1+0.64\times(8+8+4+12+8+8+0+4)\times 0.25/2 \\
&= 30\times 1+0.64\times 6.5 \\
&= 34.1\ \text{kN/m}^2 \quad \rightarrow \quad \text{地盤の長期許容支持力度は}30\ \text{kN/m}^2\text{とする．}
\end{aligned}$$

②基礎自重 W の算定

$$\begin{aligned}
W &= \{\gamma_{RC}\times B\times t+\gamma_{RC}\times b\times(D_f+60-t)+\gamma_s\times(B-b)\times(D_f+60-t)\}\times 10^{-6} \\
&= \{24\times B\times 150+24\times 150\times(250+60-150)+14\times(B-150)\times(250+60-150)\}\times 10^{-6} \\
&= (3600B+576000+2240B-336000)\times 10^{-6} \\
&= (5840B+240000)\times 10^{-6} \\
&= 0.006B+0.24\quad \text{kN/m}
\end{aligned}$$

③必要な基礎スラブ幅 B の算定

$$B \geq (W_F + W)/_L q_a \times 10^3$$

$$B \geq (6.86 + 0.006B + 0.24)/30 \times 10^3$$

$$B \geq 0.2B + 236.7$$

$$B \geq 236.7/0.8 = 295.9 \rightarrow \text{基礎スラブ幅 } B \text{ は } 300 \text{ mm とする.}$$

(3) 基礎スラブの検討（単位長さあたり）

1) 基礎スラブに作用する曲げモーメントの検討

$$M = \frac{1}{2} \times w_0 \times l^2 \times 10^{-6}$$

$$w_0 = \frac{W_F}{B} \times 10^{-3} = \frac{6860}{300} = 22.87 \text{ kN/m}^2$$

$$l = B - b = 300 - 150 = 150 \text{ mm}$$

$$M = \frac{1}{2} \times 22.87 \times 150^2 \times 10^{-6} = 0.258 \text{ kN} \cdot \text{m}$$

$$d = 85 \text{ (mm)}, \quad j = 85 \times 0.875 = 74 \text{ mm}$$

スラブ筋（SD295）の長期許容引張応力度 $f_t = 195 \text{ N/mm}^2$

単位長さあたりに必要なスラブ筋断面積 a_t は,

$$a_t = \frac{M}{f_t \times j} \times 10^6 = \frac{258000}{195 \times 74} = 17.88 \text{ mm}^2 \rightarrow \text{D10 @ 300mm} (237.77 \text{ mm}^2)$$

2) せん断力に対する検討

$$Q = w_0 \times l \times 10^{-3} = 22.87 \times 150 \times 10^{-3} = 3.44 \text{ kN}$$

コンクリートの長期許容せん断応力度 $f_s = 0.7 \text{ N/mm}^2 (f_c = 21 \text{ N/mm}^2)$

$$Q_A = j \times f_s = 74 \times 0.7 = 51.8 \text{ kN} > Q$$

スラブ筋（曲げ補強筋）の必要付着長さ l_{ab} の算定は下式による.

$$l_{ab} = \frac{\sigma_t \times A_s}{K \times f_b \times \psi}$$

ここで σ_t はスラブ筋の存在引張応力度で, 配筋間隔が 300 mm であることから 1 m あたりの鉄筋断面積は $A_s = 237.77 \text{ (mm}^2)$ となり,

$$\sigma_t = \frac{M}{j \times A_s} \times 10^6 = \frac{258000}{74 \times 237.77} = 14.67 \text{ N/mm}^2$$

$$K = 1.9, \quad f_b = 0.95 \text{ N/mm}^2, \quad \psi = 90 \text{ (D10 3本の場合)}$$

$$l_{ab} = \frac{14.67 \times 237.77}{1.9 \times 0.95 \times 90} = 21.48 \text{ mm}$$

となり, スラブ筋はかぶり厚を考慮すると, $l_{ab} = 21.48 \text{ mm} < (300 - 150 - 70 =) 80 \text{ mm}$ となり十分安全である.

また, 配力筋は一般的に使用される D10 を 1 本配置する.

(4) 基礎梁の検討

1) 主筋の検討

設計曲げモーメントは条件の厳しい間口中央部上端とする.

$$M_上 = \frac{1}{8} \times wl^2 \qquad w = W_B$$

$$= \frac{1}{8} \times 5.42 \times 1.82^2 = 2.24 \text{ kN·m}$$

主筋(SD295)の長期許容引張応力度 $f_t = 195 \text{ N/mm}^2$

上側鉄筋中心を上端から 70 mm の位置とすると

$$a_t = \frac{M}{f_t \times j} \times 10^6 = \frac{2240000}{195 \times (650-70) \times 0.875}$$

$$= 22.63 \text{ mm}^2 \rightarrow 1-D13(127 \text{ mm}^2)$$

2) せん断力に対する検討

$$Q = \frac{1}{2} \times wl = \frac{1}{2} \times 5.42 \times 1.82 = 4.94 \text{ kN}$$

$$Q_a = f_s \times b \times j \times 10^{-3} = 0.7 \times 150 \times (650-70) \times 0.875 \times 10^{-3} = 53.29 > Q$$

(5) ねじりモーメントに対する検討

1) 基礎梁幅の算定

基礎梁幅 $b=150$ と仮定し,小規模指針 (6.4.1) 式および (6.4.2) 式を満足していることを確認する.

$$\left(\frac{T}{T_0}\right)^2 + \left(\frac{Q}{Q_0}\right)^2 \leq 1 \tag{2.3.1}$$

$$\left.\begin{aligned} T &= \frac{1}{2} \times W_F \times e \times L_0 \times 10^{-3} \\ T_0 &= \frac{1.15}{3} \times b^2 \times D \times f_s \times 10^{-6} \\ Q &= \frac{W_B \times L}{2} \\ Q_0 &= \alpha \times b \times j \times f_s \times 10^{-3} \end{aligned}\right\} \tag{2.3.2}$$

記号

　　T ：偏心によって生ずるねじりモーメント（kN·m）

　　T_0：長期許容ねじりモーメント（kN·m）

　　Q ：設計用せん断力（kN），偏心布基礎の上部はすべて開口の仮定である

　　Q_0：長期許容せん断耐力（kN）

　　W_F：地面(GL)以上の基礎立上り部分を含む設計用建物荷重(kN/m)〔表1.3.15参照〕

　　e ：偏心布基礎における建物荷重の偏心距離　$e = \frac{B-b}{2}$ （mm）

　　B ：基礎スラブ幅（mm）

　　b ：基礎梁幅（mm）

L_0：ねじれ抵抗梁のスラブ端からスラブ端までの梁の内法スパン（m）

（ただし，本設計例では安全側の数値として $L_0=L$ とする）

D：基礎梁せい（mm）

f_s：コンクリートの長期許容せん断応力度（N/mm^2）

W_B：基礎梁より上の設計用建物荷重（kN/m）〔表 1.3.17 参照〕

L：基礎梁スパン（m）

α：基礎梁のせん断スパン比 $\dfrac{M}{Q \times d}$ による割増し係数

（安全側の数値としてシングル配筋の場合 $\alpha=1.0$）

j：基礎梁の応力中心距離 $j=\dfrac{7}{8}d$（mm）

d：主筋の中心から最外縁までの距離（mm）

したがって，

$$T=\frac{1}{2}\times 6.86\times\frac{300-150}{2}\times 2.73\times 10^{-3}=0.71\ \mathrm{kN\cdot m}$$

$$T_0=\frac{1.15}{3}\times 150^2\times 650\times 0.7\times 10^{-6}=3.93\ \mathrm{kN\cdot m}$$

$$Q=\frac{5.42\times 2.73}{2}=7.40\ \mathrm{kN\cdot m}$$

$$Q_0=1.0\times 150\times\frac{7}{8}\times 580\times 0.7\times 10^{-3}=53.29\ \mathrm{kN}$$

$$\left(\frac{0.71}{3.93}\right)^2+\left(\frac{7.40}{53.29}\right)^2=0.033+0.020=0.053\ \leqq\ 1$$

したがって，基礎梁幅 b は 150 mm とする．

2) 偏心布基礎に直交する基礎梁の配筋

偏心布基礎に直交する基礎梁について，負担範囲内のねじれにより生ずる曲げモーメントを用いて追加で必要となる鉄筋断面積 a_t を求める．偏心布基礎に直交する基礎梁に生ずる曲げモーメントおよび主筋量の計算は小規模指針（6.4.3）式，（6.4.4）式を用いて算定する．

$$M=W_F\times e\times L\times 10^{-3} \tag{2.3.3}$$

$$a_t=\frac{M}{f_t\times j}\times 10^6 \tag{2.3.4}$$

記号

M：直交梁に生ずる単位長さあたりの設計用曲げモーメント（kN・m）

W_F：地面（GL）以上の基礎立上り部分を含む設計用建物荷重（kN/m）〔表 1.3.15 参照〕

e：偏心距離 $e=\dfrac{B-b}{2}$（mm）

B：基礎スラブ幅（mm）

b：基礎梁幅（mm） $L=\dfrac{L_{01}+L_{02}}{2}$（m）

L ：直交梁の負担幅

L_{01}, L_{02} ：検討対象の直交梁のスラブ端と並列する基礎梁のスラブ端までの梁の内法スパン（m）〔図 2.3.7 参照〕

（ただし，本設計例では安全側の数値として L_{01}, L_{02} は基礎梁スパンとする）

a_t ：直交梁の必要な主筋の断面積（mm²）

f_t ：直交梁の主筋の長期許容引張応力度（N/mm²）

j ：基礎梁の応力中心距離 $j=\dfrac{7}{8}d$（mm）

d ：直交梁の主筋の中心から最外縁までの距離（mm）

したがって，

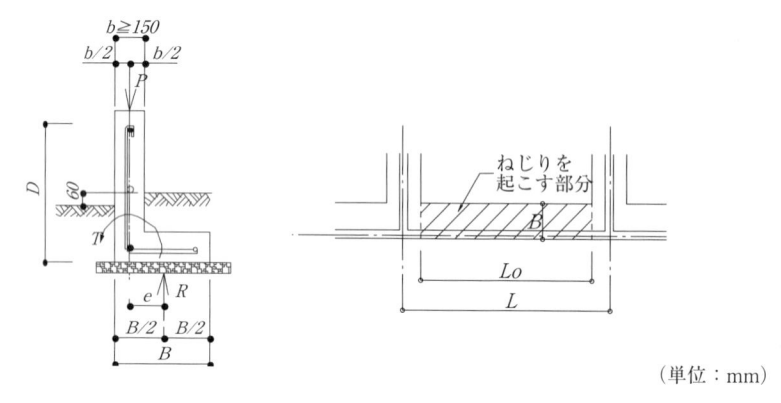

図 2.3.7　ねじりモーメント

$$M = 6.86 \times \frac{300-150}{2} \times \frac{1.82+2.73}{2} \times 10^{-3} = 1.18 \text{ kN·m}$$

$$a_t = \frac{1.18}{195 \times 7/8 \times (650-70)} \times 10^6 = 11.93 \text{ mm}^2$$

偏心布基礎に直交する基礎梁に必要な追加鉄筋断面積は 11.93 mm² となる．

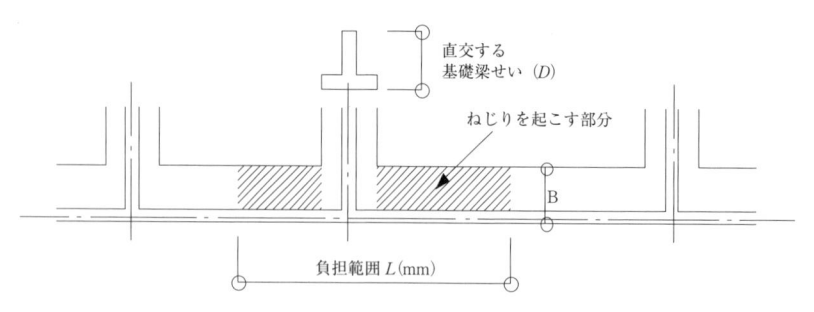

図 2.3.8　偏心布基礎に直交する基礎梁

2.3.6 水平荷重に対する検討

本設計例では,表1.3.5地震力の算定および表1.3.7風圧力の算定より,地震力の方が風圧力より大きいため基礎設計用の水平荷重に対する検討は地震時のみ行う.

(1) 地盤の長期許容支持力度の検討

水平荷重時設計用接地圧 w' が地盤の短期許容支持力度 $_sq_a$ 以下となることを確認する.
なお,地盤の短期許容支持力度に対する検討は,小規模指針 (6.3.13) 式～ (6.3.16) 式を用いる.

$$w_h = \max(w_{he}, w_{hw}) \tag{2.3.5}$$

$$w' = \frac{W_F + W}{B} \times 10^{-3} + w_h \leq {}_sq_a \tag{2.3.6}$$

$$M_{te} = \sum \left(P_{ei} \times H_i \right) \tag{2.3.7}$$

$$w_{he} = \frac{M_{te}}{Z} \tag{2.3.8}$$

記号

w_{he}:地震荷重による地盤の最大接地圧 (kN/m²)

w_{hw}:風荷重による地盤の最大接地圧 (kN/m²)

w_h:短期水平力による地盤の接地圧 (kN/m²)

w':水平荷重時設計用接地圧 (kN/m²)

W_F:地面 (GL) 以上の基礎立上り部分を含む設計用建物荷重 (kN/m)

W:小規模指針図6.3.4に示す点線で囲まれた GL+60 mm 以下の基礎および土の自重 (kN/m)

B:基礎スラブ幅 (mm)

$_sq_a$:地盤の短期許容支持力度 (kN/m²)

M_{te}:地震荷重により生ずる転倒モーメント (kN·m)

P_{ei}:各階に生ずる地震力 (kN)

H_i:基礎下から各階床までの高さ (m)

Z:基礎と地盤が接する部分の断面形状における断面係数 (m³)

ここで,表1.3.5より,

2階に生ずる地震力 :$P_{e2} = 50.47$ (kN), 1階に生ずる地震力 :$P_{e1} = 27.54$ (kN)

また,図1.3.4および図2.3.5より,

軒までの高さ:$H_2 = H_1 + 2.85 = 6.55$(m),2階床までの高さ:$H_1 = 0.25 + 0.40 + 3.05 = 3.70$(m)

となることから,

$$M_{te} = 50.47 \times 6.55 + 27.54 \times 3.70 = 432.48 \text{ kN·m}$$

となる.

布基礎の地盤と接する部分の断面形状における断面係数 Z は,外周部のみを考慮してロの字型として検討する.

$$Z=\frac{(7.28+0.37)\times(9.10+0.37/2+0.15/2)^3-(7.28-0.37)\times(9.10-0.37/2-0.30+0.15/2)^3}{6\times(9.10+0.37)}$$

$$=(7.65\times9.36^3-6.91\times8.69^3)/56.82$$

$$=(6273.20-4534.59)/56.82=30.60 \text{ m}^3$$

したがって，地震荷重による地盤の最大接地圧 w_{he} は，

$$w_{he}=\frac{M_{te}}{Z}=\frac{432.48}{30.60}=14.14 \text{ kN/m}^2$$

$w_h=w_{he}$ となるので，水平荷重時設計用接地圧 w' は，

$$w'=\frac{W_F+W}{B}\times10^{-3}+w_h$$

$$=\frac{6.86+0.006\times300+0.24}{300}\times10^{-3}+14.14$$

$$=29.67+14.14=43.81 \text{ kN/m}^2 \leq {}_sq_a=60 \text{ kN/m}^2$$

(2) 基礎スラブの検討

水平荷重に対する基礎スラブの検討は，鉛直荷重に対する検討と同様の算定式を用いて行う．その際，w_h を $w_h=w'-(W+W_B)/B$ より求め，小規模指針（6.3.4）式中の w_0 を (w_0+w_h) に置き換えて検討を行う．

したがって，

$$M=\frac{1}{2}\times(w_0+w_h)\times l^2\times10^{-6}=\frac{1}{2}\times(22.87+14.14)\times150^2\times10^{-6}=0.42 \text{ kN}\cdot\text{m}$$

スラブ筋（SD295）の短期許容引張応力度　$f_t=295 \text{ N/mm}^2$

単位長さあたりに必要なスラブ筋断面積 a_t は，

$$a_t=\frac{M}{f_t\times j}\times10^6=\frac{420000}{295\times74}=19.24 \text{ mm}^2 \rightarrow D10 @ 300 \text{ mm}(237.77 \text{ mm}^2)$$

$$Q=(w_0+w_h)\times l\times10^{-3}=(22.87+14.14)\times150\times10^{-3}=5.56 \text{ kN}$$

コンクリートの短期許容せん断応力度　$f_s=1.05 \text{ N/mm}^2$（$F_c=21 \text{ N/mm}^2$）

$$Q_a=f_s\times j=1.05\times74=77.7 \text{ kN} > Q$$

(3) 基礎梁の検討

水平荷重に対する基礎梁の検討は，鉛直荷重に対する検討と同様の算定式を用いて行う．その際，梁設計用接地圧 w を $(w+w_h\times B\times10^{-3})$ に置き換えて検討を行う．ただし，せん断力に対する検討の際は，接地圧 w_h を 1.5 倍にして検討を行う．

1) 主筋の検討

設計用曲げモーメントは条件の厳しい間口中央部上端とする．

$$M=\frac{1}{8}\times(w+w_h\times B\times10^{-3})\times l^2=\frac{1}{8}\times(5.42+14.14\times300\times10^{-3})\times1.82^2=4.00 \text{ kN}\cdot\text{m}$$

$$a_t = \frac{M}{f_t \times j} \times 10^6 = \frac{4000000}{295 \times (650-70) \times 0.875} = 26.72 \text{ mm}^2 \rightarrow 1\text{-D}13(127 \text{ mm}^2)$$

2) せん断力に対する検討

$$Q = \frac{1}{2} \times (w + w_h \times 1.5 \times B \times 10^{-3}) \times l = \frac{1}{2} \times (5.42 + 14.14 \times 1.5 \times 300 \times 10^{-3}) \times 1.82$$
$$= 10.73 \text{ kN}$$

$$Q_a = f_s \times b \times j \times 10^{-3} = 1.05 \times 150 \times (650-70) \times 0.875 \times 10^{-3} = 79.9 \text{ kN} > Q$$

2.3.7 簡易設計の検討結果

小規模指針に示されている簡易設計用図表を用いて検討した結果を示す．設計条件として，表1.3.15より，基礎スラブ検討用荷重 $W_F = 12.42$ kN/m，基礎梁検討用荷重 $W_B = 10.98$ kN/m を用いる．また，地盤の長期許容支持力度 $_Lq_a = 30$ kN/m² とする．

(1) 基礎スラブの検討

小規模指針図 6.3.8 より，$W_F = 12.42$ kN/m，$_Lq_a = 30$ kN/m² であることから，基礎スラブ幅 $B = 480$ mm となる．

(2) ねじりモーメントに対する検討

基礎スラブ幅 $B = 480$ mm，基礎梁スパン $L = 2.73$ m（X10通り Y2〜Y5）であることから，小規模指針図 6.4.5 より，ねじりモーメントによる偏心布基礎の基礎梁幅 $b = 150$ mm となる．

(3) 偏心布基礎に直交する基礎梁の検討

基礎スラブ幅 $B = 480$ mm，負担幅 $L = (1.82 + 2.73)/2 = 2.3$ m（X10通り Y0〜Y5）であることから，小規模指針図 6.4.15 より，偏心布基礎に直交する基礎梁の主筋は 1-D13 となる．

2.3.8 検討結果

検討結果を表 2.3.1 および図 2.3.9 に示す．

表 2.3.1 基礎の検討結果

検討項目	検討結果	
	構造設計	簡易設計
基礎梁幅	150 mm	150 mm
基礎スラブ幅	300 mm	480 mm
スラブ幅	D10@300 mm, $L=160$ mm	D10@300 mm, $L=340$ mm
スラブ配力筋	D10	D10
梁主筋	D13（上），D13（下）	D13（上），D13（下）
梁せん断補強筋	D10@300 mm	D10@300 mm
腹筋	D10@600 mm	D10@600 mm

(a) 構造設計　　　　　　　　(b) 簡易設計

(単位：mm)

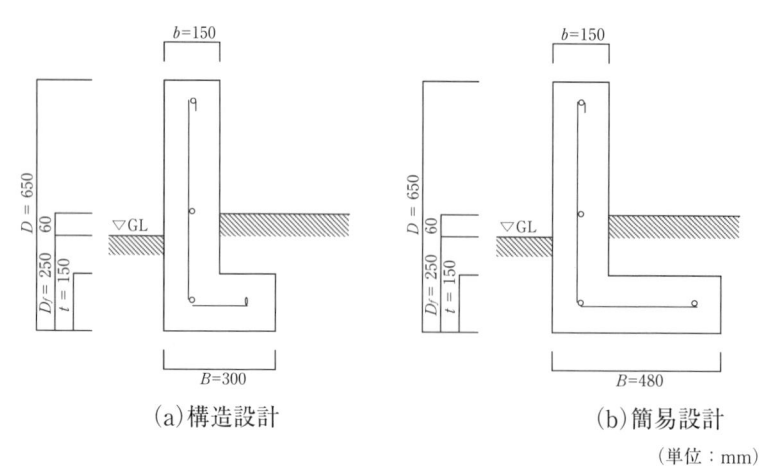

図 2.3.9　基礎の断面

2.4節　片側に土圧を受ける粘性土地盤に建つ建物の布基礎

2.4.1　敷地概要

図 2.4.1 に配置図および SWS 試験位置を，図 2.4.2 に基礎伏図を示す．本建物では，敷地条件より Y0 通りの X0 から X10 までのスパンを片側に土圧を受ける布基礎として計画する．

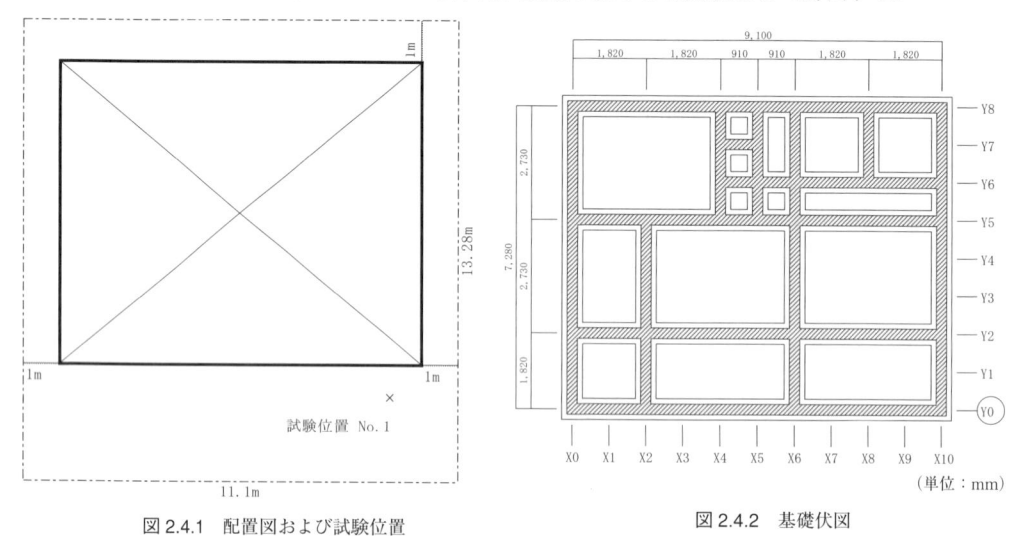

図 2.4.1　配置図および試験位置　　　　図 2.4.2　基礎伏図

2.4.2　地盤概要

図 2.4.3 に SWS 試験データを示す．本敷地は自然堆積した粘性土地盤であり，敷地内は平坦となっている．

JIS A 1221				スウェーデン式サウンディング試験					
調査件名			建築太郎			試験年月日			
地点番号(地盤高さ)			調査点 A (KBM±0)			試験者			
回転装置の種類	手動		天候	晴れ					
荷重 W_{sw} kN	半回転数 N_a	貫入深さ D m	貫入量 L cm	1mあたりの半回転数 N_{sw}	記事	深さ m	荷重 W_{sw} kN 0 0.25 0.50 0.75	貫入量1mあたりの半回転数 N_{sw} 0 50 100 150 200	
1.00	6	0.25	0.25	24	無音				
1.00	6	0.50	0.25	24	無音				
1.00	9	0.75	0.25	36	無音				
1.00	6	1.00	0.25	24	無音	1.0			
1.00	10	1.25	0.25	40	無音				
1.00	11	1.50	0.25	44	無音				
1.00	11	1.75	0.25	44	無音				
1.00	8	2.00	0.25	32	無音	2.0			
1.00	5	2.25	0.25	20	無音				
1.00	5	2.50	0.25	20	無音				
1.00	6	2.75	0.25	24	無音				
1.00	6	3.00	0.25	24	無音	3.0			
1.00	6	3.25	0.25	24	無音				
1.00	6	3.50	0.25	24	無音				
1.00	9	3.75	0.25	36	無音				
1.00	6	4.00	0.25	24	無音	4.0			
1.00	10	4.25	0.25	40	無音				
1.00	11	4.50	0.25	44	無音				
1.00	11	4.75	0.25	44	無音				
1.00	8	5.00	0.25	32	無音	5.0			
1.00	10	5.25	0.25	40	無音				
1.00	14	5.50	0.25	56	無音				
1.00	11	5.75	0.25	44	無音				
1.00	12	6.00	0.25	48	無音	6.0			

図 2.4.3 SWS 試験データ

2.4.3 設計方針

片側に土圧を受ける基礎の設計は，鉛直荷重と水平荷重に対して，小規模指針図 6.5.2 に示されている下図 2.4.4 の設計フローに従い，安全性を確保する．本設計例では基礎の立上り壁に作用する土圧に対して，立上り壁によって抵抗させ直交する基礎梁を介して最終的に建物本体で支持させる設計方針とする．

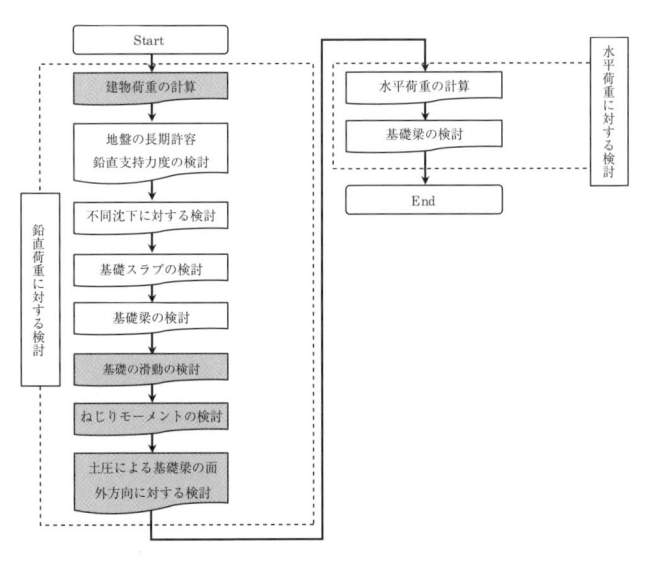

図 2.4.4 偏心布基礎の設計フロー

2.4.4 設計条件

図 2.4.5 に片側に土圧を受ける布基礎の設計断面を示す．また，以下に設計条件を示す．

基礎スラブ検討用荷重　$W_F=8.34$ kN/m〔表 1.3.15 参照：Y0 通り X0〜X10〕

基礎梁検討用荷重　$W_B=6.90$ kN/m〔表 1.3.15 参照：Y0 通り X0〜X10〕

根入れ深さ　$D_f=250$ mm

基礎梁幅　$b=150$ mm（仮定）

基礎梁せい　$D=1450$ mm

地面（GL）以上の盛土の高さ　$\Delta h=800$ mm

基礎スラブ厚　$t=150$ mm

配筋　シングル配筋

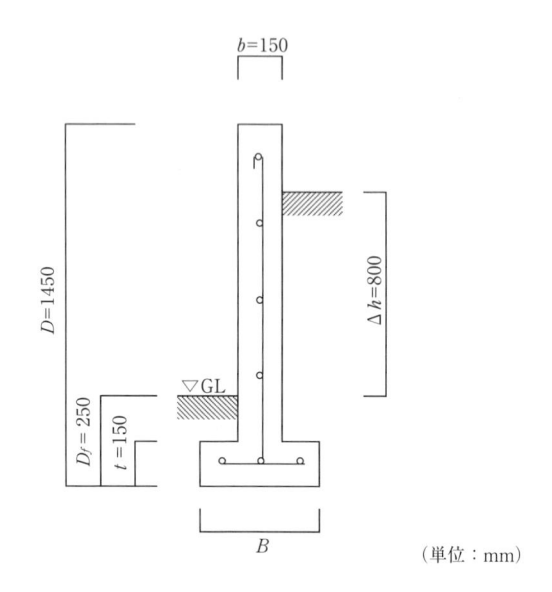

図 2.4.5　片側に土圧を受ける布基礎の設計断面

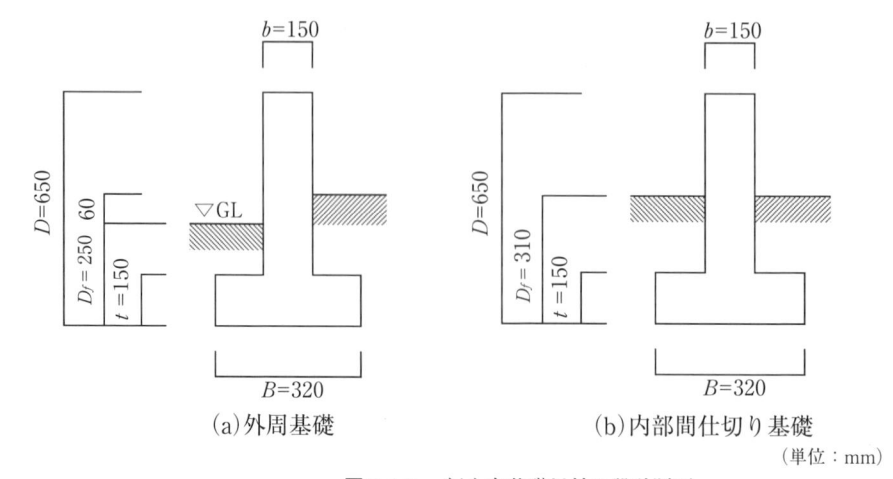

(a) 外周基礎　　　　　　　(b) 内部間仕切り基礎

図 2.4.6　偏心布基礎以外の設計断面

鉄筋コンクリートの単位体積重量　$\gamma_{RC}=24\,\text{kN/m}^3$
埋戻し土の単位体積重量　$\gamma_s=16\,\text{kN/m}^3$

　なお，片側に土圧を受ける基礎以外の設計断面については，小規模指針図6.3.3の手順に従い，外周基礎と内部間仕切り基礎の2種類について，表1.3.15を参照して荷重条件が最も厳しい通りについて検討した．

　図2.4.6に片側に土圧を受ける基礎以外の設計断面を示す．ただし，スラブ幅はスラブ筋の付着長さを考慮して320 mmを下限とした．算定方法は2.1節を参照されたい．

2.4.5　鉛直荷重に対する検討

（1）　建物荷重の算定

　建物荷重の算定結果は，表1.3.15を用いる．

（2）　地盤の長期許容支持力度の検討および建物荷重の算定

1）　地盤の長期許容支持力度の検討

　図2.4.3および図2.4.5より，地盤の長期許容支持力度 $_Lq_a$ を求める．

　なお，$\overline{W_{sw}}$，$\overline{N_{sw}}$ の値は基礎直下から2 mの範囲（GL−0.25〜2.25 m）の平均値を採用する．

$$_Lq_a=30\overline{W_{sw}}+0.64\overline{N_{sw}}$$
$$=30\times1+0.64\times(24+36+24+40+44+44+32+20)\times0.25/2$$
$$=30\times1+0.64\times33.0$$
$$=51.1\,\text{kN/m}^2　\rightarrow　\text{地盤の長期許容支持力度は}\,50\,\text{kN/m}^2\text{とする．}$$

2）　基礎自重 W の算定

　基礎自重は小規模指針（6.5.1）式を用いて算定する．

$$W=[\gamma_{RC}\times\{B\times t+b\times(\Delta h+D_f-t)\}+\gamma_s\times\{(B-b)\times(D_f-t)+(B-b)/2\times\Delta h\}]\times10^{-6} \quad (2.4.1)$$
$$=[24\times\{B\times150+150\times(800+250-150)\}+16\times\{(B-150)$$
$$\times(250-150)+(B-150)/2\times800\}]\times10^{-6}$$
$$=(3\,600B+3\,240\,000+8\,000B-1\,200\,000)\times10^{-6}$$
$$=(11\,600B+2\,040\,000)\times10^{-6}$$
$$=0.012B+2.04\,\text{kN/m}$$

3）　必要な基礎スラブ幅 B の算定

$$B\geq(W_F+W)/_Lq_a\times10^3$$
$$B\geq(8.34+0.012B+2.04)/50\times10^3$$
$$B\geq0.24B+207.6$$
$$B\geq207.6/0.76=273.2$$

　したがって，必要な基礎スラブ幅 B は280 mmとなるが，スラブ筋の付着長さを考慮して320 mmとする．

（3）　基礎スラブの検討（単位長さあたり）

1) 基礎スラブに作用する曲げモーメントの検討

$$M = \frac{1}{2} \times w_0 \times l^2 \times 10^{-6}$$

$$w_0 = \frac{W_F}{B} \times 10^3 = \frac{8\,340}{320} = 26.07 \text{ kN/m}^2$$

$$l = \frac{B-b}{2} = \frac{320-150}{2} = 85 \text{ mm}$$

$$M = \frac{1}{2} \times 26.07 \times 85^2 \times 10^{-6} = 0.10 \text{ kN} \cdot \text{m}$$

$$d = 85 \text{ mm}, \quad j = 85 \times 0.875 = 74 \text{ mm}$$

スラブ筋（SD295）の長期許容引張応力度 $f_t = 195 \text{ N/mm}^2$

単位長さあたりに必要なスラブ筋断面積 a_t は，

$$a_t = \frac{M}{f_t \times j} \times 10^6 = \frac{100\,000}{195 \times 74} = 6.93 \text{ mm}^2 \rightarrow \text{D10 @ 300 mm}(237.77 \text{ mm}^2)$$

2) せん断力に対する検討

$$Q = w_0 \times l \times 10^{-3} = 26.07 \times 85 \times 10^{-3} = 2.22 \text{ kN}$$

コンクリートの長期許容せん断応力度 $f_s = 0.7 \text{ N/mm}^2 (F_c = 21 \text{ N/mm}^2)$

$$Q_A = j \times f_s = 74 \times 0.7 = 51.8 \text{ kN} > Q$$

スラブ筋（曲げ補強筋）の必要付着長さ l_{ab} の算定は次式による．

$$l_{ab} = \frac{\sigma_t \times A_s}{K \times f_b \times \phi}$$

ここで σ_t は，スラブ筋の存在引張応力度で，配筋間隔が 300 mm であることから 1 m あたりの鉄筋断面積は $A_s = 237.77 (\text{mm}^2)$ となり，

$$\sigma_t = \frac{M}{j \times A_s} \times 10^6 = \frac{100\,000}{74 \times 237.77} = 5.69 \text{ N/mm}^2$$

$K = 1.9, \; f_b = 0.95 \text{ N/mm}^2, \; \phi = 90$（D10　3 本の場合）

$$l_{ab} = \frac{5.69 \times 237.77}{1.9 \times 0.95 \times 90} = 8.33 \text{ mm}$$

となり，スラブ筋はかぶり厚を考慮すると，$l_{ab} = 8.33 \text{ mm} < (320-150)/2 - 70 = 15 \text{ mm}$ となり十分安全である．

また，配力筋は一般的に使用される D10 を 1 本配置する．

(4) 基礎梁の設計

1) 主筋の検討

設計曲げモーメントは条件の厳しい間口中央部上端とする．

$$M_{\text{上}} = \frac{1}{8} \times wl^2 \quad w = W_B$$

$$=\frac{1}{8}\times 6.90\times 1.82^2=2.86\ \text{kN}\cdot\text{m}$$

主筋（SD295）の長期許容引張応力度 $f_t=195\ \text{N/mm}^2$

上側鉄筋中心を上端から 70 mm の位置とすると，

$$a_t=\frac{M}{f_t\times j}\times 10^6=\frac{2\,860\,000}{195\times(1\,450-70)\times 0.875}$$

$$=12.15\ \text{mm}^2\rightarrow 1-\text{D}13(127\ \text{mm}^2)$$

2）せん断力に対する検討

$$Q=\frac{1}{2}\times wl=\frac{1}{2}\times 6.90\times 1.82=6.28\ \text{kN}$$

$$Q_a=f_s\times b\times j\times 10^{-3}=0.7\times 150\times(1\,450-70)\times 0.875\times 10^{-3}=126.78\ >\ Q$$

(4) 基礎の滑動の検討

基礎の滑動については，「(6)土圧による基礎梁の面外方向の検討」で直交する基礎梁に必要な追加鉄筋断面積として検討する．

(5) ねじりモーメントの検討

1）基礎梁幅の算定

基礎梁幅 $b=150$ と仮定し，小規模指針（6.5.6）式および（6.5.7）式（タイプ1）を満足していることを確認する．小規模指針図 6.5.6 タイプ 1 : 布基礎を図 2.4.7 に示す．

$$\left(\frac{T}{T_0}\right)^2+\left(\frac{Q}{Q_0}\right)^2\leq 1 \tag{2.4.2}$$

$$\left.\begin{array}{l}T=\dfrac{l_0}{2}\times(P_1\times e_1-P_2\times e_2)\times 10^{-3}\ \text{kN}\cdot\text{m}\\[4pt]T_0=\dfrac{1.15}{3}\times b^2\times D\times f_s\times 10^{-6}\ \text{kN}\cdot\text{m}\\[4pt]Q=\dfrac{W_B\times L}{2}\ \text{kN}\\[4pt]Q_0=\alpha\times b\times j\times 10^{-3}\ \text{kN}\end{array}\right\} \tag{2.4.3}$$

記号

T ：片側土圧によって生ずるねじりモーメント（kN・m）

T_0 ：長期許容ねじりモーメント（kN・m）

Q ：設計用せん断力（kN）

Q_0 ：長期許容せん断耐力（kN）

L_0 ：ねじれ抵抗梁のスラブ端からスラブ端までの梁の内法スパン（m）

（ただし，本設計例では安全側の数値として $L_0=L$ とする）

W_F ：地面（GL）以上の基礎立上り部分を含む設計用建物荷重（kN/m）〔表 1.3.15 参照〕

b ：基礎梁幅（mm）

Δh ：地面（GL）以上の盛土の高さ（mm）

B ：基礎スラブ幅（mm）

P_1 ：土圧の合力（kN/m） $\quad P_1 = \dfrac{1}{2} \times K_0 \times \gamma_s \times \{(\Delta h + D_f) \times 10^{-3}\}^2$ (kN/m)

K_0 ：静止土圧係数

D_f ：根入れ深さ（mm）

e_1 ：土圧の合力の偏心距離（mm） $\quad e_1 = \dfrac{\Delta h + D_f}{3}$ （mm）

P_2 ：盛土荷重（kN/m） $\quad P_2 = \dfrac{B-b}{2} \times \Delta h \times \gamma_s \times 10^{-6}$ （kN/m）

e_2 ：盛土荷重の偏心距離（mm） $\quad e_2 = \dfrac{B+b}{4}$ （mm）

D ：基礎梁せい（mm）

f_s ：コンクリートの長期許容せん断応力度（N/mm²）

W_B ：基礎梁より上の設計用建物荷重（kN/m）〔表 1.3.15 参照〕

L ：基礎梁スパン（m）

α ：基礎梁のせん断スパン比 $\dfrac{M}{Q \times d}$ による割増し係数

　　　（安全側の数値としてシングル配筋の場合　$\alpha = 1.0$）

j ：基礎スラブの応力中心距離 $\quad j = \dfrac{7}{8}d$ （mm）

d ：スラブ筋の中心から最外縁までの距離（mm）

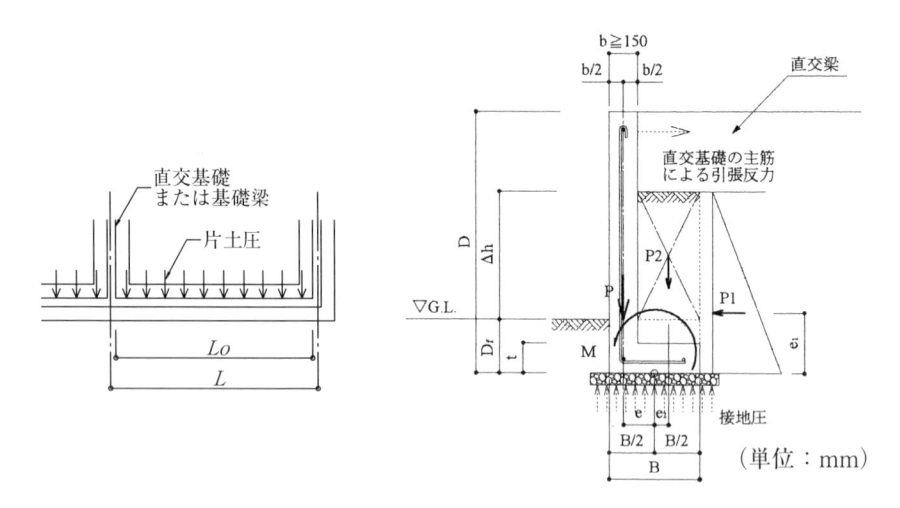

図 2.4.7　タイプ 1：布基礎

したがって，

$$P_1 = \dfrac{1}{2} \times 0.5 \times 16 \times \{(800+250) \times 10^{-3}\}^2 = 4.41 \text{ kN/m}$$

$$e_1 = \dfrac{800+250}{3} = 350 \text{ mm}$$

$$P_2 = \dfrac{320-150}{2} \times 800 \times 16 \times 10^{-6} = 1.09 \text{ kN/m}$$

$$e_2 = \frac{320+150}{4} = 117.5 \text{ mm}$$

$$T = \frac{3.64}{2} \times (4.41 \times 350 - 1.09 \times 117.5) \times 10^{-3} = 2.58 \text{ kN·m}$$

$$T_0 = \frac{1.15}{3} \times 150^2 \times 1450 \times 0.7 \times 10^{-6} = 8.75 \text{ kN·m}$$

$$Q = \frac{6.90 \times 3.64}{2} = 12.56 \text{ kN}$$

$$Q_0 = 1.0 \times 150 \times \frac{7}{8} \times 1380 \times 0.7 \times 10^{-3} = 126.78 \text{ kN}$$

これより,

$$\left(\frac{2.45}{8.75}\right)^2 + \left(\frac{12.56}{126.78}\right)^2 = 0.087 + 0.010 = 0.097 \leq 1$$

したがって,基礎梁幅 b は 150 mm とする.

2) 片側に土圧を受ける基礎に直交する基礎梁の配筋

片側に土圧を受ける基礎に直交する基礎梁について,負担範囲内のねじれにより生ずる曲げモーメントを用いて追加で必要となる鉄筋断面積 a_t を求める.片側に土圧を受ける基礎に直交する基礎梁に生ずる曲げモーメントおよび主筋量の計算は小規模指針(6.5.8)式,(6.5.9)式(タイプ1)を用いて算定する.

$$a_t = \frac{M}{f_t \times j} \times 10^6 \tag{2.4.4}$$

$$M = L \times (P_1 \times e_1 - P_2 \times e_2) \times 10^{-3} \tag{2.4.5}$$

記号

　　M:直交梁に生ずる単位長さあたりの設計用曲げモーメント(kN·m)

　　W_F:盛土の上面以上の基礎立上り部分を含む設計用建物荷重(kN/m)〔表 1.3.15 参照〕

　　b :基礎梁幅(mm)

　　Δh:地面(GL)以上の盛土の高さ(mm)

　　B :基礎スラブ幅(mm)

　　P_1:土圧の合力(kN/m)　　$P_1 = \frac{1}{2} \times K_0 \times \gamma_s \times \{(\Delta h + D_f) \times 10^{-3}\}^2$ (kN/m)

　　K_0:静止土圧係数

　　D_f:根入れ深さ(mm)

　　e_1:土圧の合力の偏心距離(mm)　　$e_1 = \frac{\Delta h + D_f}{3}$ (mm)

　　P_2:盛土荷重(kN/m)　　$P_2 = \frac{B-b}{2} \times \Delta h \times \gamma_s \times 10^{-6}$ (kN/m)

e_2:盛土荷重の偏心距離(mm)　　$e_2 = \dfrac{B+b}{4}$ (mm)

L:直交梁の負担幅　　$L = \dfrac{L_{01}+L_{02}}{2} = \dfrac{3.64+3.64}{2} = 3.64$ (m)

L_{01}, L_{02}:検討対象の直交梁のスラブ端と並列する基礎梁のスラブ端までの梁の内法スパン(m)〔図2.4.8参照〕

(ただし,本設計例では安全側の数値としてL_{01}, L_{02}は基礎梁スパンとする)

a_t:直交梁の必要な主筋の断面積(mm^2)

f_t:直交梁の主筋の長期許容引張応力度(N/mm^2)

j:基礎梁の応力中心距離　$j = \dfrac{7}{8}d$ (mm)

d:直交梁の主筋の中心から最外縁までの距離(mm)

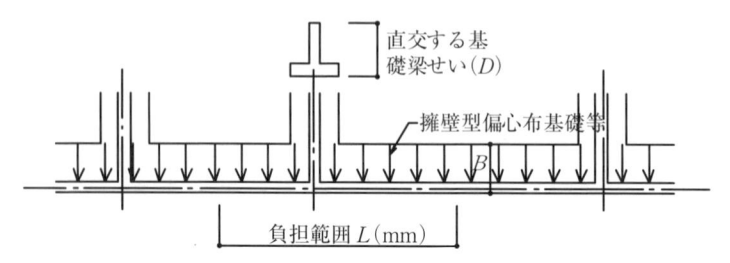

図2.4.8　片側に土圧を受ける基礎に直交する基礎梁

したがって,

$$P_1 = \dfrac{1}{2} \times 0.5 \times 16 \times \{(800+250) \times 10^{-3}\}^2 = 4.41 \text{ kN/m}$$

$$e_1 = \dfrac{800+250}{3} = 350 \text{ mm}$$

$$P_2 = \dfrac{320-150}{2} \times 800 \times 16 \times 10^{-6} = 1.09 \text{ kN/m}$$

$$e_2 = \dfrac{320+150}{4} = 117.5 \text{ mm}$$

$$M = 3.64 \times (4.41 \times 350 - 1.09 \times 117.5) \times 10^{-3} = 5.16 \text{ kN·m}$$

$$a_t = \dfrac{5.16}{195 \times 7/8 \times (1450-70)} \times 10^6 = 21.92 \text{ mm}^2$$

したがって,土圧による曲げモーメントに対して,片側に土圧を受ける基礎に直交する基礎梁に必要な追加鉄筋断面積は21.92 mm^{2}となる.

(6) 土圧による基礎梁の面外方向の検討

土圧による基礎梁の面外方向への検討は,小規模指針図6.5.19(下図2.4.9)のように3辺固定のスラブとして行う.縦方向の設計用曲げモーメントM_{x1}および横方向の設計用曲げモーメント

M_{y1} は，小規模指針（6.5.10）式を用いる．

$$\left.\begin{array}{l}M_{x1}=C_{Mx1}\times w_0\times\Delta h^2\\M_{y1}=C_{My1}\times w_0\times\Delta h^2\end{array}\right\} \qquad (2.4.6)$$

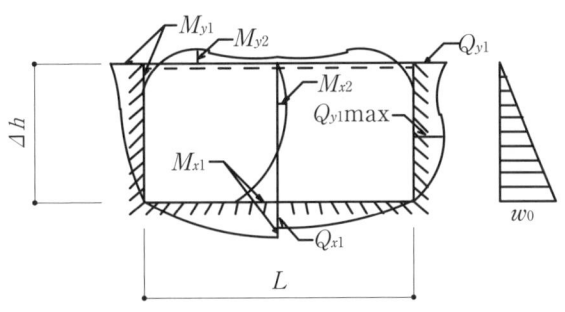

図2.4.9 土圧を受ける面の構造モデル

記号

M_{x1}：縦方向の設計用曲げモーメント

M_{y1}：横方向の設計用曲げモーメント

C_{Mx1}, C_{My1}：図2.4.10および l_x と l_y の関係から求まる定数

l_x：土圧高さ（$=\Delta h=0.80$ m）

l_y：長辺有効スパン（$=L=3.64-B\times10^{-3}=3.64-0.32=3.32$ m：図2.4.2のX0通りY0～Y2）

w_0：単位面積についての全荷重（kN/m）

$$w_0=\frac{1}{2}\times\Delta h\times\gamma_s \text{ (kN/m)}$$

ここで，$\frac{\Delta h l_y}{l_x}=\frac{3.32}{0.80}\fallingdotseq 4.2$ および図2.4.10より，

$C_{Mx1}\fallingdotseq 0.15$, $C_{My1}\fallingdotseq 0.11$ となり，

$w_0=\frac{1}{2}\times 0.80\times 16=6.40$ kN/m より，設計用曲げモーメントは，

$M_{x1}=0.15\times 6.40\times 0.80^2=0.62$ kN/m

$M_{y1}=0.11\times 6.40\times 0.80^2=0.46$ kN/m

となるが，$\Delta h=0.8$, $l_y=3.32$, $l_y/l_x=4.2$ であり，図2.4.10の l_y/l_y の上限が4.0であることから安全を考慮し，基礎梁の面としての両端の拘束効果がないとして，片持ち梁構造として応力の検討を行う．

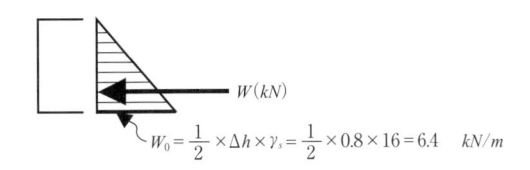

$W_0=\frac{1}{2}\times\Delta h\times\gamma_s=\frac{1}{2}\times 0.8\times 16=6.4 \quad kN/m$

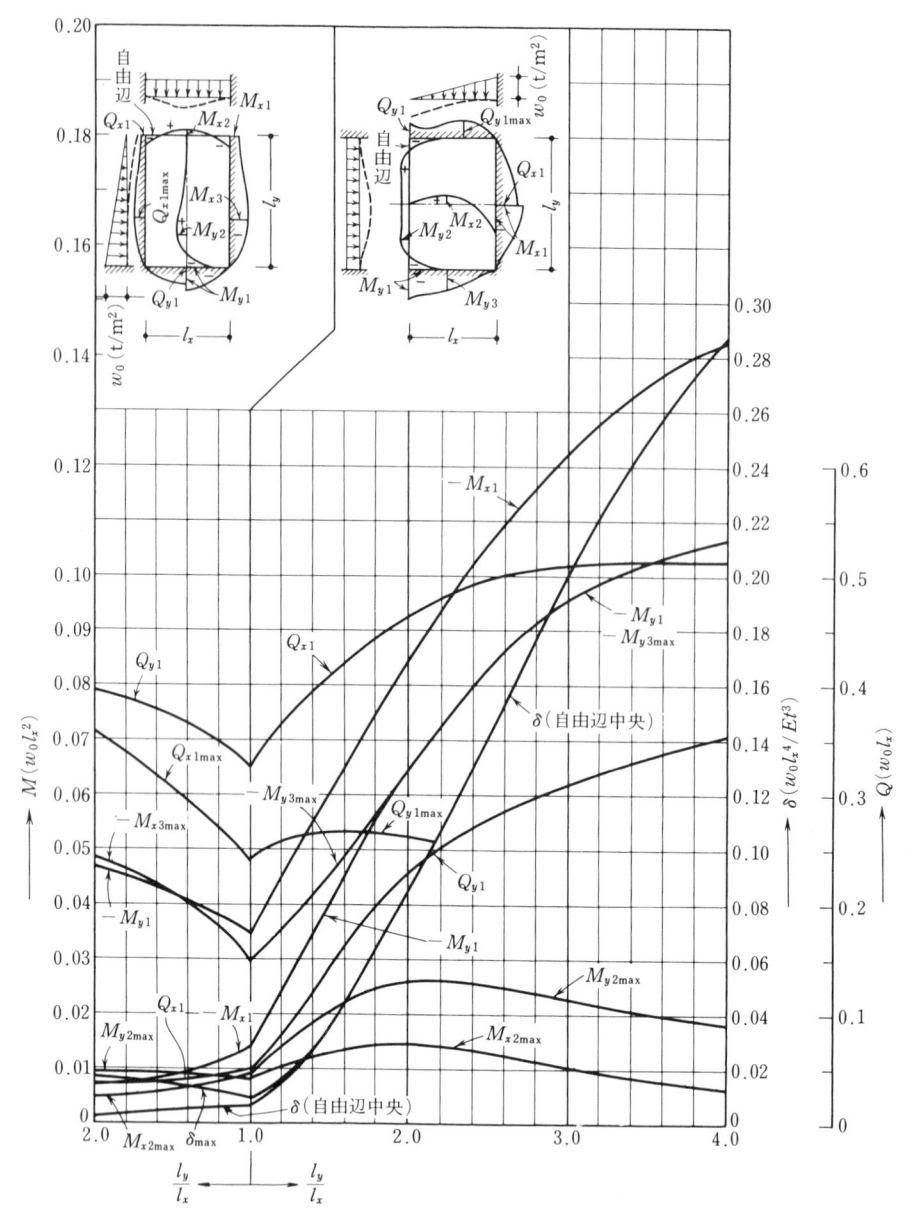

図 2.4.10 等変分布荷重時三辺固定，一辺自由スラブの曲げモーメントとたわみ[1]

単位長さ（1 m 幅）あたりの土圧 W の算定

$$W = \frac{1}{2} \times 6.4 \times 0.8 = 2.66 \text{ kN}$$

端部（両側土圧受ける地表面）を固定端とする曲げモーメント M

$$M = \frac{1}{3} \times W \times \Delta h = \frac{1}{3} \times 2.66 \times 0.8 = 0.68 \text{ kN·m}$$

以上より，安全を考慮し図 2.4.10 より求めた $M_{x1} = 0.62$ kN·m と片持ち梁形式として求めた

曲げモーメントのうち大きい値を採用する．

したがって，設計に用いる曲げモーメントは $M=0.68$ kN·m，1 m あたりの必要鉄筋断面積は以下となる．

縦筋（せん断補強筋）： $a_{tx} = \dfrac{M}{f_t \times j} = \dfrac{0.68}{195 \times 7/8 \times 150/2} \times 10^6 = 53.14$ mm^2

$\rightarrow$ D10 @ 300（237.77 mm^2）

横筋（主筋と腹筋）： $a_{tty} = \dfrac{M_{y1}}{f_t \times j} = \dfrac{0.46}{195 \times 7/8 \times \{150/2-(13-10)/2\}} \times 10^6 = 36.68$ mm^2

$\rightarrow$ 主筋 D13，腹筋 1-D10（325 mm^2）

ここで，土圧による水平力に対して，片側に土圧を受ける基礎に直交する基礎梁に必要な追加鉄筋断面積を求める．

(2.4.5) 式より，土圧の合力 $P_1=4.41$ kN/m，直交梁の負担幅 $L=3.64$ m であるから，土圧による水平力は，$4.41 \times 3.64 = 16.06$ kN·m となる．

したがって，

$$a_t = \dfrac{16.06}{195} \times 10^3 = 82.36 \text{ mm}^2$$

土圧による水平力に対して，片側に土圧を受ける基礎に直交する基礎梁に必要な追加鉄筋断面積は 82.36 mm^2 となる．

2.4.6 水平荷重に対する検討

本設計例では，表 1.3.5 地震力の算定および表 1.3.7 風圧力の算定より，地震力のほうが風圧力より大きいため，基礎設計用の水平荷重に対する検討は地震時のみ行う．

(1) 地盤の短期許容支持力度の検討

水平荷重時設計用接地圧 w' が地盤の短期許容支持力度 $_sq_a$ 以下となることを確認する．なお，地盤の短期許容支持力度に対する検討は，小規模指針（6.3.13）式～（6.3.16）式を用いる．

$$w_h = \max(w_{he}, w_{hw}) \tag{2.4.7}$$

$$w' = \dfrac{W_F + W}{B} \times 10^{-3} + w_h \leq {_sq_a} \tag{2.4.8}$$

$$M_{te} = \sum(P_{ei} \times H_i) \tag{2.4.9}$$

$$w_{he} = \dfrac{M_{te}}{Z} \tag{2.4.10}$$

記号

w_{he}：地震荷重による地盤の最大接地圧（kN/m^2）

w_{hw}：風荷重による地盤の最大接地圧（kN/m^2）

w_h：短期水平力による地盤の接地圧（kN/m^2）

w'：水平荷重時設計用接地圧（kN/m^2）

W_F ：地面（GL）以上の基礎立ち上り部分を含む設計用建物荷重（kN/m）

W ：小規模指針図 6.3.4 に示す点線で囲まれた GL＋60 mm 以下の基礎および土の自重（kN/m）

B ：基礎スラブ幅（mm）

${}_sq_a$ ：地盤の短期許容支持力度（kN/m²）

M_{te} ：地震荷重により生ずる転倒モーメント（kN·m）

P_{ei} ：各階に生ずる地震力（kN）

H_i ：基礎下から各階床までの高さ（m）

Z ：基礎と地盤が接する部分の断面形状における断面係数（m³）

ここで，表 1.3.5 より，

　　2 階に生ずる地震力：P_{e2}＝50.47（kN），1 階に生ずる地震力：P_{e1}＝27.54（kN）

また，図 1.3.4 および図 2.4.5 より，

　　軒までの高さ：H_2＝H_1＋2.85＝7.35（m），2 階床までの高さ：H_1＝1.45＋3.05＝4.50（m）

となることから，

$$M_{te}=50.47\times 7.35+27.54\times 4.50=494.89 \text{ kN·m}$$

となる．

布基礎の地盤と接する部分の断面形状における断面係数 Z は，外周部のみを考慮してロの字型として検討する．

$$Z=\frac{(7.28+0.32)\times(9.10+0.32)^3-(7.28-0.32)\times(9.10-0.32)^3}{6\times(9.10+0.32)}$$

$$=(7.60\times 9.42^3-6.96\times 8.78^3)/56.52$$

$$=(6\,352.81-4\,710.78)/56.70=28.96 \text{ m}^3$$

したがって，地震荷重による地盤の最大接地圧 w_{he} は，

$$w_{he}=\frac{M_{te}}{Z}=\frac{494.89}{28.96}=17.09 \text{ kN/m}^2$$

$w_h=w_{he}$ となるので，水平荷重時設計用接地圧 w' は，

$$w'=\frac{W_F+W}{B}\times 10^{-3}+w_h$$

$$=\frac{8.34+0.012\times 320+2.04}{320}\times 10^{-3}+17.09$$

$$=44.44+17.09=61.53 \text{ kN/m}^2 < {}_sq_a=100 \text{ kN/m}^2$$

(2) 基礎スラブの検討

水平荷重に対する基礎スラブの検討は，鉛直荷重に対する検討と同様の算定式を用いて行う．その際，w_h を $w_h=w'-(W+W_B)/B$ より求め，小規模指針（6.3.4）式中の w_0 を (w_0+w_h) に置き換えて検討を行う．

したがって，

$$M = \frac{1}{2} \times (w_0 + w_h) \times l^2 \times 10^{-6}$$

$$= \frac{1}{2} \times (26.07 + 17.09) \times 85^2 \times 10^{-6} = 0.16 \text{ kN·m}$$

スラブ筋（SD295）の短期許容引張応力度　$f_t = 295$ N/mm^2

単位長さあたりに必要なスラブ筋断面積 a_t は，

$$a_t = \frac{M}{f_t \times j} \times 10^6 = \frac{160\,000}{295 \times 74} = 7.33 \text{ mm}^2 \to \text{D10 @ 300 mm} (237.77 \text{ mm}^2)$$

$$Q = (w_0 + w_h) \times l \times 10^{-3} = (26.07 + 17.09) \times 85 \times 10^{-3} = 3.67 \text{ kN}$$

コンクリートの短期許容せん断応力度　$f_s = 1.05$ N/mm^2　（$F_c = 21$ N/mm^2）

$$Q_a = f_s \times j = 1.05 \times 74 = 77.7 \text{ kN} > Q$$

(3) 基礎梁の検討

水平荷重に対する基礎梁の検討は，鉛直荷重に対する検討と同様の算定式を用いて行う．その際，梁設計用接地圧 w を $(w + w_h \times B \times 10^{-3})$ に置き換えて検討を行う．ただし，せん断力に対する検討の際は，接地圧 w_h を 1.5 倍にして検討を行う．

1）主筋の検討

設計用曲げモーメントは条件の厳しい間口中央部上端とする．

$$M = \frac{1}{8} \times (w + w_h \times B \times 10^{-3}) \times l^2 = \frac{1}{8} \times (6.90 + 17.09 \times 320 \times 10^{-3}) \times 1.82^2 = 5.13 \text{ kN·m}$$

$$a_t = \frac{M}{f_t \times j} \times 10^6 = \frac{5\,130\,000}{295 \times (1\,450 - 70) \times 0.875} = 14.41 \text{ mm}^2 \to 1\text{-D13}(127 \text{ mm}^2)$$

2）せん断力に対する検討

$$Q = \frac{1}{2} \times (w + w_h \times 1.5 \times B \times 10^{-3}) \times l = \frac{1}{2} \times (6.90 + 17.09 \times 1.5 \times 320 \times 10^{-3}) \times 1.82 = 13.75 \text{ kN}$$

$$Q_a = f_s \times b \times j \times 10^{-3} = 1.05 \times 150 \times (650 - 70) \times 0.875 \times 10^{-3} = 79.9 \text{ kN} > Q$$

2.4.7　簡易設計の検討結果

小規模指針に示されている簡易設計用図表を用いて検討した結果を示す．設計条件として，表1.3.15 より，基礎スラブ検討用荷重 $W_F = 12.42$ kN/m，基礎梁検討用荷重 $W_B = 10.98$ kN/m を用いる．また，地盤の長期許容支持力度 $_Lq_a = 50$ kN/m^2 とする．

(1) 基礎スラブの検討

小規模指針図 6.3.9 より，$W_F = 12.42$ kN/m，$_Lq_a = 50$ kN/m^2 であることから，基礎スラブ幅 $B = 320$ mm となる．

(2) ねじりモーメントに対する検討

基礎スラブ幅 $B = 320$ mm，基礎梁スパン $L = 3.64$ m（Y0 通り X6～X10）であることから，小

規模指針図 6.5.10 より，ねじりモーメントによる偏心布基礎の基礎梁幅 $b=150$ mm となる．

(3) 偏心布基礎に直交する基礎梁の検討

基礎スラブ幅 $B=320$ mm，負担幅 $L=(3.64+3.64)/2=3.64$ m（Y0 通り X2〜X10）であることから，小規模指針図 6.5.17 より，偏心布基礎に直交する基礎梁の主筋は 1-D13 となる．

2.4.8 検討結果

検討結果を表 2.4.1，図 2.4.11 に示す．

表 2.4.1 基礎の検討結果

検討項目	検討結果	
	構造設計	簡易設計
基礎梁幅	150 mm	150 mm
基礎スラブ幅	320 mm	320 mm
スラブ幅	D10@300 mm，$L=180$ mm	D10@300 mm，$L=180$ mm
スラブ配力筋	D10	D10
梁主筋	D13（上），D13（下）	D13（上），D13（下）
梁せん断補強筋	D10@300 mm	D10@300 mm
腹筋	D10@600 mm	D10@600 mm

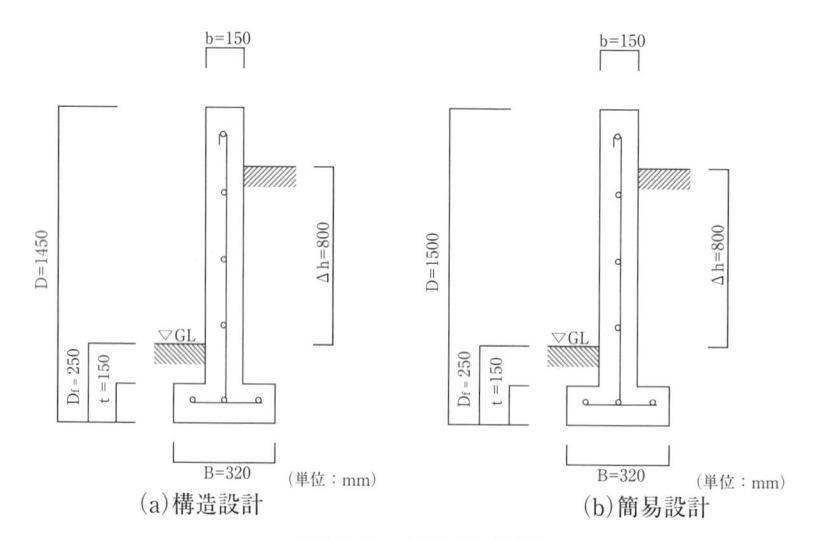

(a) 構造設計　　　(b) 簡易設計

図 2.4.11　基礎の決定断面

参 考 文 献

1) 日本建築学会：鉄筋コンクリート構造計算規準・同解説，p. 478，1991

第3章 地盤補強を要する直接基礎の設計例

3.1節 中間層地盤に浅層混合処理工法を適用した場合の設計

3.1.1 敷地・建物概要

建設場所　　東京都23区内
用　途　　　専用住宅
敷地面積　　186.37 m²
建築面積　　66.25 m²
延床面積　　125.92 m²
階　数　　　地上2階
高　さ　　　最高高さ　8.135 m　　軒高　6.300 m
構造種別　　木造
構造形式　　基礎構造　直接基礎（布基礎）+浅層混合処理工法

　図3.1.1に配置図およびSWS試験位置図を，図3.1.2に1階平面図，図3.1.3に2階平面図および図3.1.4に建物立面図を示す．

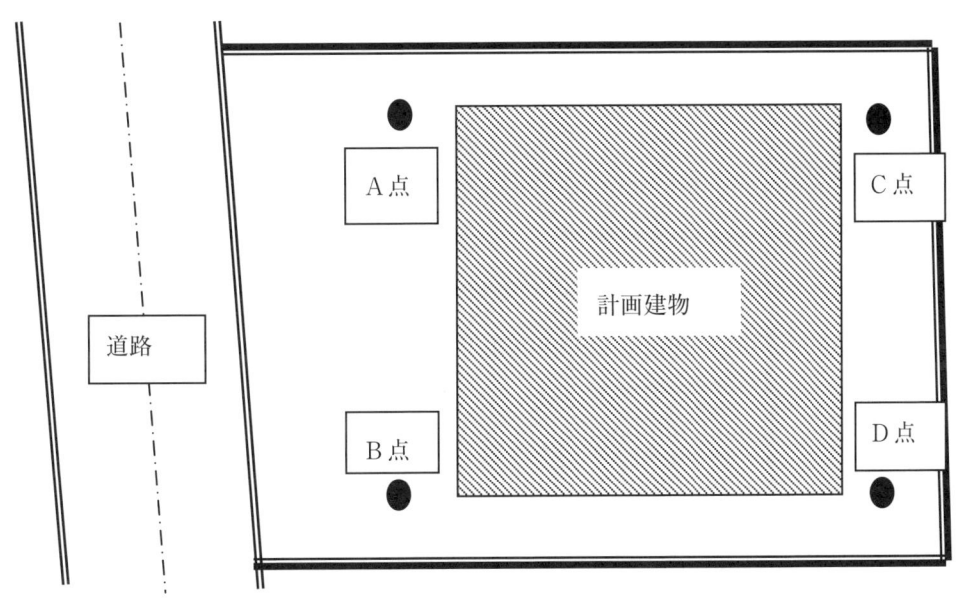

図3.1.1　配置図およびSWS試験位置図

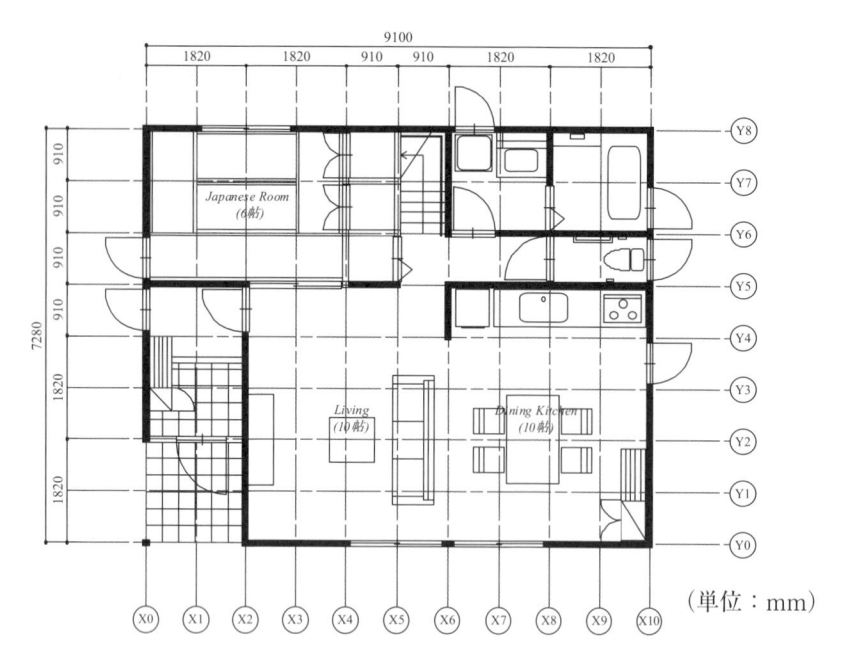

図 3.1.2　1 階平面図

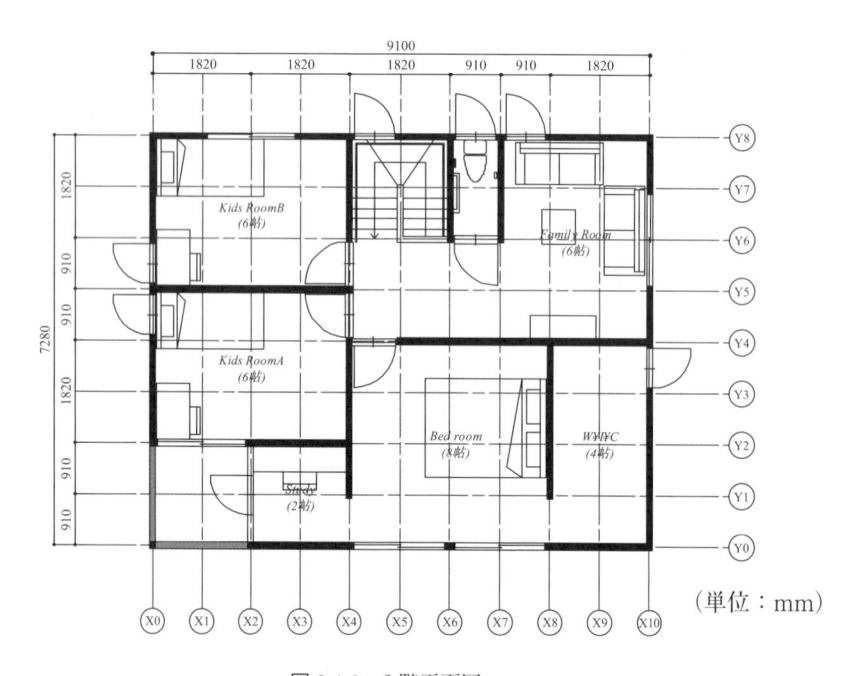

図 3.1.3　2 階平面図

図 3.1.4 立面図

3.1.2 地盤概要

当該敷地で実施された SWS 試験データを図 3.1.5 に示す．地表面から 1.5 m 間が，250〜500 N の荷重で自沈するような地盤であり，地盤の長期許容支持力度が 20 kN/m² 未満の軟弱な地盤である．

図 3.1.5 SWS 試験データ

また，地表面から 4.0 m 以深にある 750 N の荷重で自沈する層に関しては，地形的に敷地を評価した場合，おぼれ谷や傾斜地に位置しているような場所ではなく，平坦地に位置するような場所であることから，圧密沈下がそれほど問題になることは考えにくい．

3.1.3 基礎構造の計画

地盤調査の結果より，本建物の基礎底面に作用する平均接地圧に対し，地盤の長期許容支持力度を満足しておらず，また，表層地盤部の沈下が懸念される．基礎仕様としては，以下のとおりの工法が考えられる．

（案-1）深層混合処理工法　基礎下 2 m 程度を改良
（案-2）深層混合処理工法　基礎下 6 m 程度を改良
（案-3）浅層混合処理工法　基礎下 1.25 m 程度を改良

敷地条件，施工条件，設計条件および経済性を総合的に判断した結果，（案-3）の浅層混合処理工法による地盤改良を行い，直接基礎とすることとして検討する．

3.1.4 改良地盤の検討

改良地盤の設計検討は，図 3.1.6 の設計フローにしたがって，改良地盤底面における設計荷重に対して地盤の長期許容支持力度を超えないように，また，改良地盤内に発生する応力が許容値を超えないように設計する．

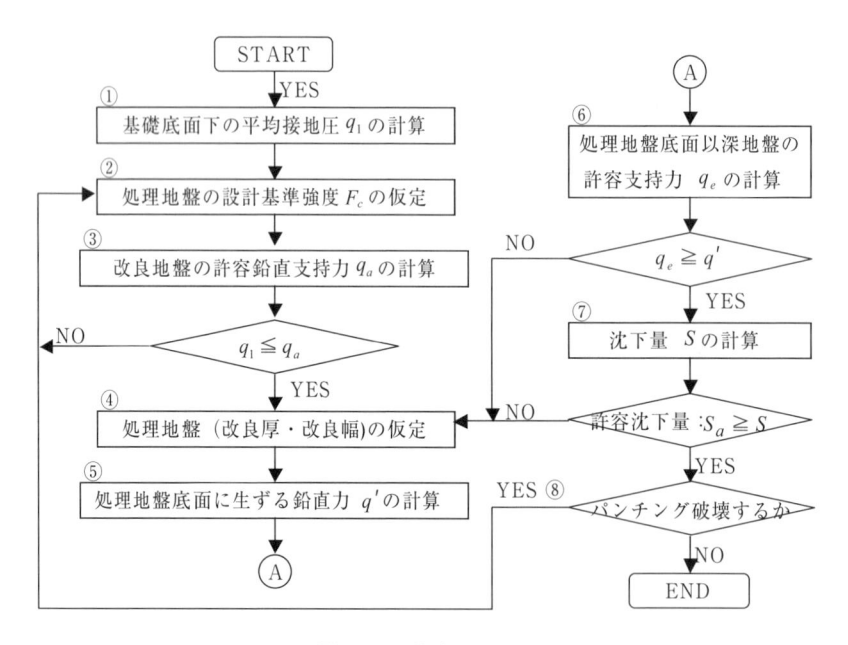

図 3.1.6　設計フロー

(1) 基礎底面下の平均接地圧の検討

基礎の断面は,図3.1.7に示すとおりであり建物の各基礎通りの単位長さあたりの荷重は,表3.1.1に示すとおりである.

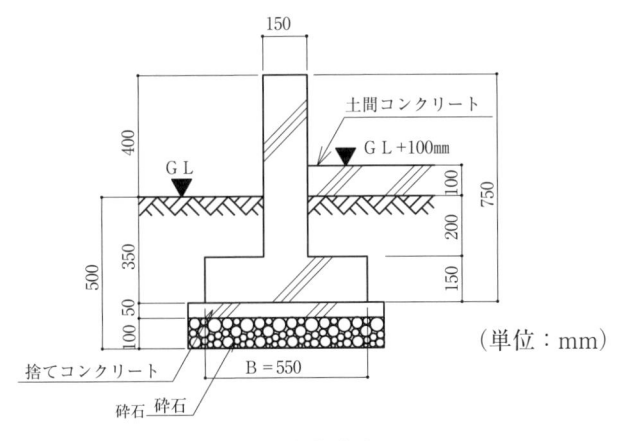

図3.1.7 基礎断面

根入れ部の荷重

外周部基礎　　24.0×{0.15×0.55+(0.35−0.15)×0.15+(0.55-0.15)/2×0.1}
　　　　　　　+16.0×(0.55-0.15)×(0.35-0.15)＝4.46 kN/m

内部基礎　　　24.0×{0.15×0.55+(0.35−0.15)×0.15+(0.55-0.15)×0.1}
　　　　　　　+16.0×(0.55-0.15)×(0.35-0.15)＝4.94 kN/m

表3.1.1において,建物荷重が最大となるY5通りに関して基礎底面下に作用する平均接地圧を算定すると以下のとおりとなる.

表3.1.1 基礎を含む設計用建物荷重 W 一覧

部材位置			W (kN/m)	部材位置			W (kN/m)
通り	始端	終端		通り	始端	終端	
X0	Y0	Y8	10.36	Y0	X0	X10	12.80
X2	Y0	Y5	13.34	Y2	X0	X10	10.88
X4	Y5	Y8	15.70	Y5	X0	X10	15.12
X5	Y6	Y8	10.72	Y6	X4	X10	11.08
X6	Y0	Y8	12.26	Y7	X4	X5	10.90
X8	Y6	Y8	11.62	Y8	X0	X10	11.56
X10	Y0	Y8	11.32				

$$q_1 = W_{max}/B = 15.70/0.55 = 28.55 \text{ kN/m}^2 \tag{3.1.1}$$

(2) 設計基準強度の検討

改良地盤の設計基準強度 F_c は,小規模指針 (7.3.2) 式を用いて算定する.

$$F_c = (1 - m \cdot V) \cdot q_{uc} \tag{3.1.2}$$

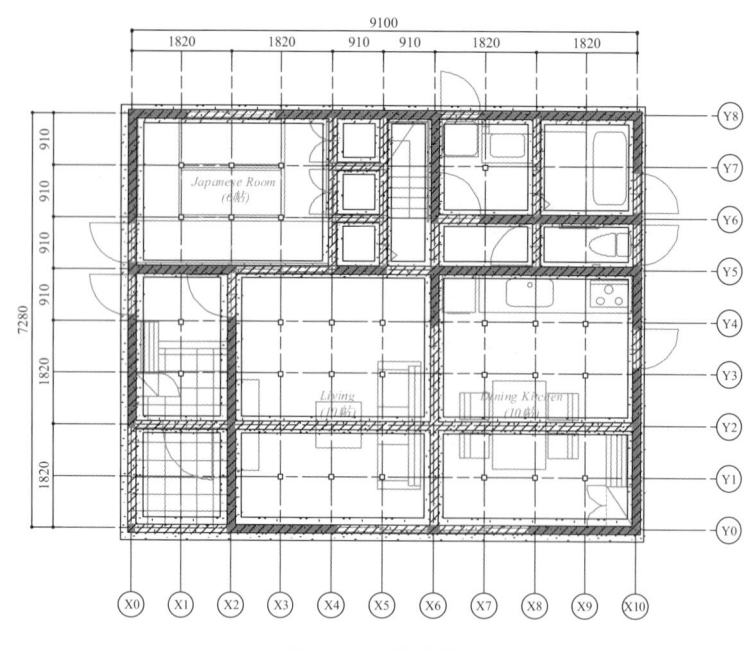

図 3.1.8 基礎伏図

記号

F_c：改良地盤の設計基準強度（kN/m²）
m：不良率より決まる定数
V：一軸圧縮強度の変動係数
q_{uc}：想定現場平均一軸圧縮強さ（kN/m²）

(3.1.2) 式における，定数 m，V に関しては，日本建築センター発行「改訂版建築物のための改良地盤の設計及び品質管理指針」に準じて，不良率 10% とし $m=1.3$ を，一軸圧縮強さの変動係数 V に関しては，十分な施工実績のある施工方法によることを想定し $V=0.3$ とする．また，想定現場平均一軸圧縮強さは，これまでの実績データより $q_{uc}=200$ kN/m² とする．したがって，改良地盤の設計基準強度は，以下のとおりとなる．

$$F_c=(1-1.3\times0.3)\times200=122 \text{ kN/m} \tag{3.1.3}$$

これより，設計基準強度 F_c を 130 kN/m² とする．

(3) 改良地盤の長期許容支持力度の検討

改良地盤の長期許容支持力度は，小規模指針 (7.3.3) 式を用いて算定すると以下のとおりとなる．

$$q_{a1}=F_c/3=130/3=43.33 \text{ kN/m}^2 \tag{3.1.4}$$

q_{a1} が，基礎底面に作用する平均接地圧（$q_1=28.55$ kN/m²）以上であることを満足している．

(4) 改良地盤の検討

改良地盤の必要改良厚さに関しては，図 3.1.5 に示す SWS 試験の結果より，基礎底面下より 1.15 m 間（GL-0.35～1.5 m）にある 500～750 N 荷重自沈層とする．改良幅は，図 3.1.9 に示す

とおり基礎底面部から1：2の勾配で荷重分散されると仮定し，基礎幅と改良厚さの合計以上の寸法を確保する必要がある．

したがって，

$$基礎幅 B' = B + 2(H - D_f)\tan\theta = 0.55 + 2(1.5 - 0.35) \times 0.5 = 1.70\ \mathrm{m} \quad (3.1.5)$$

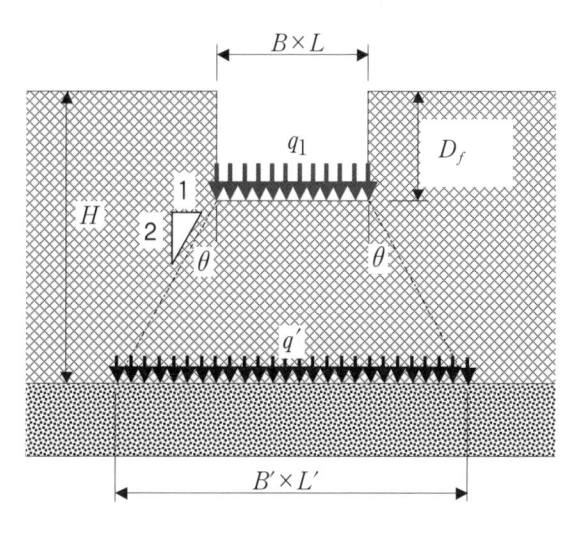

図3.1.9 荷重分散

(5) 改良地盤底面に作用する分散応力の検討

図3.1.9に示すとおり，改良地盤による荷重分散効果により基礎の接地面積が拡大し，拡大した面積部に生じた分散応力（接地圧）が，未改良地盤に作用すると仮定し，改良地盤底面に作用する分散応力を小規模指針（7.3.4）式を用いて算定する．

$$q' = (q_1 \cdot B \cdot L)/(B' \cdot L') + \gamma \cdot (H - D_t) \quad (3.1.6)$$

上式において，基礎が連続であることを考慮し，分散応力を求める．

$$q' = (q_1 \cdot B/B') + \gamma \cdot (H - D_f) \quad (3.1.7)$$

記号

q'：改良地盤底面に作用する分散応力（$\mathrm{kN/m^2}$）

q_1：基礎底面に作用する平均接地圧（$28.55\ \mathrm{kN/m^2}$）

B：基礎底面の幅（0.55 m）

B'：分散後の幅　　$B' = B + 2(H - D_f)\tan\theta$

D_f：基礎の根入れ深さ（0.35 m）

H：地表面から改良地盤底面までの深さ（1.5 m）

γ：改良地盤土の単位体積重量（$16\ \mathrm{kN/m^3}$）

したがって，

$$q' = (28.55 \times 0.55)/1.7 + 16(1.5 - 0.35) = 27.6\ \mathrm{kN/m^2}$$

(6) 未改良地盤の長期許容支持力度の検討

改良地盤底面に作用する分散応力に対し，未改良地盤部で安全に支持できることを確認するため

の未改良地盤の長期許容支持力度を小規模指針（7.3.6）式を用いて算定する．算定するに際し，改良地盤底面から2m間のSWS試験データを用いる．

$$q_{a2} = 1/3(90 \cdot \overline{W_{sw}} + 1.92 \cdot \overline{N_{sw}}) \tag{3.1.8}$$

記号

q_{a2}：未改良地盤の長期許容支持力度（kN/m²）

$\overline{W_{sw}}$：SWS試験による貫入時の荷重の平均値（kN）

$\overline{N_{sw}}$：貫入量1mあたりの半回転数（150を超えた場合は，150とする）の平均値（回）

したがって，

$$q_{a2} = 1/3(90 \times 1.0 + 1.92 \times 47.5) = 60.4 \text{ kN/m}^2$$

これより，改良地盤底面に作用する分散荷重 $q' \leq$ 未改良地盤の長期許容支持力度 q_{a2} を満足する．

(7) 未改良地盤の沈下量の検討

図3.1.5に示す地盤調査結果のとおり，基礎底面から層厚1.15mで改良された地盤部とその改良地盤直下の層厚2.50mの中間層地盤部の沈下は問題ないと考え，中間層地盤直下の $W_{sw}=$ 750～1000Nの自沈層2m間の沈下に関して検討する．

図3.1.10に示すとおり9.10m×7.28m平面の2階建住宅に，28.55 kN/m²の等分布荷重が作用している場合のA点およびB点直下（基礎底面 −5.0m）における地中増加応力を小規模指針（5.5.4）式を用いて算定する．

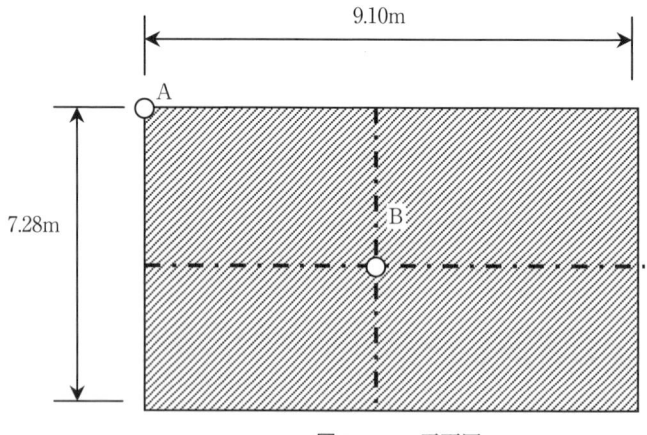

図3.1.10　平面図

A点：$m = B/Z = 7.28/5.0 = 1.456$　　$n = L/Z = 9.1/5.0 = 1.82$

B点：$m = B/Z = 3.64/5.0 = 0.728$　　$n = L/Z = 4.55/5.0 = 0.91$

小規模指針表（5.5.4）式より，（A点）$f_B(m, n) = 0.220$，（B点）$f_B(m, n) = 0.147$

したがって，A点直下の増加応力は，$\Delta\sigma = q \cdot f_B(m, n) = 28.5 \times 0.220 = 6.27$ kN/m² となり，また，B点直下の増加応力は，$28.5 \times 0.147 \times 4 = 16.76$ kN/m² となる．

なお，GL−5.0mの深さの有効上載圧は，$\sigma = 5.0 \times 18 = 90$ kN/m²

したがって，GL−4.00～6.00m間における圧密沈下量を小規模指針（5.5.1）式を用いて算定する．

$$S = (C_c \cdot H)/(1+e_0) \log_{10}(1+\Delta\sigma/\sigma) \tag{3.1.9}$$

記号

　　S　：圧密沈下量（m）

　　σ　：有効上載圧（kN/m^2）

　　H　：圧密対象層（2.0 m）

　　$\Delta\sigma$：地中増加応力（=6.27, 16.76 kN/m^2）

　　C_c　：圧縮指数

　　e_0　：初期間げき比

なお，圧密降伏応力 P_c（=有効上載圧 σ）は 90 kN/m^2，圧縮指数 C_c は 0.58，初期間げき比 e_0 は 1.37 であり，(3.1.9) 式より A 点直下および B 点直下の圧密沈下量が以下のとおりとなる.

A 点直下においては,

$$S = (0.58 \times 2.0)/(1+1.37) \log_{10}(1+6.27/90) = 0.0143 \text{ m}$$

B 点直下においては,

$$S = (0.58 \times 2.0)/(1+1.37) \log_{10}(1+16.76/90) = 0.036 \text{ m}$$

各点における圧密沈下量は，小規模指針表 5.5.4 に示す許容沈下量を満足しており問題ないと考えられる.

また，SWS 試験実施時にサンプリングした土質より小規模指針 (3.3.2) 式を用いて圧縮指数を換算する. 含水比 w は 40%，液性限界 w_L は 50% である.

$$C_c = 0.01 \cdot w_L = 0.01 \times 50 = 0.5 \tag{3.1.10}$$

初期間げき比を小規模指針 (3.3.8) 式を用いて算定する.

$$e_0 = (1+w/100) \times 2.65/\rho - 1.0 = (1+40/100) \times 2.65/1.6 - 1.0 = 1.32 \tag{3.1.11}$$

圧密沈下量を小規模指針 (5.5.1) 式より，A 点直下および B 点直下の圧密沈下量が以下のとおりとなる.

A 点直下において,

$$S = (C_c \cdot H)/(1+e_0) \log_{10}(1+\Delta\sigma/\sigma)$$
$$= (0.5 \times 2.0)/(1+1.32) \log_{10}(1+6.27/90) = 0.0126 \text{ m}$$

B 点においては,

$$S = (0.5 \times 2.0)/(1+1.32) \log_{10}(1+16.76/90) = 0.032 \text{ m}$$

各点における圧密沈下量は，小規模指針表 5.5.4 に示す許容沈下量を満足しており問題ないと考えられる.

(8) パンチング破壊の検討

改良地盤におけるパンチング破壊の検討は，小規模指針 (7.3.9) 式を用いて検討する.

$$q_{\max} \leqq 1/3 \cdot (2 \cdot c' \cdot D/B) + q_{a2} \tag{3.1.13}$$

記号

　　$q_{\max}$　：最大鉛直荷重度（=28.50 kN/m^2）

　　c'　：改良地盤のせん断強度（kN/m^2）

$$c'=1/2 \cdot F_c=1/2\times130=65 \text{ kN/m}^2$$

D：基礎底面以深の改良深さ（＝1.15 m）

B：基礎の幅（＝0.55 m）

q_{a2}：改良地盤底面下の地盤の長期許容支持力度（＝58.8 kN/m²）

したがって，

$$1/3\times(2\times65\times1.15/0.55)+58.8=149.40 \text{ kN/m}^2 \geqq q_{max} \text{（}=28.50 \text{ kN/m}^2\text{）}$$

3.2節　支持層が浅い場合の深層混合処理工法の設計

3.2.1　敷地・建物概要

　　建設場所　　神奈川県藤沢市

　　建物概要　　1.3節に示した建物と同様とする．

図3.2.1に建物配置図およびSWS試験位置を示す．

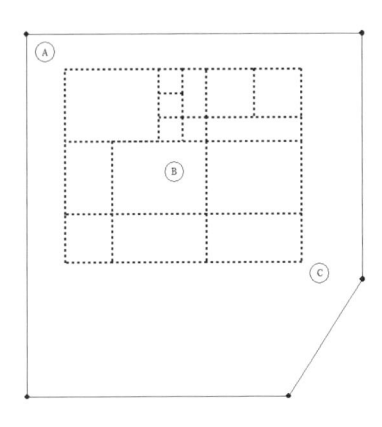

図3.2.1　建物配置とSWS試験位置

3.2.2　地盤概要

　図3.2.2に敷地周辺の土地条件図を示す．本設計例における地盤は，台地と谷地の境界付近に位置しており台地から谷地の方向に地層が傾斜している．図3.2.3にSWS試験データを示す．硬質な砂層は，GL-1.5〜2.5 m付近の深度に存在し，台地側・谷地側共に地表面から硬質砂質土の上層までの長期許容支持力度が15 kN/m² 程度の粘性土で構成されており，何らかの地盤補強が必要な地盤となっている．

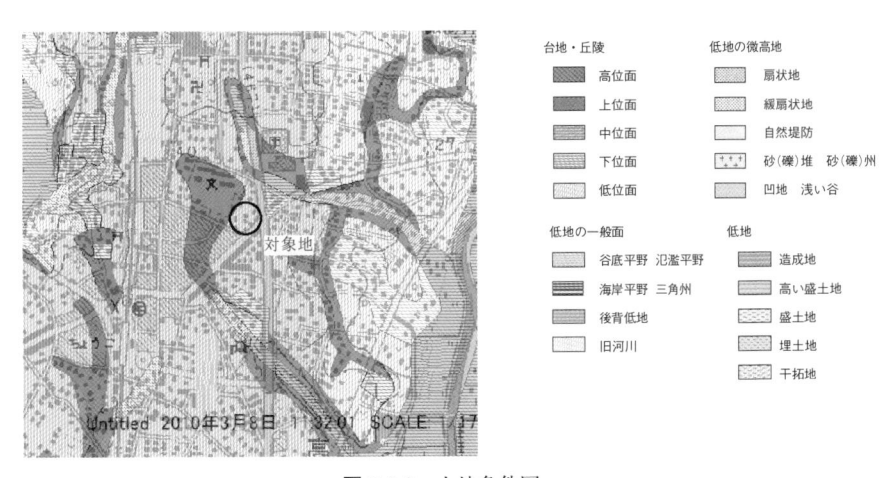

図3.2.2　土地条件図

JIS A 1221　スウェーデン式サウンディング試験

調査件名：建築太郎　試験年月日：
地点番号(地盤高さ)：調査点 A (KBM±0)　試験者：
回転装置の種類：手動　天候：晴れ

荷重 W_{sw} kN	半回転数 N_a	貫入深さ D m	貫入量 L cm	1mあたりの半回転数 N_{sw}	記事
0.25	0	0.25	0.25	0	ジンワリ
0.50	0	0.50	0.25	0	ジンワリ
0.50	0	0.75	0.25	0	ジンワリ
0.50	0	1.00	0.25	0	ジンワリ
0.25	0	1.25	0.25	0	ジンワリ
0.50	0	1.50	0.25	0	ジンワリ
0.75	0	1.75	0.25	0	ジンワリ
1.00	0	2.00	0.25	0	ジンワリ
1.00	2	2.25	0.25	8	無音
1.00	4	2.50	0.25	16	無音
1.00	30	2.75	0.25	120	シャリシャリ
1.00	40	3.00	0.25	160	シャリシャリ

JIS A 1221　スウェーデン式サウンディング試験

調査件名：建築太郎　試験年月日：
地点番号(地盤高さ)：調査点 B (KBM±0)　試験者：
回転装置の種類：手動　天候：晴れ

荷重 W_{sw} kN	半回転数 N_a	貫入深さ D m	貫入量 L cm	1mあたりの半回転数 N_{sw}	記事
0.25	0	0.25	0.25	0	ジンワリ
0.50	0	0.50	0.25	0	ジンワリ
0.50	0	0.75	0.25	0	ジンワリ
0.75	0	1.00	0.25	0	ジンワリ
0.50	0	1.25	0.25	0	ジンワリ
0.50	0	1.50	0.25	0	ジンワリ
1.00	4	1.75	0.25	16	無音
1.00	15	2.00	0.25	60	無音
1.00	24	2.25	0.25	96	シャリシャリ
1.00	35	2.50	0.25	140	シャリシャリ

JIS A 1221　スウェーデン式サウンディング試験

調査件名：建築太郎　試験年月日：
地点番号(地盤高さ)：調査点 C (KBM±0)　試験者：
回転装置の種類：手動　天候：晴れ

荷重 W_{sw} kN	半回転数 N_a	貫入深さ D m	貫入量 L cm	1mあたりの半回転数 N_{sw}	記事
0.50	0	0.25	0.25	0	ジンワリ
0.25	0	0.50	0.25	0	ジンワリ
0.50	0	0.75	0.25	0	ジンワリ
1.00	2	1.00	0.25	8	無音
1.00	8	1.25	0.25	32	無音
1.00	30	1.50	0.25	120	シャリシャリ
1.00	35	1.75	0.25	140	シャリシャリ

図 3.2.3　SWS試験データ

3.2.3 基礎構造の計画

(1) 設計方針

表3.2.1に一般的に用いられている地盤補強工法の適用範囲を示す．図3.2.1～図3.2.3より，本設計例では地盤改良の深度は GL－0.5～2.5 m まで必要であると判断される．また地下水位は存在していないこと，地盤改良の対象となる地盤は有機質土を含んでいない粘性土であることを鑑み，表3.2.1の適用範囲と本設計例の地盤条件を照合すると，基礎仕様は，深層混合処理工法による直接基礎が適切であると判断される．深層混合処理工法の設計は小規模指針図7.2.4の設計フローに準じて検討する．

表3.2.1 地盤補強工法の適用範囲（例）

工法名 項目	適用深度	地下水位	適用できない地盤
浅層混合処理工法	GL－0.5～2.0 m	地下水位中の砂地盤に施工を行う場合には適切な養生方法が必要	高有機質土
深層混合処理工法	GL－1.5～8.0 m	伏流水など地下水に水流がある場合は不可	高有機質土
小口径鋼管杭	GL－3.5～34.5 m	特になし	特になし

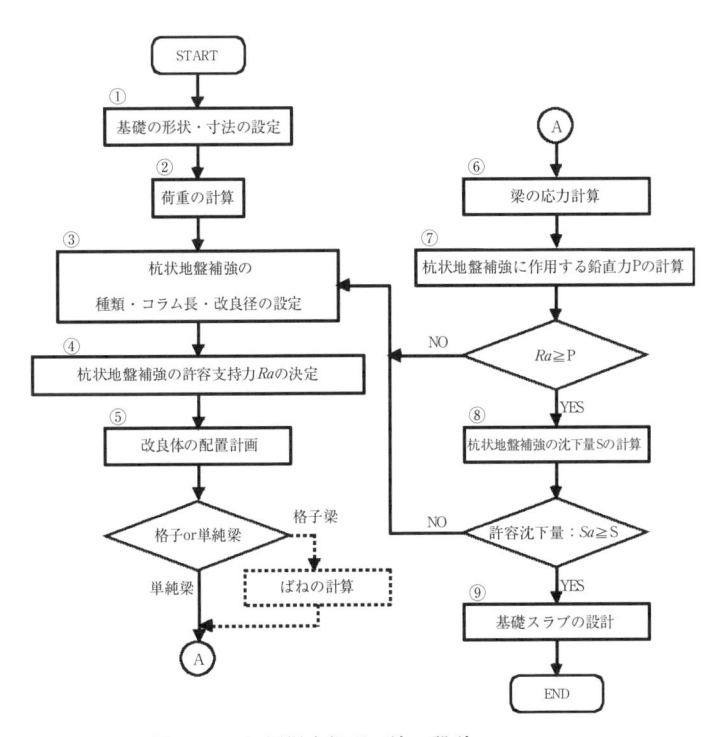

図3.2.4 深層混合処理工法の設計フロー

(2) 基礎の形状・寸法の確認

1) 基礎スラブの確認

図 3.2.5 に本設計例で用いられている基礎の断面を示す．基礎形状は布基礎である．

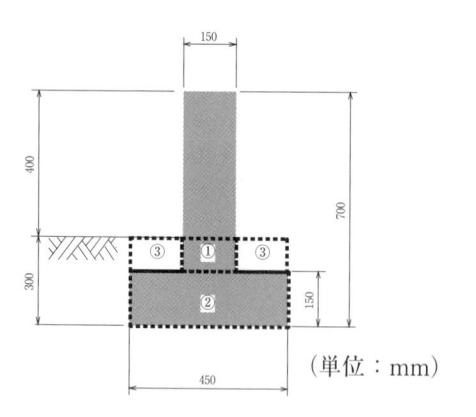

W（基礎自重）$= 0.15\text{m} \times 0.15\text{m} \times 24\text{kN/m}^3$
$+ 0.15\text{m} \times 0.45\text{m} \times 24\text{kN/m}^3$
$+ 0.30\text{m} \times 0.15\text{m} \times 16\text{kN/m}^3$
$= 2.88\text{kN/m}$

図 3.2.5 基礎の断面

(3) 荷重の算定

1) 基礎スラブ

表 1.3.15 および図 3.2.5 に示されている W_F，基礎自重 W より，地盤補強設計用荷重（$W + W_F$）を求める．表 3.2.3 に算定結果を示す．

表 3.2.3 各通りに作用する荷重

検討部材情報			長さあたり荷重	地盤補強設計用荷重	基礎長さ	通り荷重
通り	始端	終端	W_F (kN/m)	$W_F + W$ (kN/m)	(m)	($W_F + W$)×基礎長さ(kN)
X0	Y0	Y8	5.90	8.78	7.28	63.92
X2	Y0	Y5	8.40	11.28	4.55	51.32
X4	Y5	Y8	10.76	13.64	2.73	37.24
X5	Y5	Y8	5.78	8.66	2.73	23.64
X6	Y0	Y8	7.32	10.20	7.28	74.26
X8	Y6	Y8	6.68	9.56	1.82	17.40
X10	Y0	Y8	6.86	9.74	7.28	70.91
Y0	X0	X10	8.34	11.22	9.10	102.10
Y2	X0	X10	5.95	8.83	9.10	80.35
Y5	X0	X10	10.18	13.06	9.10	118.85
Y6	X4	X10	6.14	9.02	5.46	49.25
Y7	X4	X5	5.96	8.84	0.91	8.04
Y8	X0	X10	7.10	9.98	9.10	90.82
					合計	788.1 kN

(4) 改良体長・改良体径の検討

改良体径は一般的に小規模建築物を対象とした深層混合処理工法で最も用いられている $\phi 600$ mm とし,硬質砂質土を改良体の先端地盤とする.改良深さは GL-1.5〜2.5 m となるが,検討は最も支持力が小さくなる改良深さ GL-1.5 m,地盤調査点 C を採用して検討を行う.また改良体の設計基準強度 F_c は 600 kN/m^2 とする.

(5) 深層混合処理工法の長期許容支持力の計算

改良体の長期許容支持力 R_a の算定は,小規模指針(7.2.2),(7.2.6)式および(3.2.3)式を用いて行う.

$$R_{a1}=\frac{1}{3}(R_p+R_f) \tag{3.2.1}$$

$$R_{a2}=\frac{1}{3}\times F_c \times A_p \tag{3.2.2}$$

$$R_a=\min(R_{a1}, R_{a2}) \tag{3.2.3}$$

記号
- R_{a1}:杭状地盤補強の長期許容支持力 (kN)
- R_p:杭状地盤補強先端部における極限先端支持力 (kN)
- R_f:杭状地盤周面の地盤による極限摩擦力 (kN)
- R_{a2}:改良体の許容圧縮力 (kN)
- F_c:改良体の設計基準強度 (kN/m^2)
- A_p:改良体の断面積 (m^2)

地盤から求められる改良体の極限先端支持力 R_p,極限摩擦力 R_f は小規模指針 (7.2.3) 式および (7.2.5) 式を用いて以下のように算定される.

$$R_p=\alpha \times \overline{N} \times A_p \tag{3.2.4}$$

$$R_f=D\times \sum(\tau_d \times L_i) \times \pi \tag{3.2.5}$$

記号
- α:先端支持力係数,深層混合処理工法の場合は $\alpha=75$ とする
- $\overline{N}$:杭状地盤補強体から下に $1D$,上に $1D$ の範囲における換算 N 値の平均値(D:改良体直径)
- L_i:各層の層厚(m)
- τ_d:杭状地盤補強体に作用する各層の極限周面摩擦応力度 (kN/m^2)
  粘性土の場合 $\tau_d=c$,砂質土の場合 $\tau_d=\frac{10}{3}N$ とする

周面地盤(GL-0.35〜1.25 m 粘性土)

周面地盤の検討に採用する地盤データは,算定が簡便となるよう 0.25 m ピッチで採用することとした.

$\overline{W_{sw}}=(0.25+0.50+1.0+1.0)/4=0.68$ kN $\overline{N_{sw}}=(0+0+8+32)/4=10$

粘着力は $c=\frac{1}{2}\times q_u=(45\times W_{sw}+0.75\times N_{SW})$ を用いて算定する.

$$c = \frac{1}{2} \times (45 \times 0.68 + 0.75 \times 10 = 19.0 \text{ kN/m}^2)$$

周面地盤（GL$-$1.25〜1.50 m　砂質土）

換算 N 値は $N = 2 \times W_{SW} + 0.067 \times N_{SW}$ を用いて算定する．

$\overline{W_{SW}} = 1.0$ kN　$\overline{N_{SW}} = 120$

$$\tau_d = \frac{10}{3} \times N = \frac{10}{3} \times (2 \times 1.0 + 0.067 \times 120) = 33.4 \text{ kN/m}^2$$

先端地盤（GL$-$0.90〜1.75 m　砂質土）

$\overline{W_{SW}} = (1.0 \times 3)/3 = 1.0$ kN　$\overline{N_{SW}} = \{0.1 \times 8 + 0.25 \times (32 + 120 + 140)\}/0.85 = 86.6$

$\overline{N} = 2 \times 1.0 + 0.067 \times 86.6 = 7.8$

よって，改良体の長期許容支持力 R_a は以下のようになる．

$$R_{a1} = \frac{1}{3} \times \{75 \times 7.8 \times 0.282 + 0.6 \times (19.0 \times 0.75 + 33.4 \times 0.25) \times \pi\} = 69.2 \text{ kN}$$

$$R_{a2} = \frac{1}{3} \times 600 \times 0.282 = 56.40 \text{ kN}$$

$R_a = \min(69.2, 56.40) = 56.40$ kN

(6)　改良体の配置

布基礎における改良体は，図 3.2.6 に配置を示すように，布基礎下に配置する．

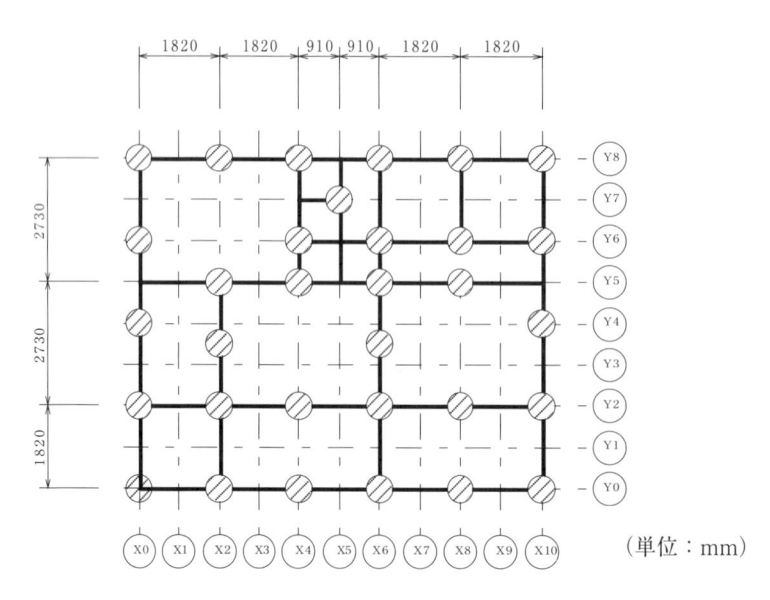

図 3.2.6　改良体の配置

(7) 基礎梁の応力検討

基礎梁の応力検討は，応力状態が一番厳しい1スパンにて行い，小規模指針6.3節にしたがって検討する．図3.2.7に検討モデルを示す．本設計例では，条件が最も厳しいX4通り（Y6・Y8間）において検討を行う．なお，両端固定梁の固定端モーメントは，2スパンモデルの最大となる$1.3C$とする．以下に梁の必要な鉄筋断面積の算定およびせん断力の検討に用いる式を示す．

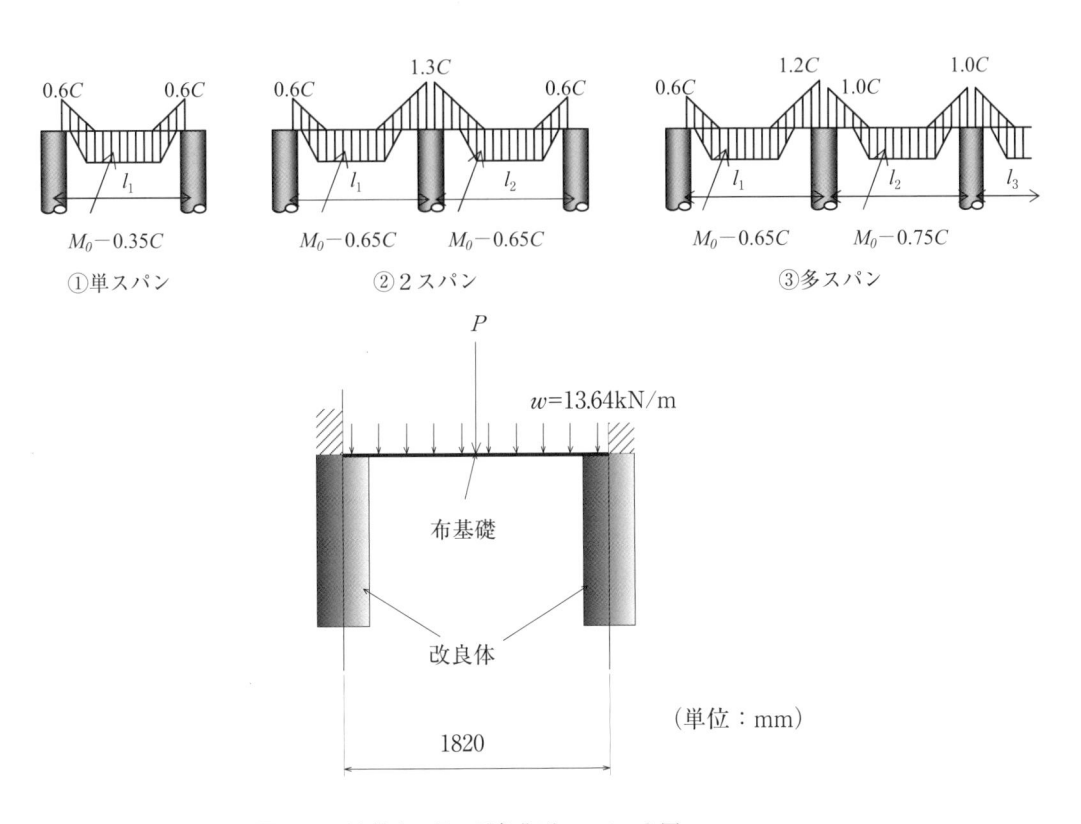

①単スパン　$M_0-0.35C$

②2スパン　$M_0-0.65C$　$M_0-0.65C$

③多スパン　$M_0-0.65C$　$M_0-0.75C$

図3.2.7　連続する梁の正負曲げモーメント図

$$C = \frac{wl^2}{12} + \frac{Pl}{8} \tag{3.2.6}$$

$$M_o = \frac{wl^2}{8} + \frac{Pl}{4} \tag{3.2.7}$$

$$Q = \frac{wl}{2} + \frac{P}{2} \tag{3.2.8}$$

$$a_t = \frac{M}{f_t \times j} \times 10^6 \tag{3.2.9}$$

$$Q \leq Q_a = \alpha \times b \times j \times f_s \times 10^{-3} \tag{3.2.10}$$

記号

　　P：梁に作用する集中荷重(kN)

C ：固定端の曲げモーメント(kN·m)

M_o：中央部の最大曲げモーメント(kN·m)

Q ：設計用せん断力(kN)

w ：梁に作用する荷重(kN/m)

l ：改良体間距離(m)

Q_a：長期許容せん断耐力(kN)

α ：基礎梁のせん断スパン比 $\dfrac{M}{Q \times d}$ による割増し係数（シングル配筋の場合 $\alpha = 1.0$ とする）

b ：基礎梁幅(mm)

f_t：主筋の長期許容引張応力度(N/mm²)

j ：基礎梁の応力中心間距離→$\dfrac{7}{8}d$

d ：主筋の中心から最外縁までの距離(mm)

f_s：コンクリートの長期許容せん断応力度(N/mm²)

X4 通りに作用する等分布荷重 $w=13.64$ kN/m，X4 通りの中間部に採用する Y7 通りの集中荷重 $P=8.84$ kN/m×0.91 m×1/2=4.03 kN，鉄筋の長期許容引張応力度を $f_t=195$ N/mm²，上端鉄筋中心を上端から70mm の位置とすると必要鉄筋断面積は以下のようになる．

$$M_o = 1.3 \times \left(\dfrac{13.64 \times 1.82^2}{12} + \dfrac{4.03 \times 1.82}{8} \right) = 1.3 \times 4.69 = 6.10 \text{ kN·m}$$

$$at = \dfrac{6.10}{195 \times 551.2} \times 10^6 = 56.75 \text{ mm}^2 < \text{D13}-1(127 \text{ mm}^2)$$

コンクリートの長期許容せん断応力度を $f_s=0.7$ N/mm² とすると

$$Q = \dfrac{13.64 \times 1.82}{2} + \dfrac{4.03 \times 1.82}{2} = 16.10 \text{ kN} \quad \text{せん断スパン比 } a=1.0（シングル配筋）$$

$$Q_a = 1.0 \times 150 \times 551.2 \times 0.7 \times 10^{-3} = 57.88 \text{ kN} > Q$$

以上により，主筋を異形鉄筋による最小仕様として，1-D13，せん断補強筋を最小仕様である D10@300 とする．

(8) 深層混合処理工法に作用する負担荷重Pの算定

改良体の配置は1820 mm以内とし，改良体に作用する負担荷重Pを検討する．表3.2.4に算定結果を示す．表3.2.4より，負担する荷重が最も大きく，かつ，直交する梁の荷重も負担するX4-Y5通りにおいて，負担荷重Pの検討を行う．

表3.2.4 改良体1本あたりの負担荷重

検討部材情報			地盤補強設計用荷重	1本あたりの負担荷重
通り	始端	終端	W_F+W (kN/m)	(kN/本)
X0	Y0	Y8	8.78	15.98
X2	Y0	Y5	11.28	20.53
X4	Y5	Y8	13.64	24.83
X5	Y5	Y8	8.66	15.76
X6	Y0	Y8	10.20	18.56
X8	Y6	Y8	9.56	17.40
X10	Y0	Y8	9.74	17.73
Y0	X0	X10	11.22	20.42
Y2	X0	X10	8.83	16.07
Y5	X0	X10	13.06	23.77
Y6	X4	X10	9.02	16.42
Y7	X4	X5	8.84	16.09
Y8	X0	X10	9.98	18.16

最大負担荷重 P　$24.83+4.03=28.86$ kN $< R_a=56.4$ kN

(9) 深層混合処理工法の沈下量Sの検討

本設計例では，改良体の下部地盤は良好な砂質地盤であること，改良体長さが短いことから，改良体下部地盤の即時沈下・圧密沈下および改良体の圧縮量は微少であると考えられる．したがって，沈下量の算定は省略する．

(10) 基礎スラブの検討

基礎スラブの応力計算は，建物から発生した荷重がすべて改良体に集中して作用するものとし，小規模指針6.3節にしたがって検討する．検討対象は，負担荷重が最も大きいX4-Y5通りとする．図3.2.8に作用する面積の範囲とその荷重を示す．基礎スラブ設計用曲げモーメント，スラブ筋断面積，せん断力，許容せん断力，スラブ筋の付着の算定に用いる式を以下に示す．

P ↓ 最大負担荷重

作用面積　0.241m²
作用荷重度　28.86/0.241=119.8kN/m²

450

(単位：mm)

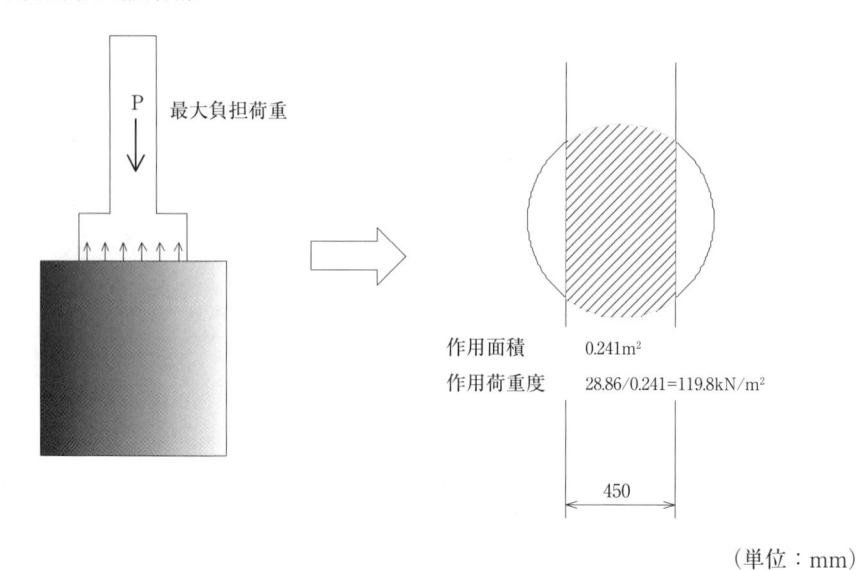

図 3.2.8　作用面積と荷重

$$M = \frac{1}{2} \times w_0 \times l^2 \tag{3.2.11}$$

$$a_t = \frac{M}{f_t \times j} \tag{3.2.12}$$

$$Q = w_0 \times l \tag{3.2.13}$$

$$Q_a = j \times f_s \tag{3.2.14}$$

$$l_{db} = \frac{\sigma_t \times A_s}{K \times f_b \times \psi} \tag{3.2.15}$$

$$\sigma_t = \frac{M}{j \times A_s} \times 10^6 \tag{3.2.16}$$

記号

M：接地圧によって生ずる単位長さあたりの曲げモーメント(kN·m)

w_0：地面(GL)以上の建築物荷重によって求めた単位長さあたりの設計用接地圧(kN/m)(図3.2.8改良体頭部に発生する荷重度 119.8 kN/m²)

B：基礎スラブ幅(m)

l：基礎スラブの基礎梁からの出の長さ(m)

a_t：単位長さあたりに必要な配筋断面積(mm²)

f_t：スラブ筋の長期許容引張応力度(N/mm²)

j：基礎スラブの応力中心間距離　(mm)

d：スラブ筋から圧縮縁までの距離(mm)

Q：接地圧によって生ずる単位長さあたりの設計用せん断力(kN)

Q_a：基礎スラブの単位長さあたりの許容せん断力 (kN)
f_s：コンクリートの長期許容せん断応力度 (N/mm²)
l_{db}：必要付着長さ (m)
ψ ：単位幅長さあたりに必要な鉄筋の周長の和 (mm)
σ_t：スラブ筋の存在引張応力度 (N/mm²)
A_s：単位長さあたりのスラブ筋の鉄筋断面積の和 (mm²)
K ：横補強筋を無視した修正係数　$K=0.3\dfrac{c}{d_b}+0.4$
d_b：基礎スラブ鉄筋径 (mm)
c ：鉄筋間のあき (mm)
　　　基礎スラブにおいては $c=5\times d_b$ とし，したがって，$K=1.9$ とする．
f_b：鉄筋のコンクリートに対する長期許容付着応力度 (N/mm²)

$X_4 : w_0 = 119.8 \text{ kN/m}^2$

$$M = \frac{1}{2} \times 119.8 \times 0.15^2 = 1.35 \text{ kN·m}$$

$$a_t = \frac{1.35}{200 \times \frac{7}{8} \times 85} = 9.08 \text{ mm}^2 < D10@300(238 \text{ mm}^2)$$

$$Q = 119.8 \times 0.15 = 17.97 \text{ kN} < Qa = 0.7 \times 74 = 51.8 \text{ kN}$$

$$\sigma_t = \frac{1.35}{74 \times 237.77} \times 10^6 = 76.73 \text{ kN/m}^2$$

$$ld_b = \frac{76.73 \times 237.77}{1.9 \times 2.1 \times 3 \times 30} = 50.8 \rightarrow ld_b = 50.8 < \frac{450-150}{2} - 60 = 90$$

　以上により，スラブ筋は D10@300 とする．また改良体頭部に作用する荷重度 119.8 kN/m² は改良体の長期許容圧縮応力度未満 ($\frac{1}{3} \times F_c = 200$ kN/m²) となっている．したがって，改良体は十分に安全である．

3.2.4　土間コンクリートについて

1 階床の荷重を支持し床の沈下変形を防止するため，土間コンクリート内に下記のとおり改良体を配置する．

　布基礎で囲まれた基礎区画の短辺方向の基礎間隔を A (m) としたとき，改良体の配置は以下のようにする．

　　　$A \leqq 1.82$ m　　　配置なし
　　1.82 m $< A \leqq 3.64$ m　　　改良体を基礎間隔中央に配置する．配置結果を図 3.2.9 に示す．

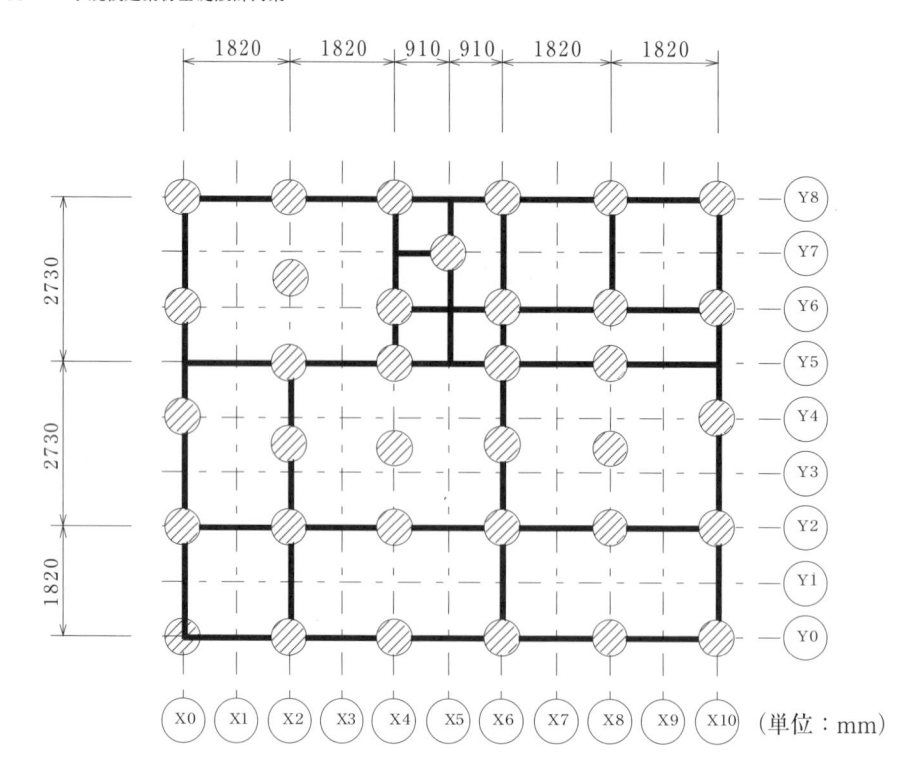

図 3.2.9　土間コンクリートへの配置結果

3.3節　支持層が深い場合の深層混合処理工法の設計

3.3.1　敷地・建物概要

　　建設場所　　埼玉県越谷市

　　建物概要　　1.3節に示した建物と同様とする．

　図3.3.1に建物配置図を示す．

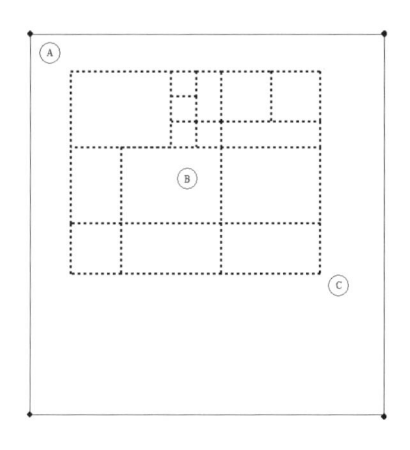

図 3.3.1　建物配置と SWS 試験位置

3.3.2　地盤概要

　図3.3.2に敷地周辺の土地条件図を示す．本設計例における地盤は氾濫平野に位置する．図3.3.3にSWS試験データを示す．SWS試験結果には大きな差異が測定されなかったことから，基礎設計は，実施されたSWS試験結果の中で最も軟弱な数値を示すデータをもとに行う．基礎計画に用いたSWS試験結果を図3.3.3に示す．表層面からGL-7.0m付近まで自沈層で構成された軟弱地盤となっており，何らかの地盤補強が必要な地盤となっている．この軟弱地盤（GL-9.0m）にて採取された土の含水比 w，液性限界 w_L はそれぞれ，110％，130％であった．

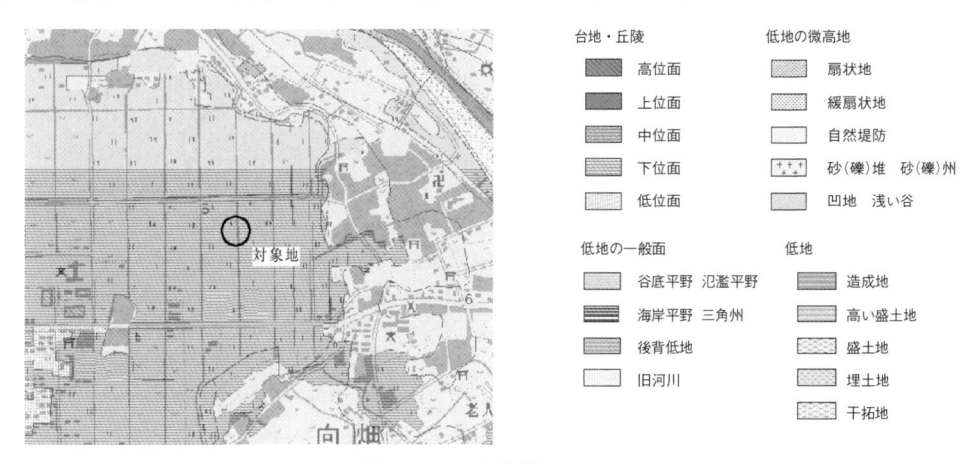

図 3.3.2　土地条件図

JIS A 1221		スウェーデン式サウンディング試験						

調査件名 _____   試験年月日 _____
地点番号（地盤高）　調査点　A　（KBM±0）　試験者 _____
回転装置の種類　手　動　　天　候　　晴

荷重 W_{sw}	半回転数 N_a	貫入深さ D	貫入量 L	1mあたりの半回転数 N_{sw}	記 事
kN		m	cm		
0.50	0	0.25	25	0	ジンワリ
0.25	0	0.50	25	0	ジンワリ
0.50	0	0.75	25	0	ジンワリ
0.75	0	1.00	25	0	ジンワリ
0.25	0	1.25	25	0	ジンワリ
0.25	0	1.50	25	0	ジンワリ
0.50	0	1.75	25	0	ジンワリ
0.50	0	2.00	25	0	ジンワリ
0.25	0	2.25	25	0	ジンワリ
0.25	0	2.50	25	0	ジンワリ
0.25	0	2.75	25	0	ジンワリ
0.50	0	3.00	25	0	ジンワリ
0.75	0	3.25	25	0	ジンワリ
0.50	0	3.50	25	0	ジンワリ
0.75	0	3.75	25	0	ジンワリ
0.75	0	4.00	25	0	ジンワリ
0.75	0	4.25	25	0	ジンワリ
0.75	0	4.50	25	0	ジンワリ
0.50	0	4.75	25	0	ジンワリ
0.50	0	5.00	25	0	ジンワリ
0.25	0	5.25	25	0	ジンワリ
0.25	0	5.50	25	0	ジンワリ
0.50	0	5.75	25	0	ジンワリ
0.50	0	6.00	25	0	ジンワリ
0.50	0	6.25	25	0	ジンワリ
0.50	0	6.50	25	0	ジンワリ
0.75	0	6.75	25	0	ジンワリ
0.75	0	7.00	25	0	ジンワリ
1.00	1	7.25	25	4	
1.00	3	7.50	25	12	
1.00	2	7.75	25	8	
1.00	1	8.00	25	4	
1.00	4	8.25	25	16	
1.00	5	8.50	25	20	
1.00	3	8.75	25	12	
1.00	6	9.00	25	24	
1.00	3	9.25	25	18	
1.00	9	9.50	25	36	シャリシャリ
1.00	13	9.75	25	52	シャリシャリ
1.00	21	10.00	25	84	シャリシャリ
1.00	32	10.25	25	128	シャリシャリ
1.00	30	10.50	25	120	シャリシャリ
1.00	29	10.75	25	116	シャリシャリ
1.00	30	11.00	25	120	シャリシャリ
1.00	32	11.25	25	128	シャリシャリ
1.00	33	11.50	25	132	シャリシャリ
1.00	30	11.75	25	120	シャリシャリ
1.00	32	12.00	25	128	シャリシャリ

図3.3.3　SWS試験データ

3.3.3　基礎構造の計画

(1) 設計方針

図3.3.1～図3.3.3より，本設計例では，少なくともGL－8.0mまでの地盤補強が必要であると判断される．地盤補強方法は，支持杭的な地盤補強を採用できる硬質な地層は確認されていない

こと，地盤改良の対象となる地盤は有機質土を含んでいない粘性土であること，敷地内の地盤構成はバラツキが少ないことを鑑み，表3.2.1の適用範囲と本設計例の地盤条件を照合すると，基礎仕様は，深層混合処理工法による直接基礎が適切であると判断される．図3.2.4に示す深層混合処理工法の設計フローに従って検討を行う．

(2) 基礎の形状・寸法の確認

3.2節に準ずる．

(3) 荷重の検討

3.2節の検討に準ずる．

(4) 改良体長・改良体径の検討

改良体径は一般的に小規模建築物に対する深層混合処理工法で最も用いられている $\phi 600$ mm とし，改良深さは 8.0 m とした．また，改良体の設計基準強度 F_c は 600 kN/m² とする．

(5) 深層混合処理工法の長期許容支持力の検討

改良体の先端地盤が粘性土の場合は，小規模指針（7.2.4）式を用いて極限先端支持力を算定する．

$$R_P = 6 \times c \times A_P \tag{3.3.1}$$

長期許容圧縮力，および長期許容鉛直支持力の算定に用いる式は3.2節を参照されたい．

先端地盤（GL−7.40〜8.60 m 粘性土）の検討

$\overline{W_{SW}} = (1.0 \times 3)/3 = 1.0$ kN　　$\overline{N_{SW}} = \{0.1 \times (12+12) + 0.25 \times (8+4+16+20)\}/1.2 = 12.0$

$$c = \frac{1}{2} \times (45 \times 1.00 + 0.75 \times 12.0) = 27.0 \text{ kN/m}^2$$

周面地盤（GL−0.5〜8.0 m　粘性土）

$\overline{W_{SW}} = 0.25$ kN　　$\overline{N_{SW}} = 0$　（安全を考慮し，最も不利な値から摩擦力を求める）

$$c = \frac{1}{2} \times (45 \times 0.25 + 0.75 \times 0) = 5.62 \text{ kN/m}^2$$

よって，改良体の長期許容鉛直支持力 R_a は以下のようになる．

$$R_{a1} = \frac{1}{3} \times \{6 \times 27.0 \times 0.282 + 0.6 \times (5.62 \times 7.5) \times \pi\} = 41.69 \text{ kN}$$

$$R_{a2} = \frac{1}{3} \times 600 \times 0.282 = 56.40 \text{ kN}$$

$$R_a = \min(R_{a1}, R_{a2}) = 41.69 \text{ kN}$$

(6) 改良体の配置

3.2節に準ずる．

(7) 基礎梁の応力検討

3.2節に準ずる．

(8) 改良体に作用する鉛直力の検討

3.2節に準じて，検討を行うと最大負担荷重は 28.86 kN となる．

したがって

　28.86 kN ＜ R_a＝41.69 kN

⑼　改良体の沈下量 S の算定

　本敷地の近隣ボーリングデータおよび SWS 試験結果から推定すると，圧密対象層は GL−9.0 m 程度まで存在していると判断される．したがって，改良体の下部には 1.0 m の圧密対象層が存在していると仮定し沈下量を検討する．また，最も負担荷重が大きい改良体の圧縮量を基礎直下から仮想作用面までの沈下量とし，改良体の圧縮量と圧密対象層の沈下量を加算したものを改良体の沈下量 S とする．図 3.3.4 に検討モデルを示す．作用する荷重度は，建物重量が仮想作用面に作用するものとして算定する．

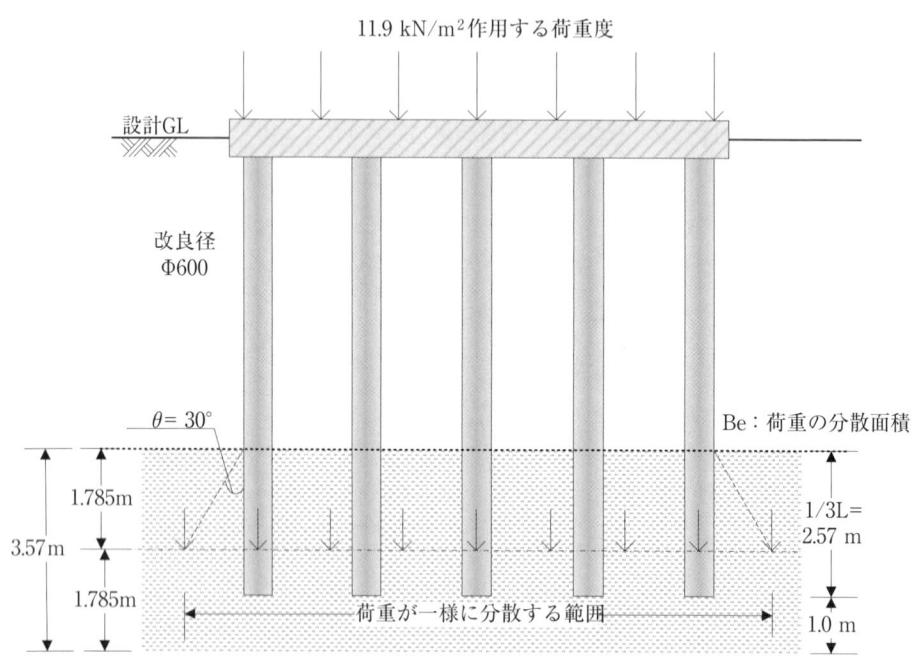

図 3.3.4　沈下量の検討モデル

　改良体頭部に作用した荷重度は，改良体下部から改良深さの 1/3（2.57 m）上方から 30°の分散角で下部地盤へ分散する．圧密沈下量 S は小規模指針（5.5.1）式を用いて算定する．

$$q_e = q \times \frac{B}{B_e} \tag{3.3.2}$$

$$S = \frac{C_c \cdot H}{1+e_0} \log\left(1+\frac{q_e}{\sigma}\right) + S' \tag{3.3.3}$$

$$S' = \frac{q'}{E_p} \times L \tag{3.3.4}$$

$$e_0 = \left(1+\frac{w}{100}\right) \times \frac{2.65}{\rho} - 1 \tag{3.3.5}$$

$$\sigma = \gamma H_1 + (\gamma - 9.8)(z - H_1) \tag{3.3.6}$$

記号
- S：沈下量(cm)
- q'：改良体に作用する荷重度 (kN/m²)
- E_p：改良体の変形係数（$180 \times F_c$）(kN/m²)
- q：改良体頭部に作用する荷重度（kN/m²）
- q_e：仮想作用荷重度（kN/m²）
- B：荷重仮想作用面積（m²）
- B_e：荷重の分散面積（m²）
- $\Delta\sigma$：地中増加応力（kN/m²）
- m, n：等分布荷重に対する関数
- C_c：圧縮指数　$C_c = 0.01 w_L$　w_L：土の液性限界
- e_0：初期間げき比
- σ：有効上載圧（kN/m²）
- γ：土の湿潤単位体積重量（ここでは 16 kN/m^3 とする）
- H_1：地下水位（2.0 m）
- Z：地表面からの深さ(m)
- ρ：土の湿潤密度(g/cm³)　ここでは粘性土　1.5 g/cm³ を採用する
- H：圧密対象層(m)
- L：改良長（7.7 m）

改良体頭部に作用する荷重度 q の算定

$q = 788.1 \text{ kN/m}^2 〔建物荷重　表3.2.3参照〕 / 66.3(建物面積) = 11.9 \text{ kN/m}^2$

荷重分散面積 B_e の算定

$$B_e = \left(\frac{1.785}{\sqrt{3}} \times 2 + 7.28\right) \times \left(\frac{1.785}{\sqrt{3}} \times 2 + 9.1\right) = 9.34 \times 11.16 = 104.23 \text{ m}^2$$

圧密対象層の圧縮指数 C_c の算定

$C_c = 0.01 \times 130 = 1.3$

初期間げき比 e_0 の算定

$$e_0 = \left(1 + \frac{110}{100}\right) \times \frac{2.65}{1.5} - 1 = 2.71$$

有効上載圧 σ の算定

$\sigma = 16 \times 2.0 + (16 - 9.8) \times (8.0 - 2.0) = 69.2 \text{ kN/m}^2$

荷重分散面に作用する地中増加応力 $\Delta\sigma$ の算定

$$\Delta\sigma = q_e = \frac{9.1 \times 7.28}{104.23} \times 11.9 = 7.6 \text{ kN/m}^2$$

改良体の圧縮量の算定

$$S'=\frac{28.86}{0.283\times(180\times 600)}\times 7.7=\frac{102.0}{108\,000}\times 7.7=0.0073\text{ m}\rightarrow 0.73\text{ cm}$$

$$S=\frac{1.3\times 1.785}{1+2.71}\times \log\left(1+\frac{7.6}{69.2}\right)+0.0073=0.028\text{ m}+0.0073\text{ m}=0.036\text{ m}\rightarrow 3.6\text{ cm}$$

改良体の圧縮量の算定沈下量 S が表3.3.2に示す許容沈下量 S_a 以下であることを小規模指針 (7.2.11) 式により確認する.

$$S_a \geqq S \tag{3.3.7}$$

表3.3.1 小規模建築物の許容沈下量（cm）（小規模指針 表5.5.4）

沈下の種類	即時沈下	圧密沈下	
基礎形式	布基礎	布基礎	べた基礎
標準値	2.5	10	10〜(15)
最大値	4.0	20	20〜(30)

標準値：不同沈下によるき裂がほとんど発生しない限度値
最大値：幾分かの不同沈下き裂が発生するが障害には至らない限度値
（　）：剛性の高いべた基礎の値

記号

S_a　：小規模建築物の許容沈下量(cm)

S　：改良体先端の沈下量(cm)

$S_a=10$ cm（布基礎の標準値）$\geqq S=3.6$ cm

(10) 基礎スラブの検討

3.2節に準ずる.

3.4節　支持層が浅い場合の木杭の設計

3.4.1　敷地・建物概要

　　　建設場所　　近畿地方某市
　　　建物概要　　1.3節に示した建物と同様とする

　図3.4.1に配置図およびSWS試験の位置を示す．建物北側に水路があり，水路との高低差は50cmであった．敷地全体は平坦であり，前面道路との高低差はほとんどなく重機および資材の搬入には特に支障はない．

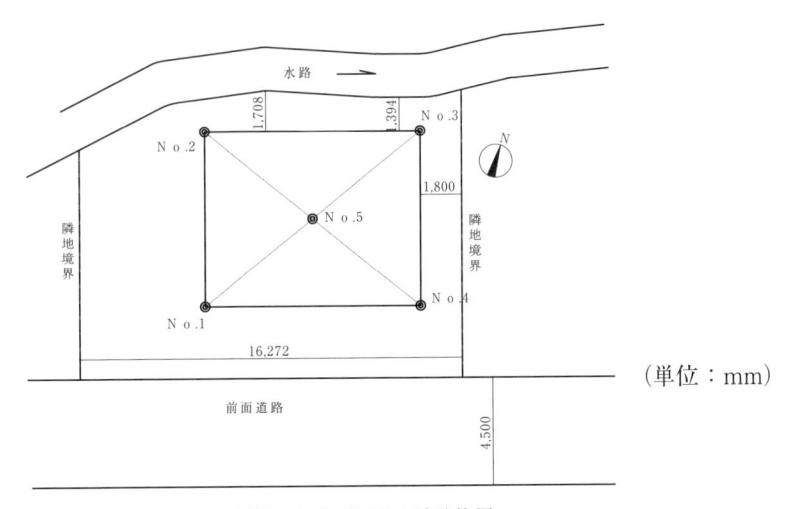

図3.4.1　配置図およびSWS試験位置

3.4.2　地盤概要

　図3.4.2に敷地周辺の土地条件図を示す．敷地東側は後背湿地が広がっている軟弱な地盤となっていて，主に水田として利用されている．土地条件図によれば，当敷地はその東側の後背湿地の上に盛土された造成地であることがわかり，現地踏査においても側溝の蛇行，前面道路のひび割れなど不均質で軟弱な地盤で不同沈下の可能性を示す現象が見られた．

　周辺の既存ボーリングデータおよび図3.4.3に示すSWS試験の結果から次のように地盤の構成が推定された．

・表層部0.5mまでは盛土であり，表層部よりGL－0.5～3.0mまで連続して$W_{sw}=0.5～1.0$kNで自沈する粘性土層がある．
・GL－3.0～7.00mにおいては，$N_{sw}=4～76$の自沈のない粘性土層がある．
・GL－7.00mより下部の地盤は，$N_{sw}=92$以上の砂質土地盤が連続している．

—104— 小規模建築物基礎設計例集

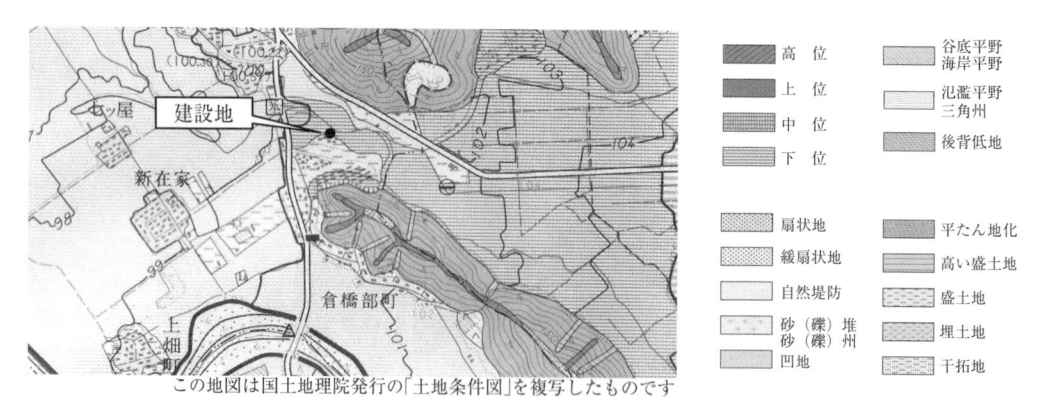

凡例
- 高位
- 上位
- 中位
- 下位
- 扇状地
- 緩扇状地
- 自然堤防
- 砂（礫）堆
- 砂（礫）州
- 凹地
- 谷底平野・海岸平野
- 氾濫平野・三角州
- 後背低地
- 平たん地化
- 高い盛土地
- 盛土地
- 埋土地
- 干拓地

この地図は国土地理院発行の「土地条件図」を複写したものです

図 3.4.2　敷地周辺の土地条件図

JIS A 1221				スウェーデン式サウンディング試験				
調査件名		建築太郎			試験年月日			
地点番号（地盤高さ）		調査点 A (KBM±0)			試験者			
回転装置の種類		手動	天候	晴れ				
荷重 W_{sw} kN	半回転数 N_a	貫入深さ D m	貫入量 L cm	1mあたりの半回転数 N_{sw}	記事	深さ m	荷重 W_{sw} kN 0 0.25 0.50 0.75	貫入量1mあたりの半回転数 N_{sw} 0　50　100　150　200
1.00	2	0.25	0.25	8	シャリシャリ			常水面
1.00	4	0.50	0.25	16	シャリシャリ			
1.00	0	0.75	0.25	0	ジンワリ			
0.75	0	1.00	0.25	0	ジンワリ	1.0		
0.75	0	1.25	0.25	0	ジンワリ			
0.50	0	1.50	0.25	0	ジンワリ			
0.50	0	1.75	0.25	0	ジンワリ			
0.75	0	2.00	0.25	0	ジンワリ	2.0		
0.75	0	2.25	0.25	0	ジンワリ			
0.50	0	2.50	0.25	0	ジンワリ			
0.75	0	2.75	0.25	0	ジンワリ			
1.00	0	3.00	0.25	0	ジンワリ	3.0		
1.00	1	3.25	0.25	4	無音			
1.00	8	3.50	0.25	32	無音			
1.00	9	3.75	0.25	36	無音			
1.00	8	4.00	0.25	32	無音	4.0		
1.00	10	4.25	0.25	40	無音			
1.00	10	4.50	0.25	40	無音			
1.00	12	4.75	0.25	48	無音			
1.00	21	5.00	0.25	84	無音	5.0		
1.00	22	5.25	0.25	88	無音			
1.00	24	5.50	0.25	96	無音			
1.00	22	5.75	0.25	88	無音			
1.00	25	6.00	0.25	100	無音	6.0		
1.00	20	6.25	0.25	80	無音			
1.00	23	6.50	0.25	92	無音			
1.00	24	6.75	0.25	96	無音			
1.00	24	7.00	0.25	96	無音	7.0		
1.00	23	7.25	0.25	92	シャリシャリ			
1.00	30	7.50	0.25	120	シャリシャリ			
1.00	40	7.75	0.25	150	シャリシャリ			
1.00	45	8.00	0.25	150	シャリシャリ	8.0		

図 3.4.3　SWS試験データ

3.4.3 基礎構造の計画

(1) 設計方針

1) 設計手順

木杭の設計は建築物の荷重データ，地盤データ，施工現場の敷地状況および搬入路の状況，使用する施工機械の性能に加え，杭頭と常水面深さとの関係などの確認を行い総合的に判断し，設計を行う．また，施工完了後は載荷試験によって長期許容鉛直支持力を確認する．図3.4.4にその設計フローを示す．

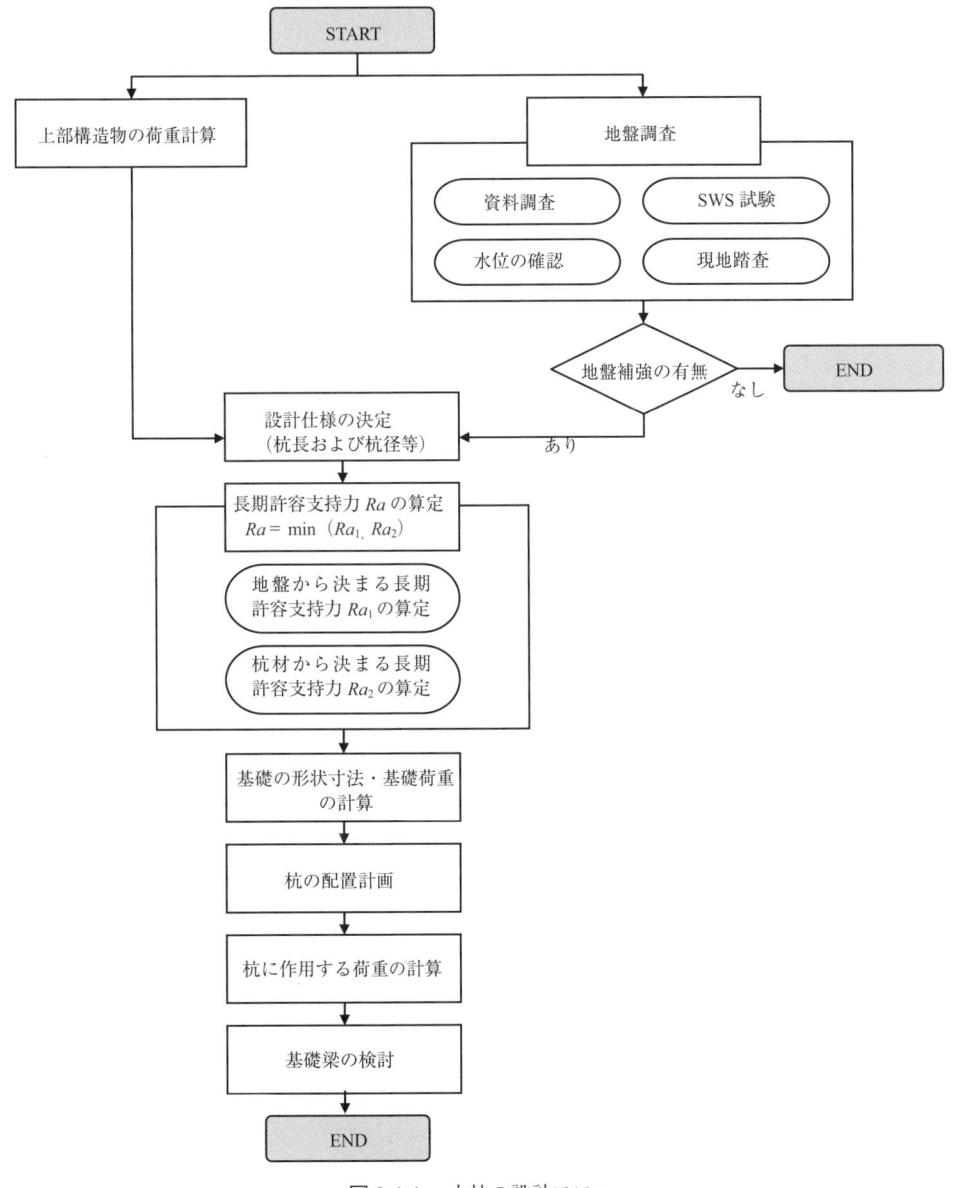

図3.4.4 木杭の設計フロー

2) 基礎伏図

外壁および間仕切り壁が設置される通りに布基礎を配置するものとする．図3.4.5に布基礎の配置結果を示す．

3) 杭長，杭径の検討

木杭の杭頭は，施行令第38条第6項の定めにより，常水面以下（GL－0.5m）とする．また，地盤概要から，木杭の下部地盤の圧密沈下の可能性が少ないこと，入手が容易な木杭の長さが5.0mであることから，先端深度GL－5.50mとする．

木杭は元口と末口で直径が変化するのが一般的であり，長期許容支持力算定に用いる杭径Dは末口の直径とし，末口170mm，元口220mmの木杭を採用する．

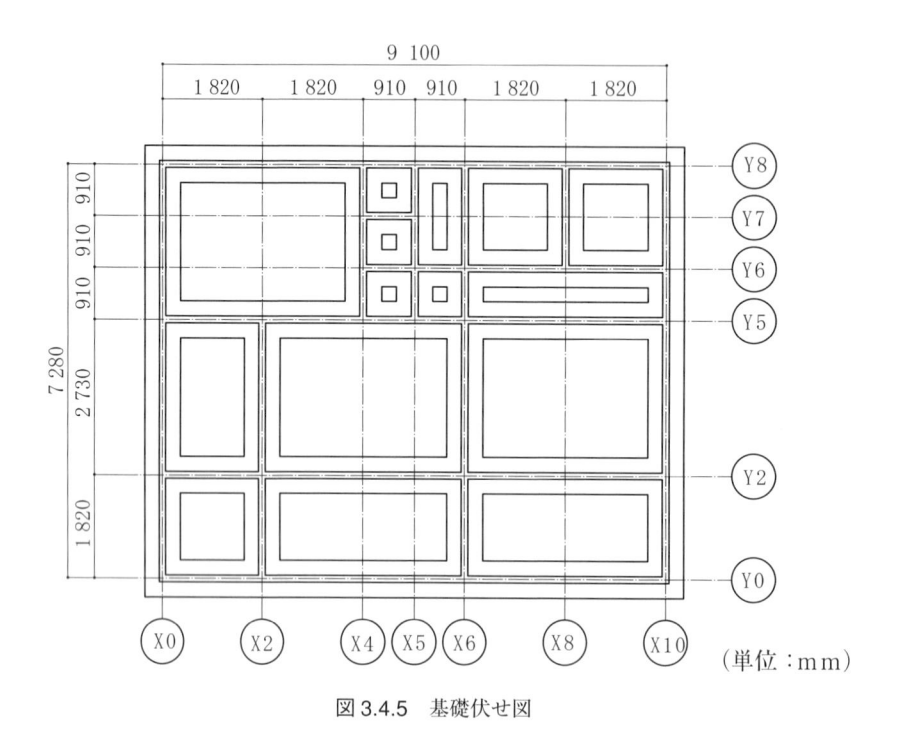

図3.4.5 基礎伏せ図

(2) 荷重の検討

1) 基礎の形状

厚さ100mmの砕石を木杭の上に敷き込み，捨てコンクリート厚は50mmとする．

前述の木杭の杭頭および上記の地業の厚さから，基礎の底盤の深度はGL－0.35mとする．基礎のスラブ幅は杭径（元口）の2.5倍とし，また，基礎高さはGL＋400mmとする．

図3.4.6に納まり図を示す．

2) 根入れ部の荷重

根入れ部の基礎自重には，コンクリート部分の荷重と埋戻し土の荷重および土間コンクリート（100mm厚）の荷重を含める．よって，根入れ部の基礎自重Wは小規模指針の (6.3.1) 式を参考

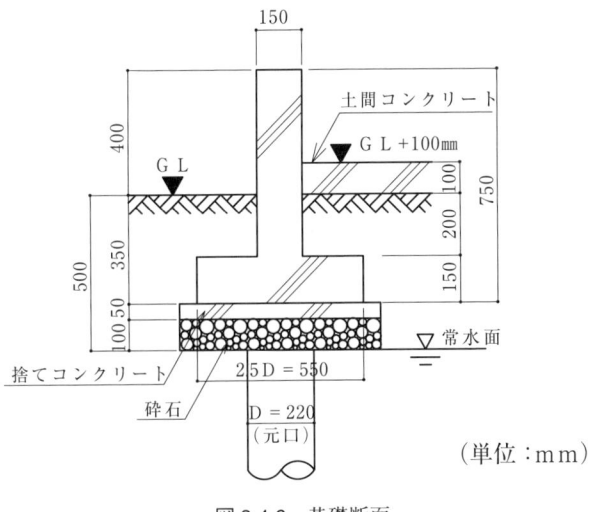

図 3.4.6 基礎断面

に下式によって算定する．

$$W_{外}=\{\gamma_{RC}\times B\times t+\gamma_{RC}\times b\times (D_f-t)+\gamma_s\times (B-b)\times (D_f-t)+\gamma_{RC}\times (B-b)/2\times 100\}\times 10^{-6}$$
(3.4.1)

$$W_{内}=\{\gamma_{RC}\times B\times t+\gamma_{RC}\times b\times (D_f-t)+\gamma_s\times (B-b)\times (D_f-t)+\gamma_{RC}\times (B-b)\times 100\}\times 10^{-6} \quad (3.4.2)$$

記号

$W_{外}$ ：GL 以下の外周部基礎の自重(kN/m)

$W_{内}$ ：GL 以下の内部基礎の自重(kN/m)

γ_{RC} ：鉄筋コンクリートの単位体積重量 $=24.0(kN/m^3)$

γ_s ：埋戻し土の単位体積重量 $=16.0(kN/m^3)$

B ：基礎スラブ幅 $=550(mm)$

t ：基礎スラブ厚さ $=150(mm)$

b ：基礎梁幅 $=150(mm)$

D_f ：根入深さ $=350(mm)$

外周部基礎

$$W_{外}=\{24.0\times 550\times 150+24.0\times 150\times (350-150)+16.0\times (550-150)\times (350-150)$$
$$+24.0\times (550-150)/2\times 100\}\times 10^{-6}=4.46\ kN/m$$

内部基礎

$$W_{内}=\{24.0\times 550\times 150+24.0\times 150\times (350-150)+16.0\times (550-150)\times (350-150)$$
$$+24.0\times (550-150)\times 100\}\times 10^{-6}=4.94\ kN/m$$

3) 基礎を含む設計用建物荷重

基礎を含む各通りの設計用建物荷重 W（W_F＋根入れ部の荷重）の算定結果を表 3.4.1 に示す．

表3.4.1　基礎を含む設計用建物荷重 W 一覧

通り	W_F (kN/m)	$W_外$ (kN/m)	$W_内$ (kN/m)	W (kN/m)	通り	W_F (kN/m)	$W_外$ (kN/m)	$W_内$ (kN/m)	W (kN/m)
X0	5.90	4.46	—	10.36	Y0	8.34	4.46	—	12.80
X2	8.40	—	4.94	13.34	Y2	5.95	—	4.94	10.89
X4	10.76	—	4.94	15.70	Y5	10.18	—	4.94	15.12
X5	5.78	—	4.94	10.72	Y6	6.14	—	4.94	11.08
X6	7.32	—	4.94	12.26	Y7	5.96	—	4.94	10.90
X8	6.68	—	4.94	11.62	Y8	7.10	4.46	—	11.56
X10	6.86	4.46	—	11.32					

3.4.4　長期許容鉛直支持力の検討

(1) 木杭の諸元

杭材は強靭さおよび真直な材料が求められることから,「べいまつ（無等級品）」を採用する．平成12年建設省告示第1452第六号によりべいまつの圧縮に対する基準強度 F_c は，$22.2\,\text{N/mm}^2$ と定められており，また施行令第89条により木杭の長期に生ずる力に対する許容応力度は $1.1F_c/3$ の70％（含水率影響係数）としていることから繊維方向の長期許容圧縮応力度 f_c は下記のとおりとする．

$$f_c = 1.1F_c/3 \times 10^3 \times 0.7 = 1.1 \times 22.2/3 \times 10^3 \times 0.7 = 5\,698 \fallingdotseq 5\,000\,\text{kN/m}^2$$

また，耐久性を考慮し，防腐剤処理を行った木杭を使用する．

(2) 木杭の長期許容鉛直支持力の検討

木杭に布基礎を用いるが，直接基礎としての地反力は見込まない．また，杭頭に作用する水平力によって生ずる曲げモーメントが布基礎に伝達しないよう杭頭部は基礎スラブと杭頭間には100mmの厚さの砕石を敷くことにより，水平力は考慮しないものとし，長期許容鉛直支持力 R_a は (3.4.3) 式により算定する．

$$R_a = \min(R_{a1}, R_{a2}) \tag{3.4.3}$$

記号

　　R_a：木杭の長期許容鉛直支持力（kN）

　　R_{a1}：地盤から求まる木杭の長期許容鉛直支持力（kN）

　　R_{a2}：杭材から求まる木杭の長期許容圧縮力（kN）

1) 地盤から求まる長期許容鉛直支持力の検討

木杭の長期許容鉛直支持力 R_{a1} は，小規模指針 (7.2.2) 式で算定する．

$$R_{a1} = \frac{1}{3}(R_p + R_f) \tag{3.4.4}$$

記号

　　R_p：木杭先端部における極限先端支持力（kN）

R_f：木杭周面の地盤における極限周面摩擦力 (kN)

木杭先端部の下部地盤が砂質土の場合，小規模指針 (7.2.3) 式より

$$R_p = \alpha \times \overline{N} \times A_p \tag{3.4.5}$$

また，木杭先端部の下部地盤が粘性土の場合，小規模指針 (7.1.1) 式および (7.2.4) 式より

$$c = \frac{1}{2} \times q_u = \frac{1}{2}(45 \times W_{sw} + 0.75 \times N_{sw}) \tag{3.4.6}$$

$$R_p = 6 \times c \times A_p \tag{3.4.7}$$

記号

α ：先端支持力係数，$\alpha = 200$

$\overline{N}$ ：杭状補強地盤から下に 1 D，上に 1 D の範囲における換算 N 値の平均値

D ：木杭末口径(m)

A_p：木杭の先端断面積 (m²)

c ：木杭先端下部粘性土層の粘着力 (kN/m²)

q_u：一軸圧縮強さ (kN/m²)

W_{sw}：荷重の大きさ (kN)

N_{sw}：貫入量 1 m あたりの半回転数

ここで，木杭先端部の下部地盤が粘性土であるため，(3.4.7) 式により極限先端支持力を求める．木杭先端の $\overline{N_{sw}}$ は木杭先端から上に 1D 下に 1D の平均であるから，

$$\overline{N_{sw}} = (96 + 88)/2 = 92$$

$$c = \frac{1}{2}(45 \times 1.00 + 0.75 \times 92) = 57.0 \text{ kN/m}^2$$

極限先端支持力は，

$$R_p = 6 \times 57.0 \times (0.17)^2 \times 3.14/4 = 7.8 \text{ kN}$$

また，極限周面摩擦力は小規模指針 (7.2.5) 式で算定される．

$$R_f = D \times \sum(\tau_d \times L_i) \times \pi \quad (\text{kN}) \tag{3.4.8}$$

記号

τ_d：木杭に作用する各層の極限周面摩擦応力度 (kN/m²) で，

粘性土の場合 $\tau_d = c$，砂質土の場合 $\tau_d = \frac{10}{3}N$ とする．

L_i：各層の層厚 (m)

粘性土層 (GL−0.5〜5.25 m)，このとき，$W_{sw} \leq 0.5$ kN は考慮しない．

$$\overline{W_{sw}} = (0.75 \times 5 + 1.0 \times 11)/16 = 0.922 \text{ kN}$$

$$\overline{N_{sw}} = (4 + 32 + 36 + 32 + 40 + 40 + 48 + 84 + 88)/16 = 25.25$$

平均粘着力は次のとおりである．

$$c = (45 \times 0.922 + 0.75 \times 25.25)/2 = 30.2 \text{ kN/m}^2$$

$$\tau_d = c = 30.2 \text{ kN/m}^2$$

砂質土層 (対象なし)

よって，極限周面摩擦力は

$$R_f = 0.17 \times (30.2 \times 4.0 + 0) \times 3.14 = 73.97 \text{ kN}$$

なお，このときの粘性土層の L_i は $W_{sw} \leq 0.5$ kN を除いた層厚とする．
以上の結果から，地盤によって求まる長期許容鉛直支持力は，

$$R_{a1} = 1/3 \times (7.8 + 73.97) = 27.3 \text{ kN}$$

2) 杭材から求まる長期許容圧縮力

木杭の長期許容圧縮力 R_{a2} は，

$$R_{a2} = f_c \times A_p \text{ (kN)} \tag{3.4.9}$$

$$R_{a2} = 5\,000 \times (0.17)^2 \times 3.14/4 = 113.4 \text{ kN}$$

以上より，木杭の長期許容鉛直支持力は次のようになる．

$$R_a = \min(R_{a1}, R_{a2}) = 27.3 \text{ kN}$$

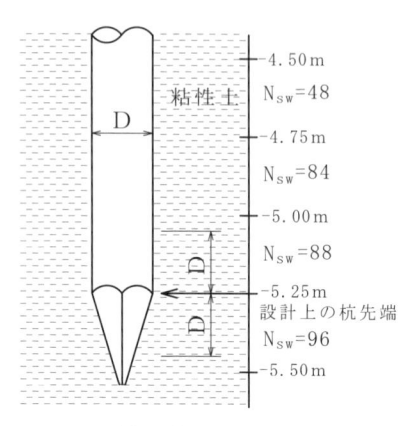

図 3.4.7 杭先端の概要

(3) 木杭の配置

木杭は下記のルールに基づき配置する．

1) 基礎の通りの交点には必ず 1 本配置する．
2) 交点間の杭間隔は均等に割り付け，このときの最大杭間隔は (3.4.10) 式によって算定する．

$$L = R_a / W \text{ (m)} \tag{3.4.10}$$

記号
　　L：最大杭間隔（m）
　　R_a：木杭の長期許容鉛直支持力（kN）
　　W：基礎を含む設計用建物荷重（kN/m）

3) 上記の算定により杭間隔が 2 m を超えた場合は，基礎剛性を考慮し，2 m 以下に配置する．

各基礎通りについて最大杭間隔を算定し，さらに，必要杭本数を求めると表 3.4.2 のとおりとなる．

基礎を含む建物全荷重 W は下記の算定結果となる．

表3.4.2 基礎通りごとの最大杭間隔と必要杭本数

通り	W (kN/m)	総荷重 (kN)	最大杭間隔 L ※1(m)	必要杭本数 ※2(本)	通り	W (kN/m)	総荷重 (kN/m)	最大杭間隔 L ※1(m)	必要杭本数 ※2(本)
X0	10.36	75.42	2.63	3	Y0	12.80	116.48	2.13	5
X2	13.34	60.70	2.04	3	Y2	10.89	99.10	2.50	4
X4	15.70	42.86	1.73	2	Y5	15.12	137.76	1.80	6
X5	10.72	29.27	2.54	1	Y6	11.08	60.50	2.46	3
X6	12.26	89.25	2.22	4	Y7	10.90	9.92	2.50	1
X8	11.62	21.15	2.34	1	Y8	11.56	105.20	2.36	5
X10	11.32	82.41	2.41	4					

※1：小数点以下3位は切り捨てるものとする．
※2：杭間隔2mを超えた場合は2mとし，小数点以下は繰り上げるものとする．

$$W = 75.42 + 60.70 + 42.86 + 29.27 + 89.25 + 21.15 + 82.41$$
$$+ 116.48 + 99.10 + 137.76 + 60.50 + 9.92 + 105.20 = 930.02 \text{ kN}$$

ここで，杭の長期許容鉛直支持力 R_a は27.3 kNであり，建物全荷重からの必要な杭本数を $N_{\max}$ とすると，

$$N_{\max} = 930.02/27.3 = 35 \text{ 本} < 58 \text{ 本}$$

建物全荷重を支える杭本数は満足している．また杭1本あたりの荷重 W_p は以下のようになる．

$$W_p = 930.02/58 = 16.0 < R_a = 27.3 \text{ kN}$$

次にX通りとY通りの各基礎の通りの交点に配置された木杭の検討を行う．

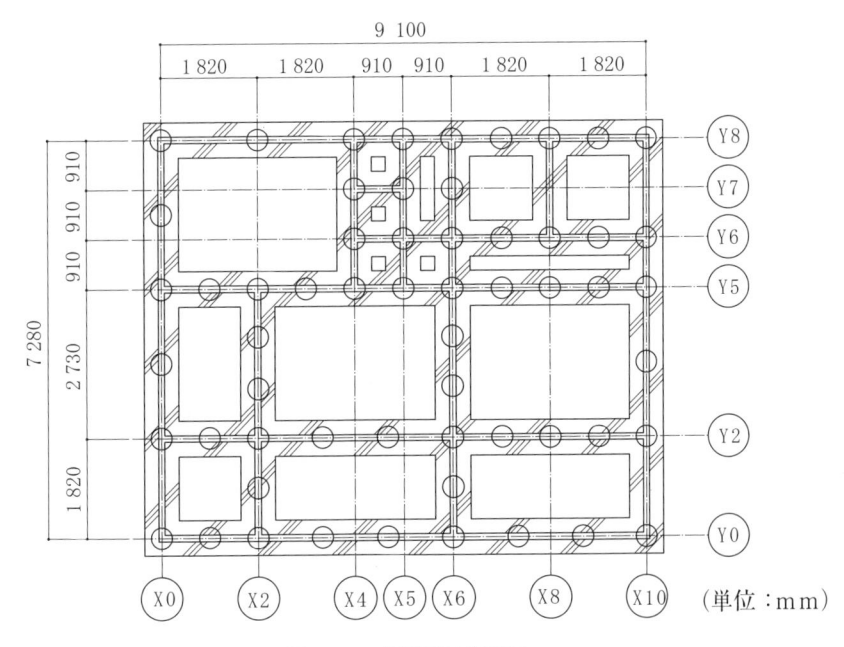

図3.4.8 基礎部杭配置例

表 3.4.3 各基礎交点における木杭に作用する荷重

交点	荷重（kN） X通り	Y通り	合計	交点	荷重（kN） X通り	Y通り	合計	交点	荷重（kN） X通り	Y通り	合計
X0Y0	9.43	5.83	15.26	X4Y7	14.29	4.96	19.25	X6Y6	11.16	10.09	21.25
X0Y2	16.50	4.96	21.46	X4Y8	7.15	15.78	22.93	X6Y8	5.58	11.52	17.10
X0Y5	14.45	6.88	21.03	X5Y5	4.88	13.76	18.64	X8Y6	10.58	10.09	20.67
X0Y8	7.08	10.52	17.60	X5Y6	9.76	10.09	19.85	X8Y8	10.58	10.52	21.10
X2Y0	6.07	13.59	19.66	X5Y7	9.76	4.96	14.72	X10Y0	10.30	7.77	18.07
X2Y2	12.14	11.57	23.71	X5Y8	4.88	10.52	15.40	X10Y2	18.03	4.96	22.99
X2Y5	6.07	13.76	19.83	X6Y0	5.58	15.54	21.12	X10Y5	12.88	6.88	19.76
X4Y5	7.15	13.76	20.91	X6Y2	11.16	11.57	22.73	X10Y6	15.46	5.05	20.51
X4Y6	14.29	5.05	19.34	X6Y5	11.16	13.76	24.92	X10Y8	10.59	5.26	15.85

表 3.4.3 に各基礎の通りの交点における木杭に作用する荷重を示すが，いずれの値も杭の長期許容鉛直支持力を超えない．

(4) 土間コンクリート

1 階床の荷重と土間コンクリートの荷重を合計しても約 4 kN/m² 程度であり，土間コンクリート下部地盤の転圧と地業を確実に施工すれば土間コンクリート下部の地盤だけで十分に 1 階床の荷重を支持できる．しかし，地盤概要で示したとおり GL−0.5〜3.0 m まで連続して W_{sw} が 0.5〜1.0 kN で自沈する粘性土層であり，圧密沈下による沈下の可能性があるため，土間コンクリート下部にも木杭を配置する．

ただし，布基礎で囲まれた基礎区画の短辺方向の基礎間隔を A (m) とすると，$A \leq 1.82$ m のときは，木杭を配置しない．また，1.82 m $< A \leq 3.64$ m のときは，基礎間隔中央に配置する．配置結果を図 3.4.9 に示す．

図 3.4.9 土間コンクリート下の配置例

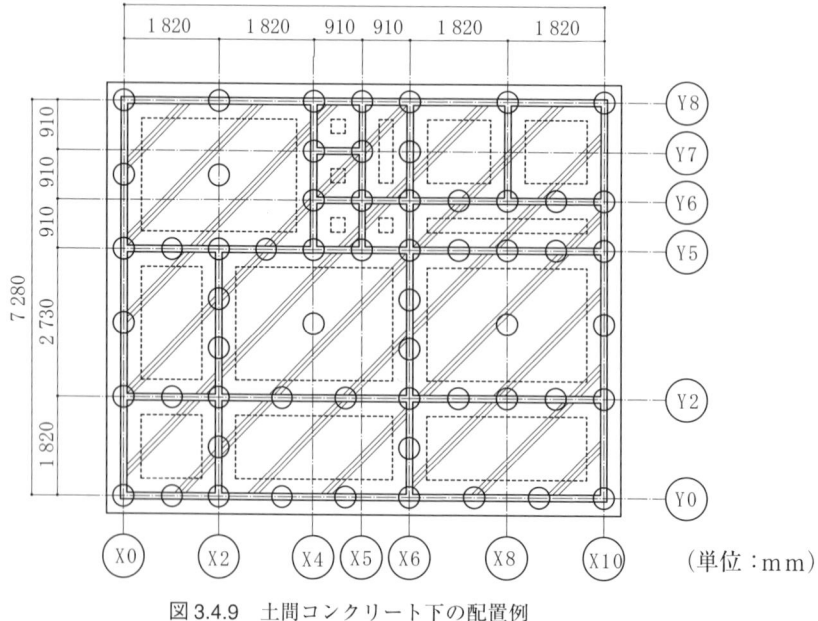

3.4.5 基礎梁の検討

(1) 使用材料の規格

表 3.4.4 コンクリートの許容応力度

(単位:N/mm²)

設計基準強度 F_c	長期許容応力度					短期許容応力度				
	圧縮	引張	せん断	付着		圧縮	引張	せん断	付着	
				上端筋	その他の鉄筋				上端筋	その他の鉄筋
21	7.0	—	0.70	1.40	2.10	14.0	—	1.05	2.10	3.15

表 3.4.5 異形鉄筋の許容応力度

(単位:N/mm²)

鉄筋の種類およびの品質	鉄筋径	長期許容応力度		短期許容応力度	
		圧縮・引張	せん断補強	圧縮・引張	せん断補強
SD295A	D10〜D22	195	195	295	295

(2) 応力算定

　基礎の構造安全性については，図 3.4.10 に示す両端固定梁モデルの単純梁が連続するものとして考え，(3.4.11) 式，(3.4.12) 式および (3.4.13) 式により個々の固定端の曲げモーメント，中央部の曲げモーメントおよびせん断力を算定する．また，図 3.2.7 に示す基礎梁が連続する場合における正負曲げモーメントの設計モデルにより設計応力を算定する．

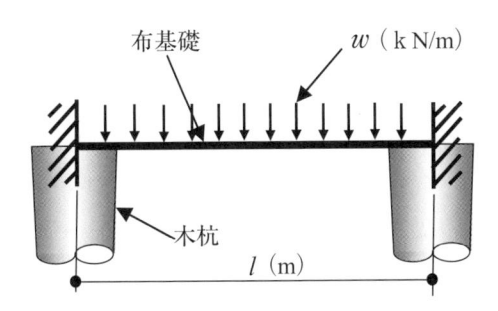

図 3.4.10　両端固定梁モデル

$$C = \frac{wl^2}{12} \text{ (kN·m)} \tag{3.4.11}$$

$$M_0 = \frac{wl^2}{8} \text{ (kN·m)} \tag{3.4.12}$$

$$Q = \frac{wl}{2} \text{ (kN)} \tag{3.4.13}$$

記号

C：単純梁とした場合の固定端の曲げモーメント（kN·m）

M_0：同中央部の曲げモーメント（kN·m）

Q：同せん断力（kN）

l：杭間隔（m）

w：基礎梁より上方の建築物荷重 W_B によって求めた建物荷重（kN）

一方，任意断面におけるせん断力 Q_x は

$$Q_x = Q_x' + Q_x'' = Q_x' + \frac{M_A - M_B}{l_1} \quad (\text{kN}) \tag{3.4.14}$$

記号

Q_x：任意断面におけるせん断力（kN）

Q_w'：ＡＢ間を単純梁として考えた場合の荷重よるせん断力（kN）

Q_x''：同ＡおよびＢ支点に働く曲げモーメントによるせん断力（kN）

M_A：同Ａ支点に働く曲げモーメント（kN·m）

M_B：同Ｂ支点に働く曲げモーメント（kN·m）

l_1：ＡＢ間の長さ（m）

ここで，杭間隔 $l_a = 1.82$ m が最大杭間隔であり，杭間隔 l が 1.82 m を含む通りの中で基礎梁設計用荷重が最も大きい通りにあるスパンが応力状態の最も厳しいスパンとなる．

杭間隔 l が 1.82 m を含む通りは X0，X8，X10，Y8 でありこの中で最も基礎梁設計用荷重が大きい通りは，表 3.4.1 より X8 通りであるが，単スパンであるため最も厳しい応力状態にあるのは多スパンの Y8 通りである．このときの w は 11.56 kN/m であり，以下に応力算定結果を示す．

$$M_{\max} = 1.2C = \frac{1}{12} \times 11.56 \times 1.82^2 \times 1.2 = 3.82 \text{ kN·m}$$

$$Q_{\max} = \frac{1}{2} \times 11.56 \times 1.82 + (3.82 - 1.91)/1.82 = 11.57 \text{ kN}$$

(3)　基礎梁断面の検討

長期鉛直荷重時の必要な鉄筋断面積の算定は小規模指針（6.3.11）式により，また，せん断力に対する検討は小規模指針（6.3.12）式による．

1) 鉛直荷重時の必要な鉄筋断面積

$$a_t = \frac{M}{f_t \times j} \times 10^6 \tag{3.4.15}$$

記号

a_t：必要な主筋の断面積（mm²）

M：曲げモーメント（kN·m）

f_t：主筋の長期許容引張応力度（N/mm²）

j：基礎梁の応力中心間距離　$j = \frac{7}{8}d$（mm）

d : 主筋の中心から最外縁までの距離 (mm)

SD295A の場合,$f_t = 195 \text{ N/mm}^2$

$$j = \frac{7}{8} \times d = 0.875(750-70)$$

$$a_t = \frac{3.82}{195 \times 0.875(750-70)} \times 10^6 = 32.92 \text{ mm}^2 \rightarrow \text{1-D13 (127mm}^2\text{)}$$

2) 鉛直荷重時のせん断力に対する検討

$$Q_{max} \leq Q_a = \alpha \times b \times j \times f_s \times 10^{-3} \text{ kN} \tag{3.4.16}$$

記号

Q_a : 長期許容せん断耐力 (kN)

α : 基礎梁のせん断スパン比 $\frac{M}{Q \times d}$ による割増し係数

$$\alpha = \frac{4}{\frac{M}{Q_d}+1} \quad 1 \leq \alpha \leq 2$$

（安全側の数値としてシングル配筋の場合 $\alpha=1.0$）

b : 基礎梁の幅 (mm)

f_s : コンクリートの長期許容せん断応力度 (N/mm^2)

$F_c = 21 \text{ N/mm}^2$ の場合, $f_s = 0.70 \text{ N/mm}^2$

$Q_a = 1 \times 150 \times 0.875 \times (750-70) \times 0.7 \times 10^{-3}$

　　$= 62.48 \geq Q_{max} = 11.57 \text{ kN}$

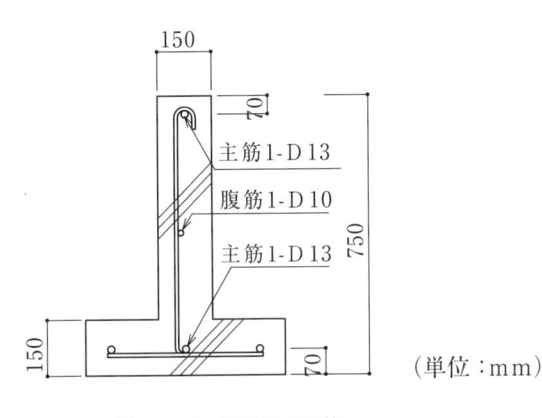

図 3.4.11　基礎梁の配筋

3.4.5 載荷試験の実施

原則として施工完了後は写真 3.4.1 に示すように,施工重機を使用した鉛直載荷試験を実施し,長期許容鉛直支持力が得られているか確認する.

写真 3.4.1 施工完了後の鉛直載荷試験

3.5節　支持層が深い場合の木杭の設計

3.5.1　敷地・建物概要

　　建設場所　　埼玉県某市

　　建物概要　　1.3節に示した建物と同様とする．

　図3.5.1に配置図およびSWS試験の調査位置を示す．

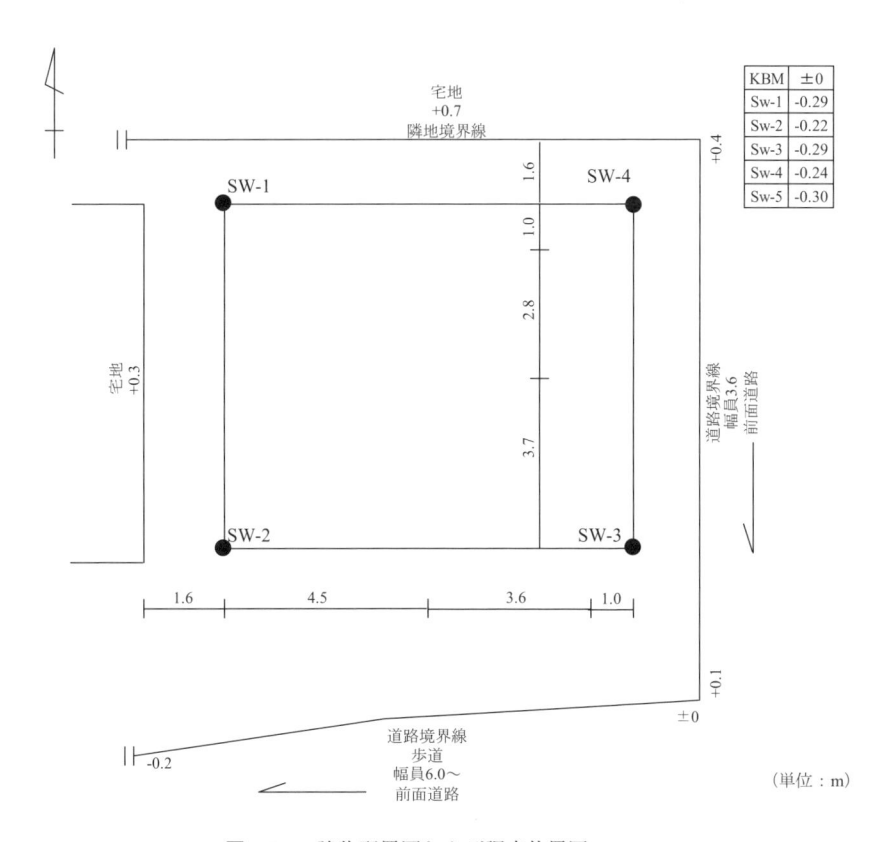

図3.5.1　建物配置図および調査位置図

3.5.2　地盤概要

　図3.5.2にSWS試験結果を示す．GL−0.5mまでは礫質土の盛土となっており，GL−0.50～9.00mまでは0.25～1.00 kN程度の自沈層やわずかな回転を含む粘性土層が連続して堆積している．また，GL−9.00～11.75m程度までは回転（N_{sw}が0でない）が主体の粘性土層が堆積しており，GL−12.0m以深は良質な砂質土層となっている．また，図3.5.3地形分類図を示すが，調査地は谷底低地となっており，非常に軟弱な地盤であることがわかる．

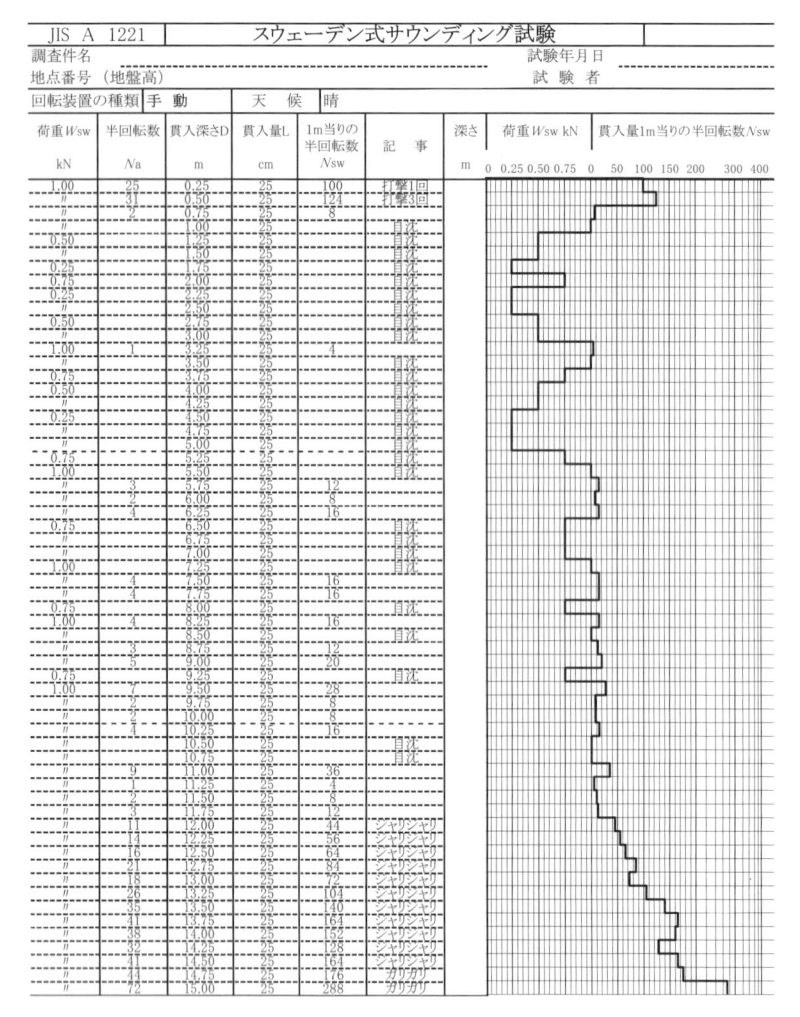

—118— 小規模建築物基礎設計例集

図3.5.2 SWS試験データ

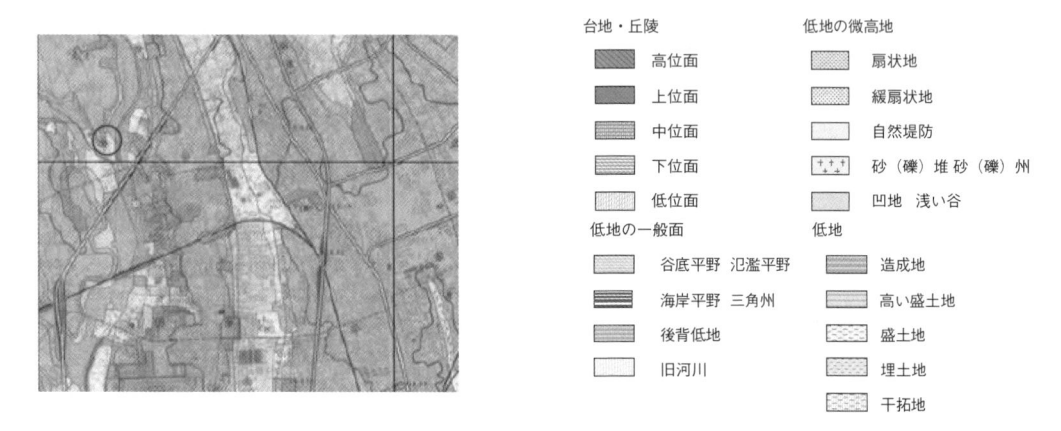

図3.5.3 調査地周辺の土地条件図

3.5.3 基礎構造の計画

(1) 設計方針

木杭の設計は，他の地盤補強と同様に上部構造の荷重，地盤データ（地形等も含め），敷地状況等の検討に加え，別途検討が必要な項目として杭頭部が常水面以下であることを確認しなければいけない．また，施工完了後には載荷試験によってその支持力を確認することが望ましい．設計の手順は 3.4 節 図 3.4.4 のフローに従って行う．

(2) 荷重の検討

木杭は常水面以下（GL－0.5 m）とし，砕石を 100 mm，捨てコンクリート厚が 50 mm となることから，基礎の底盤深度は GL－0.35 m とする．図 3.5.4 に基礎の形状を示す．

(a) 外周部基礎部分　　(b) 内部基礎部分

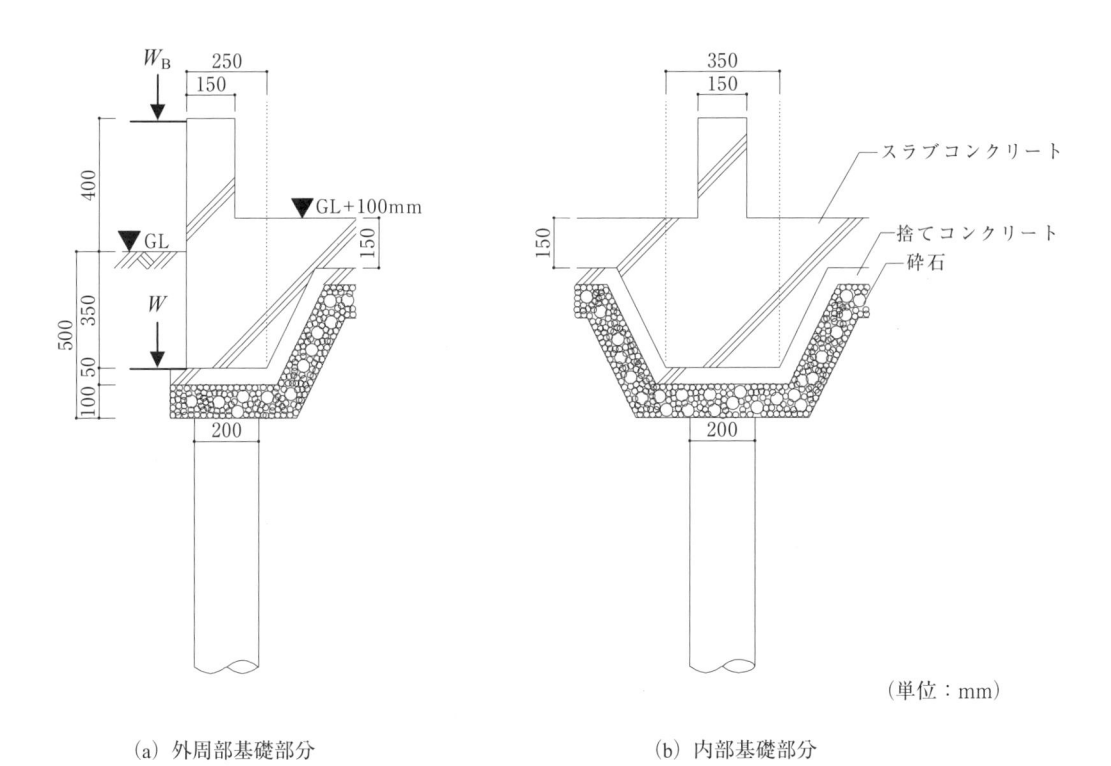

図 3.5.4　基礎の断面

図 3.5.5 に基礎伏図を示す．また，表 3.5.1 に各通りの上部荷重 W_B を示す．

GL 以深の基礎自重の合計 W_1 を算定する．基礎自重は立上り部と底盤部分とに分割して算定する．また，外周部基礎部分と内部基礎部分は形状が異なるため，外周基礎部自重を $W_{1外}$，内部基礎部自重を $W_{1内}$ として計算を行う（外周部基礎部ハンチ幅 0.4 m，内部基礎部ハンチ幅 0.65 m）．

$$W_{1外}=24\times0.15\times(0.4-0.1)+24\times((0.25+0.4)\times(0.35+0.1))/2=4.59 \text{ kN/m}$$

$$W_{1内}=24\times0.15\times(0.4-0.1)+24\times((0.35+0.65)\times(0.35+0.1))/2=6.48 \text{ kN/m}$$

木杭の設計用荷重 W は $W=W_B+W_{1(外または内)}$ で得ることができる．木杭設計用荷重を表 3.5.2 に示す．

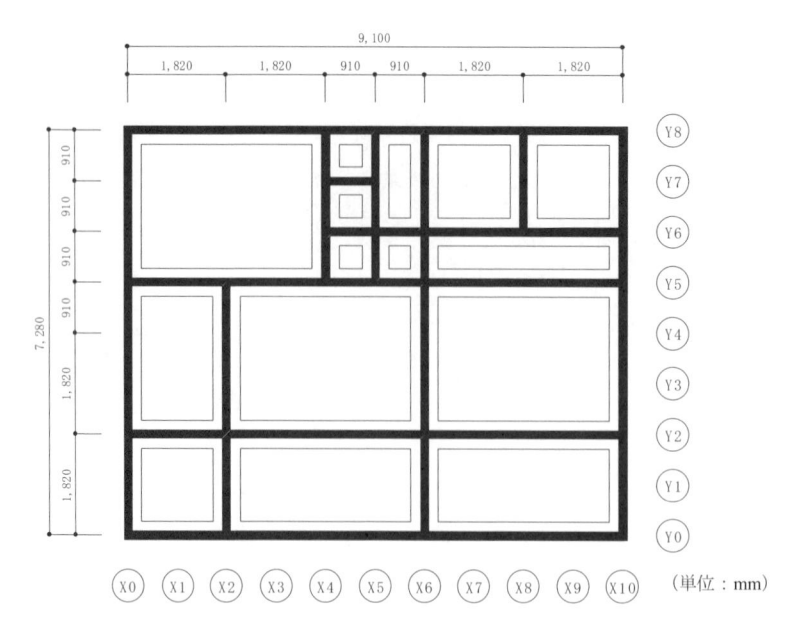

図 3.5.5 基礎伏図

表 3.5.1 基礎立上り部分を含む基礎設計用荷重一覧

通り	W_B (kN/m)	通り	W_B (kN/m)
X0	4.46	Y0	6.90
X2	6.96	Y2	4.51
X4	9.32	Y5	8.74
X5	4.34	Y6	4.70
X6	5.88	Y7	4.52
X8	5.24	Y8	5.66
X10	5.42		

表 3.5.2 木杭設計用荷重（基礎通り部）

通り	W (kN/m)	通り	W (kN/m)
X0	9.05	Y0	11.49
X2	13.44	Y2	10.99
X4	15.80	Y5	15.22
X5	10.82	Y6	11.18
X6	12.36	Y7	11.00
X8	11.72	Y8	10.25
X10	10.01		

3.5.4 鉛直支持力の検討

(1) 木杭の諸元

図 3.5.2 の地盤調査結果および資料調査における地形データ等を考慮し，杭先端深度は GL－12.5 m とした．基礎根入れ深さは常水面の位置を考慮して GL－0.5 m とする．

部材は強靭さおよび真直な材料が求められることから,「べいまつ」を採用する.なお,べいまつの繊維方向の基準強度 F_c は 22 200 (kN/m²) とする.さらに,耐久性の面を考慮して防腐処理を行った木杭を用いることにする.

木杭はその性質上,元口 (ϕ 200 mm) および末口 (ϕ 140 mm) の直径が異なっていることが一般的であることから,杭径 D は末口径 (ϕ 140 mm) を採用する.

(2) 木杭の長期許容鉛直支持力の算定

設計条件として,べた基礎に木杭を用いるが,直接基礎としての地反力は見込まない.また,杭頭部に作用する水平力により生ずる曲げモーメントが基礎に伝達しないよう杭頭部は基礎スラブと杭頭間には 100 m の厚さの砕石を敷くこととし,長期許容鉛直支持力 R_a は (3.5.1) 式により算定する.

$$R_a = \min(R_{a1}, R_{a2}) \tag{3.5.1}$$

記号

R_a:木杭の長期許容鉛直支持力 (kN)

R_{a1}:地盤から求まる木杭の長期許容鉛直支持力 (kN)

R_{a2}:部材から求まる木杭の長期許容圧縮力 (kN)

地盤から求まる木杭の長期許容鉛直支持力 R_{a1} は (3.5.2) 式により算定する.

$$R_{a1} = 1/3(R_p + R_f) \tag{3.5.2}$$

記号

R_{a1}:木杭の地盤から求まる長期許容鉛直支持力 (kN)

R_p:木杭の先端部の地盤における極限先端支持力 (kN)

R_f:木杭の周面の地盤における極限周面摩擦力 (kN)

木杭先端部の $\overline{N_{SW}}$ は,木杭の先端から上に $1D$,下に $1D$ の平均であることから,

$$\overline{N_{SW}} = (64+84)/2 = 74$$

換算 N 値は,小規模指針 (3.2.1) 式より

$$\overline{N} = 2 \times \overline{W_{SW}} + 0.067 \times \overline{N_{SW}} \tag{3.5.3}$$
$$= 2 \times 1.0 + 0.067 \times 74 \fallingdotseq 7.0$$

先端支持力は,小規模指針 (7.2.3) 式から

$$R_p = \alpha \times \overline{N} \times A_p \tag{3.5.4}$$
$$= 200 \times 7.0 \times (0.14)^2 \times \pi / 4$$
$$= 21.55 \text{ kN}$$

記号

α:先端支持力係数(木杭の場合埋込み杭同様の 200 を採用する)

$\overline{N}$:木杭の先端から上に $1D$,下に $1D$ の平均換算 N 値($D =$ 杭直径)

A_p:木杭の先端断面積 (m²)

また,周面摩擦力においては,GL-0.5〜5.00 m までは非常に軟弱な層が堆積していることから周面摩擦力として評価することは好ましくないため,周面摩擦力を考慮しない.周面摩擦力は小規

模指針（7.2.5）式により算定する．

$$R_f = D \times \Sigma(\tau_d \times L_i) \times \pi \tag{3.5.5}$$

記号
D：木杭径（m）

τ_d：木杭に作用する各層の極限周面摩擦力度で粘性土の場合 $\tau_d = c$，
砂質土の場合 $\tau_d = 10/3N$ とする（kN/m²）

$c = 1/2 \times q_u = 1/2(45 \times W_{SW} + 0.75 N_{SW})$

記号
c：粘着力（kN/m²）
q_u：一軸圧縮強さ（kN/m²）
L_i：層厚（m）

粘性土層（GL−5.00〜11.75 m）

$\overline{W_{SW}} = (0.75 \times 6 + 1.0 \times 21)/27 = 0.94$

$\overline{N_{SW}} = (12+8+16+16+16+16+12+20+28+8+8+16+36+4+8+12)/27 = 8.74$

平均粘着力は次のとおり

$c = 1/2(45 \times W_{SW} + 0.75 \times N_{SW}) = 1/2(45 \times 0.94 + 0.75 \times 8.74) = 24.42$

$\tau_d = c = 24.42 \text{ kN/m}^2$

砂質土層

$\overline{W_{SW}} = 1.0$

$\overline{N_{SW}} = (44+56+64)/3 = 54.66 \fallingdotseq 54$

換算 N 値は小規模指針（3.2.1）より

$\overline{N} = 2 \times 1.0 + 0.067 \times 54 = 5.618 \fallingdotseq 5.61$

平均粘着力は次のとおりである．

$\tau_d = 10N/3 = 10 \times 5.61/3 = 18.7 \text{ kN/m}^2$

したがって，木杭の周面の地盤における極限周面摩擦力 R_f は，

$R_f = D \times \Sigma(\tau_d \times L_i) \times \pi = 0.14 \times (24.42 \times 6.75 + 18.7 \times 0.75) \times \pi \fallingdotseq 78.62 \text{ kN/m}^2$

以上の結果から木杭の先端部の地盤における長期許容鉛直支持力 R_{a1} は，

$R_{a1} = 1/3(R_p + R_f) = 1/3(21.55 + 78.62) = 33.39 \text{ kN/本}$

木杭の長期許容圧縮応力度は，繊維方向の基準強度の70％の値を採用し，（3.5.6）式より算定する．

$$f_c = \frac{1.1 F_c}{3} \tag{3.5.6}$$

$$= \frac{1.1 \times (22\,200 \times 0.7)}{3} = 5\,698 \text{ kN/m}^2$$

記号　F_c：繊維方向の基準強度（kN/m²）

以上の算定結果より長期許容圧縮応力度 $F_c = 5\,698 \text{ kN/m}^2$ を用いて杭体の長期許容圧縮力 R_{a2} を

算定することができるが，小規模指針（7.2.7）式に準じ，安全側の値として $f_c=5\,000$（kN/m²）を用いて長期許容圧縮力を算定する．

$$R_{a2}=5\,000\times A_p \tag{3.5.7}$$
$$=5\,000\times 0.14^2/4\times\pi=77.0\text{ kN/本}$$

以下の検討結果より長期許容鉛直支持力 R_a は，

$$R_a=\min(33.39,\ 77.0)=33.39\text{ kN/本}$$

3.5.5 木杭の配置

木杭は基礎荷重を含む建物荷重を支持し，かつ杭間の建物荷重により生ずる曲げモーメントおよびせん断力等の応力が基礎構造耐力を満足するように配置する．基礎剛性に配慮し，杭間隔は配置することとする．基礎通り部直下に杭を配置した結果を図3.5.6に示す．

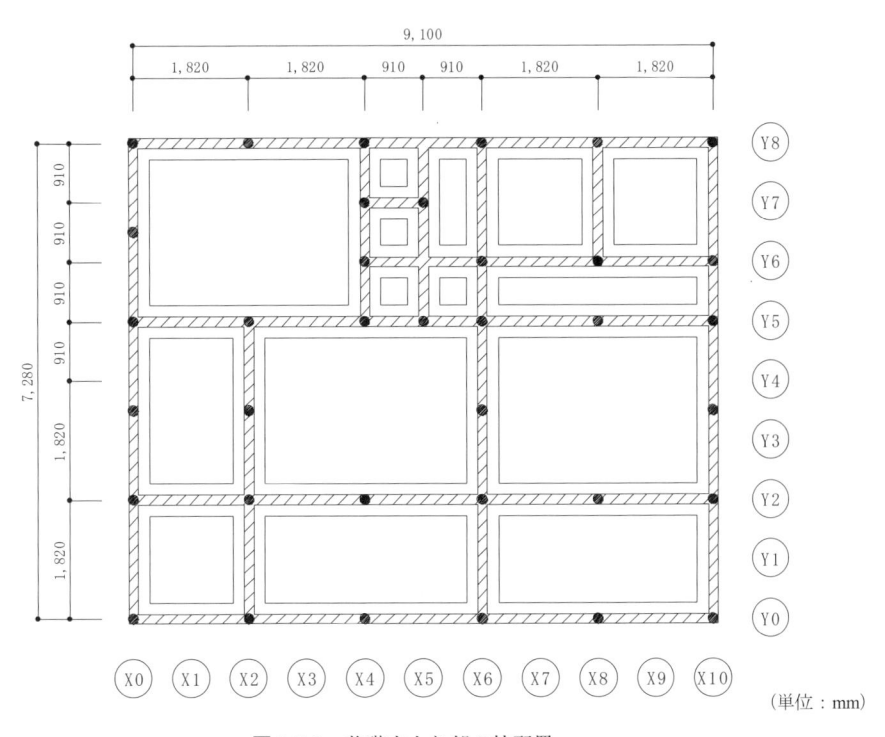

図3.5.6 基礎立上り部の杭配置

一方，建物の基礎通り部における基礎自重含む荷重に対する必要本数は表3.5.3に示すとおりである．

さらに，シングル配筋スラブ部分においてはシングルスラブの自重と W_B に含まない床荷重が作用するものとして荷重を算定する．シングル配筋スラブ部分は図3.5.7に示すようにA～Oの15エリアに分割して必要本数を算定する．また，シングル配筋スラブの厚さは150 mmとし，コンク

表3.5.3 基礎通りごとの杭必要本数

通り	長さ(m)	W (kN/m)	総荷重(kN)	杭必要本数	通り	長さ(m)	W (kN/m)	総荷重(kN)	杭必要本数
X0	7.28	9.05	65.88	2	Y0	9.1	11.49	104.56	4
X2	4.55	13.44	61.15	2	Y2	9.1	10.99	100.01	3
X4	2.73	15.80	43.13	2	Y5	9.1	15.22	138.50	5
X5	2.73	10.82	29.54	1	Y6	5.46	11.18	61.04	2
X6	7.38	12.36	91.22	3	Y7	0.91	11.00	10.01	1
X8	1.82	11.72	21.33	1	Y8	9.1	10.25	93.28	3
X10	7.28	10.01	72.87	3	合計			892.53	

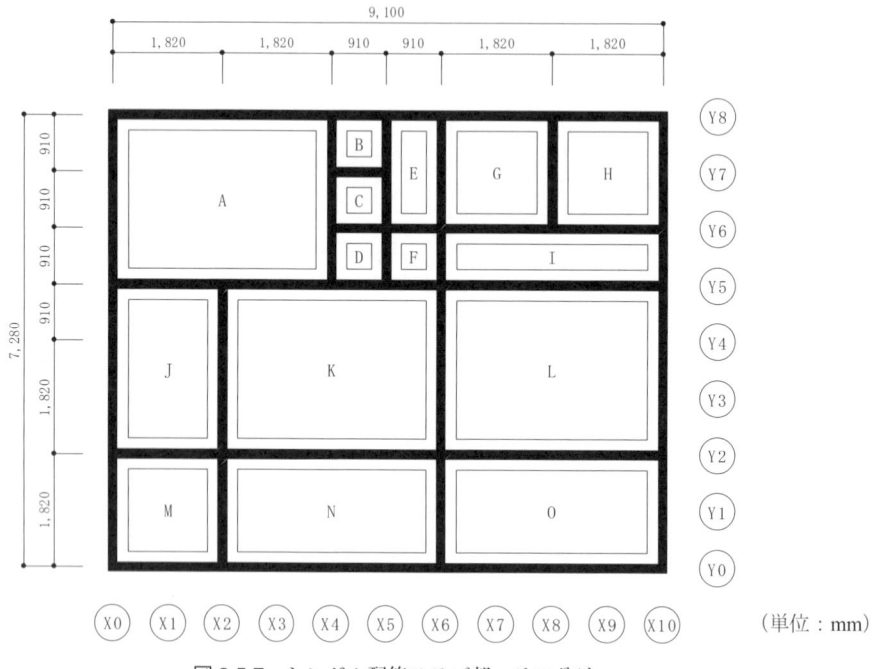

図3.5.7 シングル配筋スラブ部エリア分け

リートの単位体積重量は24 kN/m³とした．また，W_Bに含まない一階床荷重が作用する部分（A, G, H, J, K, L, M, N, O）に関しては1.3節より一階床荷重を1 640 N/m²として算定した．算定結果を表3.5.4に示す．

以上の計算結果より，A，KおよびLエリアでは上部構造からの束なども存在しているためバランスを考慮すると，最低2本以上の杭が必要である．また，その他のエリアに関しては束等が存在せず，シングル配筋スラブ自重も大きくないことから杭を1本配置する計画としたが，B～Fエリアに関してはシングル配筋スラブ面積が小さく，自重自体も大きくないことから，さらに，Iエリアに関してもY方向に0.91 mピッチで密に杭を配置していることから各基礎通り部の杭に自重を負担させるものとして設計を行った．図3.5.8に杭配置を示す．

B～FおよびIエリアのシングル配筋スラブ部に杭を配置しない設計とすることにより，B～F

表3.5.4 シングル配筋スラブ部作用荷重一覧

エリア	W_s (kN/m)	エリア	W_s (kN/m)
A	35.77	I	11.92
B	2.98	J	17.89
C	2.98	K	35.77
D	2.98	L	35.77
E	5.96	M	11.92
F	2.98	N	23.85
G	11.92	O	23.85
H	11.92	合計	238.46

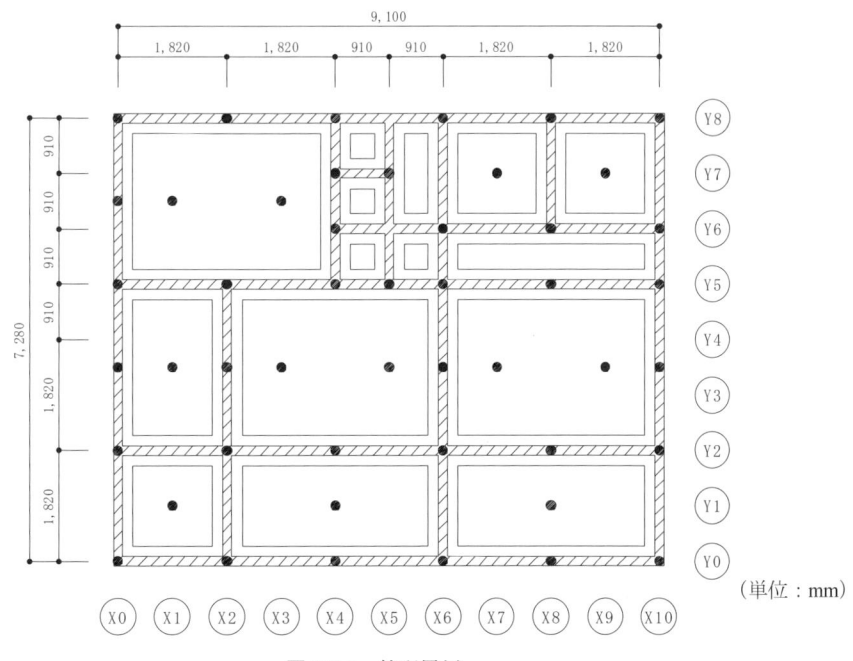

図3.5.8 杭配置例

エリアのシングル配筋スラブ荷重が最も作用するX5通り部において再度,杭の必要本数を算定すると以下のとおりとなり,B~Fエリアのシングル配筋スラブにおいては杭を配置する必要がないことがわかる.

X5通り必要本数 =(29.54+(2.89×4)+5.96)/33.39=1.41≒2本

建物全荷重からの必要本数をN_{max}とすると,N_{max}は以下のようになる.ただし,N_{max}は基礎通り部,シングル配筋スラブ部および全荷重(基礎通り部＋シングル配筋スラブ部)において確認することとする.また,それぞれの記号は,基礎通り部は$N_{max(通)}$,シングル配筋スラブ部は$N_{max(シ)}$,全荷重は$N_{max(全)}$とする.さらに,それぞれの場合の杭1本あたりの荷重$W_{(通またはシまたは全)}$

は以下のようになる．

$$N_{\max(通)}=892.53/33.39=27 本 <36 本$$
$$N_{\max(シ)}=238.46/33.39=8 本 <12 本$$
$$N_{\max(全)}=1\,130.99/33.39=34 本 <48 本$$

3.5.6 基礎の検討

基礎の構造安全性については，杭間の基礎重量を含む建物荷重により生ずる曲げモーメントおよびせん断応力に対する基礎立上り部分の構造設計を行う．

両端を固定したときの固定端曲げモーメント C ならびに中央部の最大曲げモーメント M_0 の算定について図3.2.7に示すモデルとする．設計応力の算出については，端部の固定度ならびに基礎梁が連続する場合の連続端の曲げモーメントなどを考慮した設計モデル図3.2.7による．なお，設計用荷重は基礎自重を含む鉛直荷重 W（kN/m）とする．

3.5.7 応力算定

杭間の基礎に生ずる応力算定として，Y5通りを対象とする．

Y5通りの基礎梁設計用荷重は，$W=8.74$ kN/m，杭の配置間隔の最大は1.82 mである．したがって，杭間の梁（基礎立上り部）に生ずる応力は以下のようになる．

$$M=1.2C=1.2\times(8.74\times1.82^2/12)=2.90 \text{ kN·m}$$
$$Q=8.74\times1.82/2=8.0 \text{ kN}$$

3.5.8 基礎立上り部の断面算定

基礎立上り部の仕様および使用材料は以下のとおりとする．

$b\times D=150$ mm$\times 750$ mm, $d=680$ mm, $j=595$ mm

主筋（SD295）の長期許容引張応力度：$f_t=195$ N/mm^2

せん断補強筋（SD295）のせん断補強用長期引張応力度：$_wf_t=195$ N/mm^2

コンクリート（$F_c=21$ N/mm^2）長期許容せん断応力度：$f_s=0.7$ N/mm^2

主筋の必要鉄筋断面積 a_t は（3.5.10）式により算定する．

$$a_t=\frac{M}{f_t j} \tag{3.5.10}$$

記号

a_t：必要な主筋の断面積（mm^2）

M：接地圧により生ずる単位長さあたりの曲げモーメント（kN·m）

f_t：主筋の長期許容引張応力度（N/mm^2）

j：基礎梁の応力中心間距離（mm）

$$a_t=\frac{M}{f_t j}=\frac{2.90\times10^6}{195\times595}=25.0 \text{ mm}^2 \rightarrow 1-D10(a_t=71 \text{ mm}^2)$$

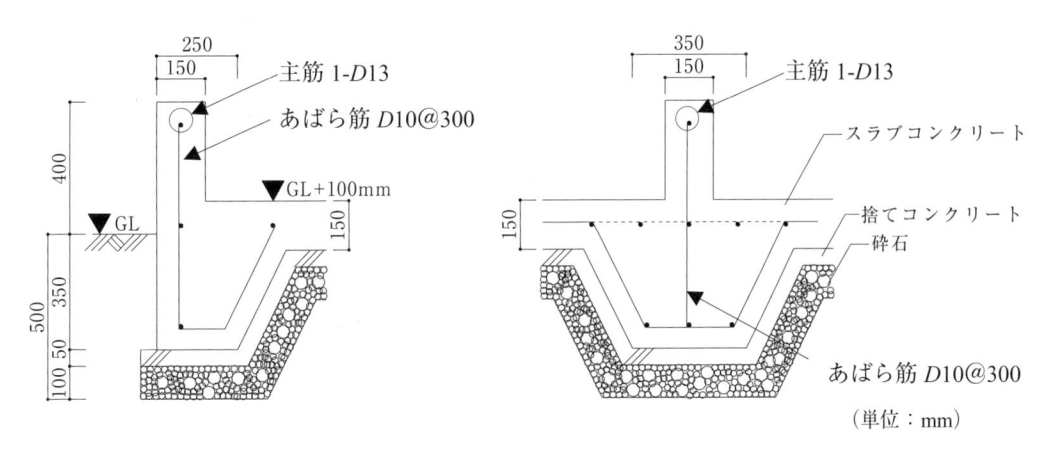

図 3.5.9　基礎断面図

基礎立上り部の長期許容せん断力は小規模指針（6.3.8）式により算定する．

$$Q = j \times f_s \tag{3.5.11}$$

記号

Q：基礎立上り部分の許容せん断力（kN）

f_s：コンクリートの長期許容せん断応力度（N/mm²）

$Q = 150 \times 595 \times 0.7 = 62\,475\,\text{N} = 62.475\,\text{kN} > 8.0\,\text{kN}$

以上より，基礎立上り部の主筋は，1-D10，補強筋は D10 @ 300 とする．

3.5.9 載荷試験の実施

原則として施工完了後は写真 3.4.1 に示すように，施工重機を使用した鉛直載荷試験を実施し，長期許容鉛直支持力が得られているか確認する．

写真 3.5.1　施工完了後の載荷試験

3.6節　支持層がきわめて深い場合の小口径鋼管杭の設計

3.6.1　使用材料の規格

　計画建物は木造2階建てとし，建物概要，建物規模，構造概要，設計条件などは3.1節の内容と同じとする．

　杭材は，JIS G 一般構造用炭素鋼鋼管（STK400）とし，杭径は139.8 mm，肉厚は4.5 mmとする．また，鋼管は先端が閉そくされたストレート杭とし，回転貫入工法にて施工を行う．

　使用するコンクリート，鉄筋ならびに鋼材の規格を表3.6.1，表3.6.2，表3.6.3に示す．

表3.6.1　コンクリートの許容応力度

（単位：N/mm²）

設計基準強度 F_c	長期許容応力度					短期許容応力度				
	圧縮	引張	せん断	付着		圧縮	引張	せん断	付着	
				上端筋	その他の鉄筋				上端筋	その他の鉄筋
21	7.0	―	0.70	1.40	2.10	14.0	―	1.05	2.10	3.15

表3.6.2　異形鉄筋の許容応力度

（単位：N/mm²）

鉄筋の種類およびおよび品質	鉄筋径	長期許容応力度		短期許容応力度	
		圧縮・引張	せん断補強	圧縮・引張	せん断補強
SD295A	D10〜D22	195	195	295	295

表3.6.3　鋼材の許容応力度

長期許容応力度					短期許容応力度				
圧縮	引張	曲げ	せん断	支圧	圧縮	引張	曲げ	せん断	支圧
$\dfrac{F}{1.5}$	$\dfrac{F}{1.5}$	$\dfrac{F}{1.5}$	$\dfrac{F}{1.5\sqrt{3}}$	$1.25F$	長期の1.5倍				

F：杭材の材質から求まる基準強度 F 値（N/mm²）で，STK 400の場合は235（N/mm²）

3.6.2 地盤概要

建物配置計画およびSWS試験の調査位置を図3.6.1に示す.

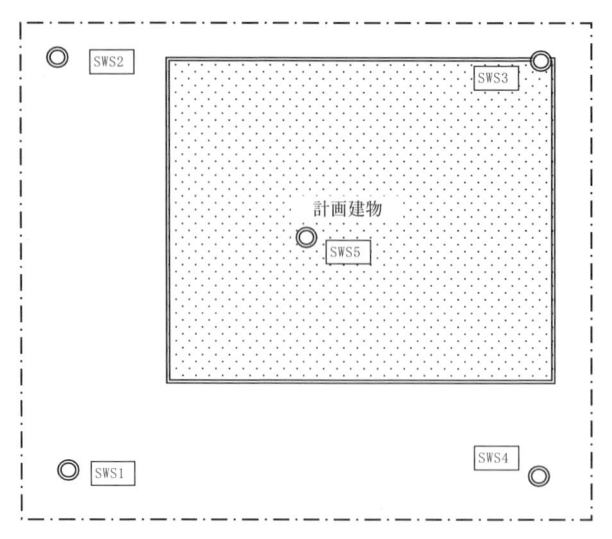

図3.6.1 配置図およびSWS試験位置

SWS試験の結果を図3.6.2に示す.

地盤はGL−1.0m程度が盛土,GL−1.0〜5.25mまでが自沈層を含む軟弱層であり,GL−5.25〜8.0mまでがN_{SW}が20〜120程度の良好な地盤である.

荷重 W_{sw} kN	半回転数 N_a	貫入深さ D m	貫入量 L cm	1mあたりの半回転数 N_{sw}	記事
1.00	2	0.25	0.25	8	無音
1.00	1	0.50	0.25	4	無音
1.00	0	0.75	0.25	0	ジンワリ
0.50	0	1.00	0.25	0	ジンワリ
0.50	0	1.25	0.25	0	ジンワリ
0.50	0	1.50	0.25	0	ジンワリ
0.75	0	1.75	0.25	0	ジンワリ
0.75	0	2.00	0.25	0	ジンワリ
0.75	0	2.25	0.25	0	ジンワリ
1.00	0	2.50	0.25	0	ジンワリ
1.00	0	2.75	0.25	0	ジンワリ
0.75	0	3.00	0.25	0	ジンワリ
0.75	0	3.25	0.25	0	ジンワリ
1.00	0	3.50	0.25	0	ジンワリ
1.00	0	3.75	0.25	0	ジンワリ
0.75	0	4.00	0.25	0	ジンワリ
1.00	0	4.25	0.25	0	ジンワリ
0.75	0	4.50	0.25	0	ジンワリ
0.75	0	4.75	0.25	0	ジンワリ
1.00	0	5.00	0.25	0	ジンワリ
1.00	0	5.25	0.25	0	ジンワリ
1.00	5	5.50	0.25	20	シャリシャリ
1.00	8	5.75	0.25	32	シャリシャリ
1.00	16	6.00	0.25	64	シャリシャリ
1.00	20	6.25	0.25	80	シャリシャリ
1.00	25	6.50	0.25	100	シャリシャリ
1.00	25	6.75	0.25	100	シャリシャリ
1.00	30	7.00	0.25	120	シャリシャリ
1.00	30	7.25	0.25	120	シャリシャリ
1.00	30	7.50	0.25	120	シャリシャリ
1.00	30	7.75	0.25	120	シャリシャリ
1.00	30	8.00	0.25	120	シャリシャリ

図3.6.2 SWS試験データ

3.6.3 地盤の長期許容支持力度と基礎構造の計画

小規模指針図 5.3.2 SWS 試験の貫入抵抗値による基礎形式の選定例によれば，地盤の許容支持力度が 20 kN/m² 以上でありべた基礎でも可能であるが，基礎下 2 m 間に 0.5 kN 自沈の層が存在することから小口径鋼管杭による地盤補強とする．なお，基礎下 2 m 間の地盤の長期許容支持力度は，小規模指針(5.4.5)式により算定する．

$$q_a = 30\overline{W_{SW}} + 0.64\overline{N_{SW}} \tag{3.6.1}$$
$$= 30 \times (0.5 \times 3 + 0.75 \times 3 + 1 \times 2)/8 + 0.64 \times 4/8 = 21.8 \text{ kN/m}^2$$

記号

  q_a ：長期許容支持力度(kN/m²)
  $\overline{W_{SW}}$：SWS 試験における貫入時の荷重の平均値
  $\overline{N_{SW}}$：SWS 試験における貫入量 1 m あたりの半回転数の平均値

小口径鋼管杭の設計にあたり，1.3 節に示した基礎検討用荷重に基礎自重を加えた杭検討用荷重を算定する．なお，本工法は小口径鋼管杭を用いた支持杭工法として扱うため，基礎自重を含む建物荷重は基礎底盤下に配置する小口径鋼管杭により支持するものとする．図 3.6.3 に基礎伏図を示す．また，基礎は布基礎とする．

小口径鋼管杭の先端支持層は，先端以深の良好な支持層厚 1 m が確認できる GL−7.0 m とした．

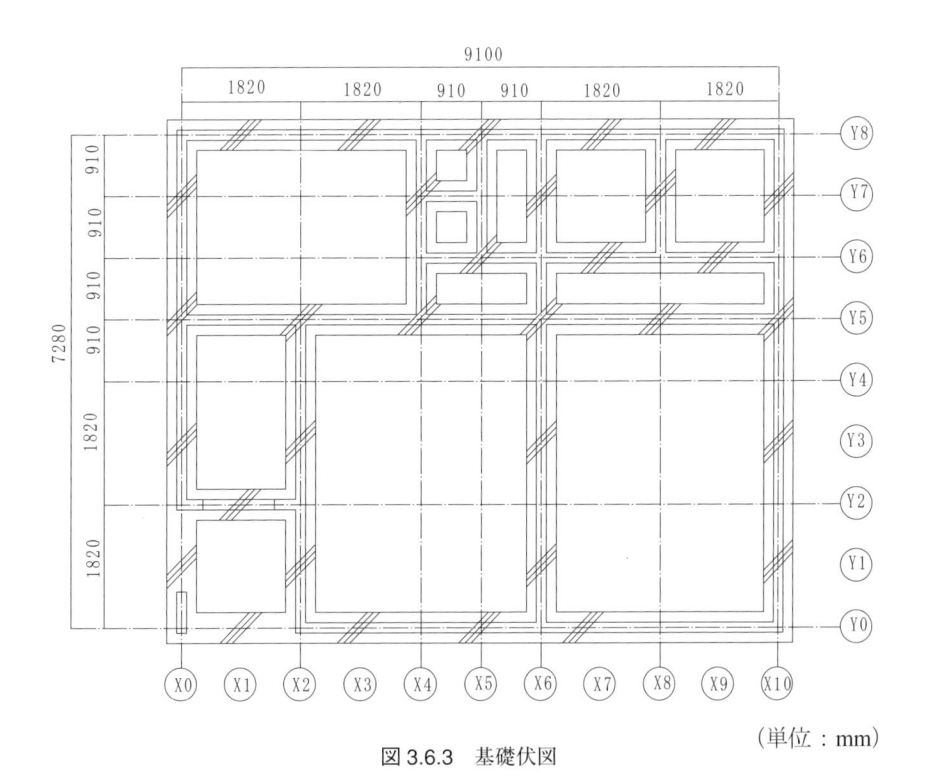

図 3.6.3 基礎伏図

(単位：mm)

3.6.4 杭の設計荷重

各通りの基礎梁設計用荷重 W_B の一覧を表3.6.4に示す．また，基礎断面図を図3.6.4に示す．

表3.6.4 荷重 W_B の一覧

通り	W_B (kN/m)	通り	W_B (kN/m)
X0	4.46	Y0	7.81
X2	7.87	Y2	4.51
X4	9.32	Y5	9.65
X5	4.34	Y6	4.7
X6	7.01	Y7	4.52
X8	5.24	Y8	5.66
X10	5.99		

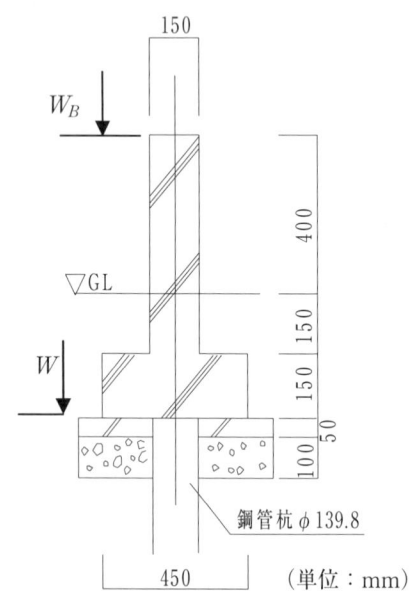

図3.6.4 基礎断面図

基礎自重および基礎底版の上部土重量の合計荷重 W_1 を算定する．算定にあたっては，埋戻し土の単位体積重量を $16\,\mathrm{kN/m^3}$ とした．

$$W_1 = 24 \times 0.15 \times 0.40 + (0.45 \times 0.3 - 0.3 \times 0.15) \times 24 + 0.3 \times 0.15 \times 16 = 4.32\,\mathrm{kN/m}$$

小口径鋼管杭の設計用荷重 $W(\mathrm{kN/m})$ を表3.6.5に示す．

$$W = W_B + W_1$$

表3.6.5により，建物全体の基礎含む全荷重 ΣW は以下のように算定する．

X通り

$(8.78 \times 7.28 + 8.83 \times 0.91) + (12.19 \times 4.55 + 8.83 \times 0.91) + 13.64 \times 2.73 + 8.66 \times 1.82$

$+11.33 \times 7.28 + 9.56 \times 1.82 + 10.31 \times 7.28 = 363.4$ kN

Y 通り

$12.13 \times 9.1 + 13.97 \times 9.1 + 9.02 \times 5.46 + 8.84 \times 0.91 + 9.98 \times 9.1 = 385.6$ kN

したがって，建物全体の基礎含む全荷重は $\Sigma W = 749.0$ kN となる．

表 3.6.5 基礎設計用荷重 W の一覧

通り	W (kN/m)	備考	通り	W (kN/m)	備考
X0	8.78	—	Y0	12.13	—
X2	12.19	—	Y2	8.83	X0，X2 通りへ
X4	13.64	—	Y5	13.97	—
X5	8.66	—	Y6	9.02	—
X6	11.33	—	Y7	8.84	—
X8	9.56	—	Y8	9.98	—
X10	10.31				

3.6.5 杭の長期許容鉛直支持力

図 3.6.2 に示す SWS 試験結果に対して，小口径鋼管杭の設計を行う．布基礎断面は図 2.1.9 の配筋をもとに，底版幅を 450 mm，底盤の根入れ深さを 300 mm とする．

(1) 地盤から求まる長期許容鉛直支持力の算定

  杭の外径 139.8 mm，杭の肉厚 4.5 mm

  杭の先端断面積 $A_p = 0.01534$ m²

  杭の周長 $\varphi = 0.4390$ m

杭の長期許容鉛直支持力 R_{a1} は小規模指針(7.2.2)式により算定する．

$$R_{a1} = \frac{1}{3}(R_p + R_f) \tag{3.6.2}$$

 記号

  R_{a1}：杭状地盤補強の長期許容鉛直支持力(kN)

  R_p：杭状地盤補強の先端部における極限先端支持力(kN)

  R_f：杭状地盤補強の周面地盤における極限周面摩擦力(kN)

1) 極限先端支持力 R_p の検討

杭状補強地盤先端部の下部地盤が砂質土の場合は，小規模指針(7.2.3)式により算定する．

$$R_p = \alpha \overline{N} A_p = 200 \overline{N} A_p \tag{3.6.3}$$

砂質土の場合，杭先端の平均換算 N 値は，小規模指針(3.2.1)式により算定する．

$$\overline{N}_{sw} = (120 + 120)/2 = 120$$
$$\overline{N} = 2\overline{W_{sw}} + 0.067\overline{N_{sw}} \tag{3.6.4}$$
$$= 2 \times 1.0 + 0.067 \times 120 = 10.04$$

(3.6.3) 式より，極限先端支持力は以下のようになる．

$$R_p = 200 \times 10.04 \times 0.01534 = 30.80 \text{ kN}$$

記号

α：先端支持力係数．小口径鋼管杭の場合は埋込み杭と同様に $\alpha=200$ とする．

$\overline{N}$：杭状地盤補強の先端部から下に $1D$，上に $1D$ の範囲における換算 N 値の平均値で，SWS 試験に基づく場合には(3.6.3)式による．

D：杭径(m)

A_p：小口径鋼管杭の先端断面積(m^2)

2) 杭周面地盤の極限周面摩擦力 R_f の検討

ここでは，GL$-0.3\sim 5.25$ m を粘性土層，GL$-5.25\sim 7.0$ m までを砂質土層として杭の極限周面摩擦力 R_f を小規模指針(7.2.5)式により算定する．

$$R_f = D \times \Sigma(\tau_d \times L_i) \times \pi = D \times \Sigma(\tau_s \times L_s + \tau_c \times L_c) \times \pi \tag{3.6.5}$$

記号

D：杭径(m)

τ_d：杭状地盤補強体に作用する各層の極限周面摩擦力度 (kN/m^2)

粘性土の場合　$\tau_c = c = \dfrac{q_u}{2}$　砂質土の場合　$\tau_s = \dfrac{10N}{3}$

L_d：各層の層厚(m)

L_c：砂質土層の層厚(m)　　L_s：粘性土層の層厚(m)

粘性土層：GL-5.25 m までの粘性土層の W_{sw} と N_{sw} の平均値から粘着力 c を算定する．

$$\overline{W_{sw}} = \{0.5 \times 0.25 \times 3 + 0.75 \times 0.25 \times 8 + 1.0 \times (0.2 + 0.25 \times 8)\}/4.95 = 0.823 \text{ kN}$$

$$\overline{N_{sw}} = 4/4.95 = 0.808$$

$$c = q_u/2 = (45\overline{W_{sw}} + 0.75\overline{N_{sw}})/2 = 18.82 \text{ kN/m}^2$$

砂質土層：GL$-5.25\sim 7.0$ m の砂質土層の W_{sw} と N_{sw} の平均値から極限周面摩擦力度 τ_S を算定する．

$$\overline{W_{sw}} = 1.0 \text{ kN}$$

$$\overline{N_{sw}} = (20+32+64+80+100+100+120)/7 = 73.71$$

換算 N 値の平均は以下のとおり

$$\overline{N} = 2 \times \overline{W_{sw}} + 0.067 \times \overline{N_{sw}} = 2 \times 1.0 + 0.067 \times 73.7 = 6.94$$

極限周面摩擦力度 τ_S は以下のようになる．

$$\tau_S = 10 \times 6.94/3 = 23.13 \text{ kN/m}^2$$

したがって，杭の極限周面摩擦力は以下のようになる．

$$R_f = 0.4390 \times (18.82 \times 4.95 + 23.13 \times 1.75) = 58.67 \text{ kN}$$

以上より，長期許容鉛直支持力 R_{a1} は(3.6.2) 式から以下のように算定される．

$$R_{a1} = \frac{1}{3}(R_p + R_f) = (30.80 + 58.67)/3 = 29.82 \text{ kN}$$

(2) 杭体から求まる長期許容圧縮力の検討

小口径鋼管杭に使用する鋼材の許容応力度は表3.6.3による．なお，杭材の長期許容圧縮力は腐食しろおよび細長比を考慮し小規模指針（7.2.8）式により算定する．

$$R_{a2} = \frac{1}{1.5} \times F^* \times A_e (1-\alpha_1) \tag{3.6.6}$$

記号

R_{a2}：杭の長期許容圧縮力(kN)

F^*：設計基準強度 （N/mm²）

・$0.01 < \dfrac{t_e}{r} \leq 0.08$ のとき $F^* = F\left(0.80 + 2.5 \times \dfrac{t_e}{r}\right)$

・$\dfrac{t_e}{r} > 0.08$ のとき $F^* = F$

A_e：杭の有効断面積(m²)

t_e：腐食しろを除いた杭の肉厚(mm)（腐食しろは外面1mmとする）

α_1：細長比による低減率

$L/D > 100$ の場合，$\alpha_1 = (L/D - 100)/100$

L：杭長(mm)，D：杭径(mm)，r：杭の有効半径(mm)

腐食しろを除いたときの肉厚を $t_e = 3.5$ mm とする．また杭長は $L = 6.7$ m とする．杭の細長比による低減率は以下のようになる．

$L/D = 6700/(139.8-2) = 48.6 \rightarrow \alpha_1 = 0$

(3) 材料の設計基準強度の算定

使用材料は $STK400$ であり，許容応力度は表3.6.3によるものとする．設計基準強度は腐食しろを除いた杭の肉厚 t_e と杭の有効半径 r の比 t_e/r を基に算定する．

$$\frac{t_e}{r} = \frac{3.5}{68.9} = 0.051$$

したがって，設計基準強度は次のようになる．

$$F^* = F\left(0.80 + 2.5 \times \frac{t_e}{r}\right)$$

$F^* = 235 \times (0.8 + 2.5 \times 3.5/68.9) = 217.84$ N/mm²

以上より，杭体から求まる長期許容圧縮力 R_{a2} を算定する．ここで，腐食しろを除いた杭体の有効断面積は $A_e = 1\,475.96$ mm² である．

$R_{a2} = F^*/1.5 \times A_e \times (1-\alpha_1)$

　　　$= 217.84/1.5 \times 1\,475.96 = 214.35$ kN

以上より，杭の長期許容鉛直支持力は以下のようになる．

$_L R = \min(R_{a1},\ R_{a2}) = 29.82$ kN

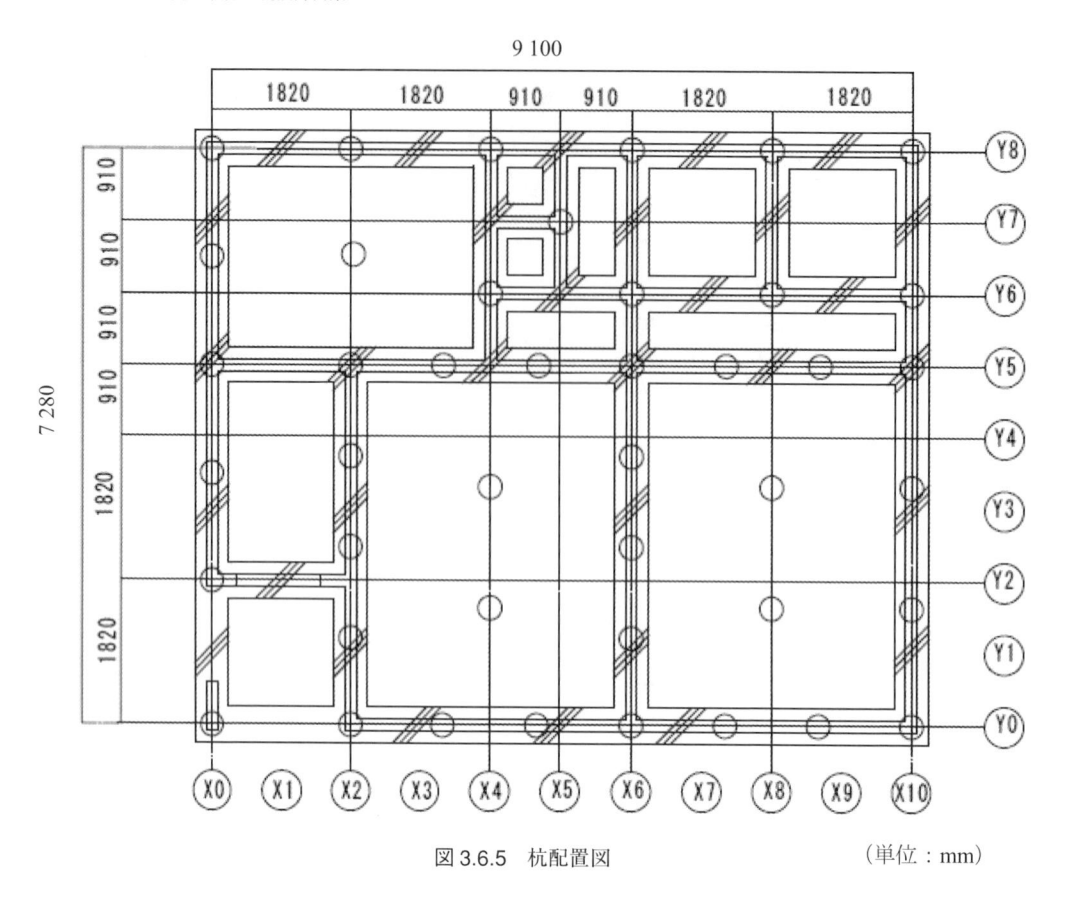

図 3.6.5 杭配置図　　　　　　（単位：mm）

3.6.6 杭の配置

基礎は布基礎とし，基礎自重を含む建物重量を杭により支持する．

建物の基礎含む全荷重 ΣW は 749.0 kN であり，杭の長期許容鉛直支持力が $_LR=29.82$ kN であるから，必要杭本数 N は次のようになる．

　　必要杭本数 $N=749.0/29.82=26$ 本

一方で，杭の配置間隔を検討するときに布基礎の構造安全性を考慮する必要がある．

杭の配置間隔は，布基礎断面の構造耐力が建物重量により生ずる曲げモーメントおよびせん断力などの応力に対し安全なように，基礎立上り部の直下に配置する．なお，土間部への杭配置に関する検討については 3.6.7(3) にて述べる．

以上の点を考慮した結果，杭の配置は図 3.6.5 になり，土間部の杭を除く総本数は 38 本となる．

したがって，杭 1 本あたりの負担荷重 P_1 は以下のようになり，杭の長期許容支持力 $_LR$ を満足する結果となった．

$$P_1=749.0/38=19.71 \text{ kN} <_LR=29.82 \text{ kN}$$

次に，各通りの荷重に対し必要な杭本数を算定した結果を表 3.6.6 に示す．いずれの通りについても図 3.6.5 の杭配置図に示す杭本数が表 3.6.6 に示す必要杭本数を満足する結果となった．

表3.6.6 各通りの必要杭本数一覧

通り	長さ(m)	W(kN/m)	総荷重(kN)	杭必要本数	通り	長さ(m)	W(kN/m)	総荷重(kN)	杭必要本数
X0	7.28	8.78	71.95	3	Y0	9.1	12.13	110.38	4
X2	4.55	12.19	63.50	3	Y2	8.83 (kN/m)×1.82 (m)⇒X0，X2 へ			
X4	2.73	13.64	37.24	2	Y5	9.1	13.97	127.13	5
X5	2.73	8.66	15.77	1	Y6	5.46	9.02	49.25	2
X6	7.28	11.33	82.48	3	Y7	0.91	8.84	8.04	1
X8	1.82	9.56	17.4	1	Y8	9.1	9.98	90.82	4
X10	7.28	10.31	75.02	3	合計			749.00	

次に，図3.6.5においてX通りとY通りの基礎が直交する部分について，配置された杭の検討を行う．

検討は，X通りとY通りの基礎が直交する部分で杭の軸力が最も危険側になるX6Y5の杭に対して行う．荷重分担は図3.6.6に示す範囲とする．

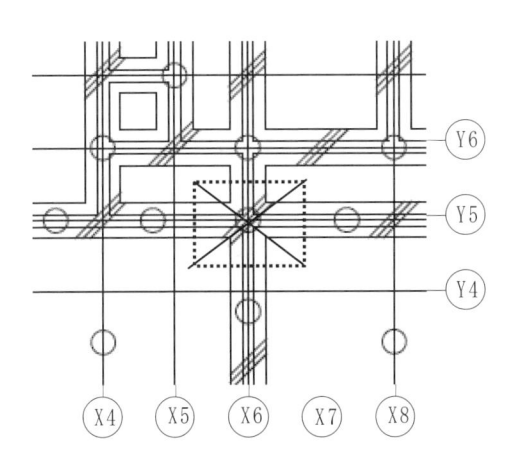

図3.6.6 X6Y5の杭の軸力分担図

X6－Y5の荷重算定と杭の長期許容鉛直支持力の検討

$W_{X6Y5} = 13.97 \times 1.22 + 11.33 \times (0.57 + 0.455) = 28.66$ kN ＜29.82 kN

3.6.7 基礎の設計

基礎の構造安全性の検討としては，杭間の基礎重量を含む建物荷重により基礎に生ずる曲げモーメントならびにせん断応力に対し，基礎立上り部分の構造設計を行う．

両端を固定としたときの固定端曲げモーメントCならびに単純梁の中央部の最大曲げモーメントM_0の算定については，図3.6.7に示すモデルとする．

設計応力の算定については，端部の固定度ならびに基礎立上り部分が連続する場合の連続端の曲げモーメントなどを考慮した応力モデルとし，図3.2.7と同様とする．

なお，設計用荷重は基礎自重を含む鉛直荷重 $W(\mathrm{kN/m})$ とする．

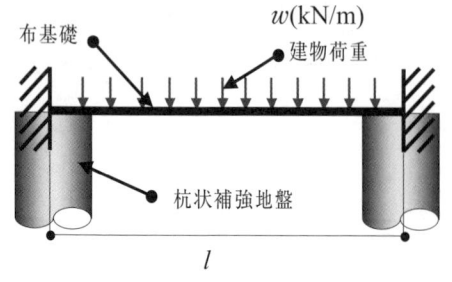

図 3.6.7　両端固定梁モデル

固定端の曲げモーメント：$C=\dfrac{wl^2}{12}\,\mathrm{kN\cdot m}$

単純梁の中央部の最大曲げモーメント：M_0

$$M_0=\dfrac{wl^2}{8}\,\mathrm{kN\cdot m}$$

せん断力：$Q=\dfrac{wl}{2}\,\mathrm{kN}$

(1) 基礎立上り部の応力算定

杭間の基礎立上り部に生ずる応力算定として，X4 通りを対象とする．X4 通りの設計用荷重は $w=13.64(\mathrm{kN/m})$，杭の配置間隔の最大は 1.82 m である．

X4 通りは 1 スパンであるが，立上り部の断面算定が安全側の設計となるよう，図 3.2.7 を参考に多スパンの連続端の応力を採用する．

基礎立上り部の断面設計用応力は，以下のとおりである．

設計応力

　曲げモーメント

$$M=1.2C=13.64\times1.82^2/12\times1.2=4.52\,\mathrm{kN\cdot m}$$

　せん断力

$$Q=13.64\times1.82/2+(4.52-2.26)/1.82=13.66\,\mathrm{kN}$$

(2) 基礎立上り部の断面算定

基礎立上り部の仕様および使用材料は以下のとおりである．

$b\times D=150\,\mathrm{mm}\times700\,\mathrm{mm}$，$d=630\,\mathrm{mm}$，$j=551.25\,\mathrm{mm}$

コンクリートならびに鉄筋の許容応力度は表 3.6.1 ならびに表 3.6.2 による．

　主筋 (SD295) の長期許容引張応力度：$f_t=195(\mathrm{N/mm^2})$

　せん断補強筋 (SD295) の長期引張応力度：$_wf_t=195(\mathrm{N/mm^2})$

　コンクリート ($F_c=21\,\mathrm{N/mm^2}$) の長期許容せん断応力度：$f_s=0.7(\mathrm{N/mm^2})$

主筋の必要断面積 a_t の算定

$$a_t=\dfrac{M}{f_t j}=\dfrac{4.52\times10^6}{195\times551.25}=42.05\,\mathrm{mm^2}\rightarrow 1\text{-}D13\quad(a_t=127\,\mathrm{mm^2})$$

基礎立上り部分の長期許容せん断力の算定

$$\alpha\cdot b\cdot j\cdot f_s=1\times150\times551.25\times0.7=57\,881.25\,\mathrm{N}=57.88\,\mathrm{kN}>13.66\,\mathrm{kN}$$

以上より，基礎立上り部の主筋は上下共に 1-D13，せん断補強筋は D10 @ 300 とし，図 2.1.9 の布基礎断面と同配筋とした．

(3) 内部土間スラブに対する杭配置の検討

本設計例では，SWS 試験の結果から自沈層の存在により建物内部土間スラブの沈下が懸念され

る事から，図3.6.8に示すように土間部分へ杭を配置し，その設計検討を示す．

土間部分は1階床の荷重ならびに自重を負担するとし，その荷重は土間内部に設置された杭および土間下の地盤ならびに周辺の基礎により負担するものとする．

土間ならびに杭の検討内容としては次の項目とした．

① 杭の長期許容鉛直支持力による土間への配置検討
② 土間スラブの杭反力によるパンチングの検討

このときの設計荷重を表3.6.7に示す．

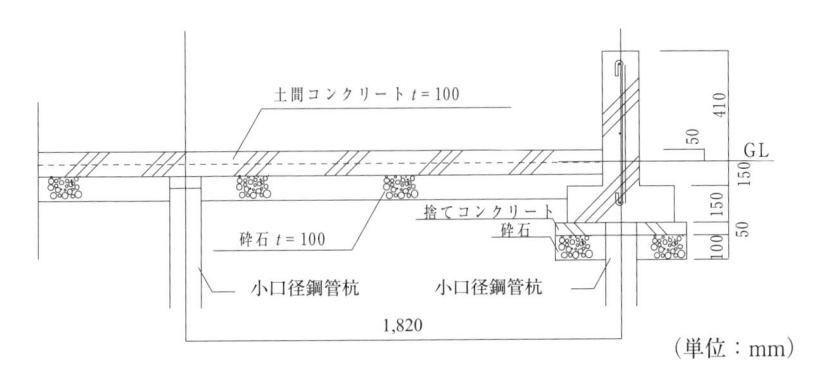

図3.6.8 土間スラブ部詳細図

表3.6.7 土間ならびに杭の設計荷重

項目		N/m²
固定荷重	表1.3.3より	340
積載荷重		1 300
土間設計荷重		1 640
土間コンクリート荷重（$t=100$ mm）		2 400
杭の設計用荷重合計		4 040

1) 杭の長期許容鉛直支持力による土間への配置検討

布基礎で囲まれた基礎区画の短辺方向の基礎間隔を A (m)とする．杭の長期許容鉛直支持力 $_LR=29.82$ kN である．

長辺方向の杭間隔を 1.82 m ピッチとしたとき，短辺方向の基礎間隔を A (m)とすると，杭の負担する土間面積は $1.82 \times A/2 = 0.91 \times A$ (m²)となる．

したがって，杭の土間の短辺方向の最大基礎間隔は以下のようになる．

$$A = \frac{29.82}{4.04 \times 0.91} = 8.11 \text{ m} > 3.64 \text{ m}$$

2) 土間スラブの杭によるパンチングの検討

パンチング破壊は(3.6.7)式により算定する．

$$\frac{R'}{\frac{7}{8}d\pi(D+d)} \leq \alpha \cdot f_s \tag{3.6.7}$$

記号

R'：杭反力(N)

D：杭径(mm)

d：杭頭における基礎スラブの有効せい(mm)

f_s：コンクリートの許容せん断応力度(N/mm²)

土間スラブコンクリートの許容応力度は表3.6.1による.

使用する小口径鋼管杭の径を $\phi139.8$ mm としたときのパンチング破壊の検討結果を示す.

杭の反力 $R' = 4\,040 \times 1.82 \times 3.64/2 = 13\,382.10$ N

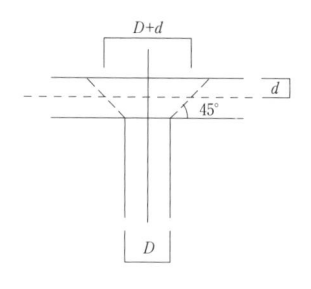

図3.6.9 パンチングの検討

$$\frac{R'}{\frac{7}{8}d\pi(D+d)} = \frac{13\,382.10}{\frac{7}{8} \times 35 \times 3.14 \times (139.8+35)} = 0.8 < 1.5 \times 0.7 = 1.05$$

以上より，土間部分への杭は図3.6.5に示す配置とする．

3.7節　小規模建築物の一部に地下室がある設計

3.7.1　建物概要

(1) 地下室の計画

　地上階の設計にあたっては，上階荷重範囲内の軸力，地震力，風圧力による応力，地下階の地下地震力による影響を考慮する．地下室を構築するための山留めの設計は，本会編「山留め設計施工指針」(2002年版) および「山留め設計事例集」(2003年版) を参考に検討されたい．

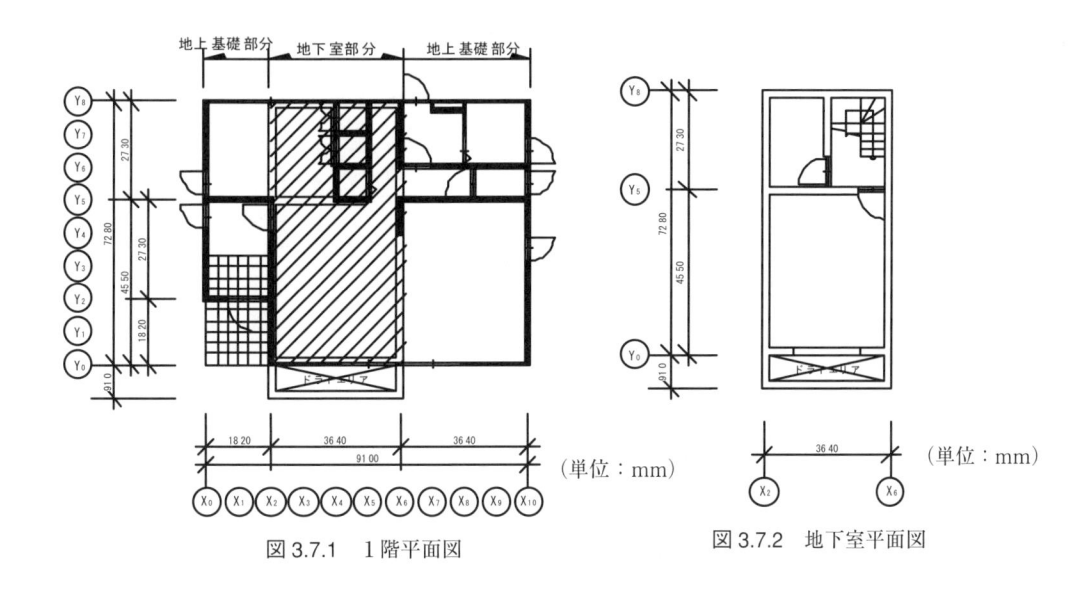

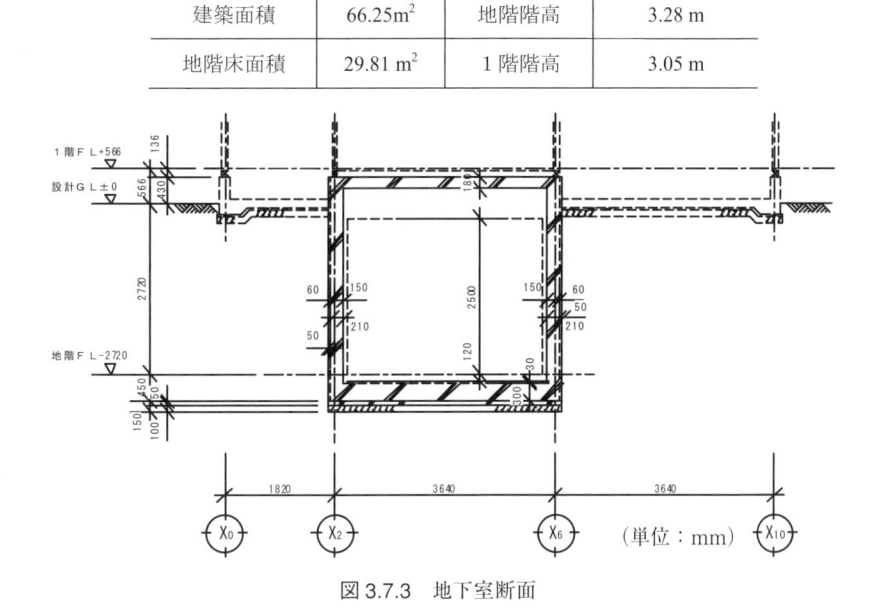

図 3.7.1　1階平面図

図 3.7.2　地下室平面図

建築面積	66.25m²	地階階高	3.28 m
地階床面積	29.81 m²	1階階高	3.05 m

図 3.7.3　地下室断面

(2) 使用材料の規格

本設計例に用いる使用材料の許容応力度を以下の表3.7.1,表3.7.2に示す.

表3.7.1 コンクリートの許容応力度

設計基準強度 F_c	長期許容応力度（N/mm²）					短期許容応力度（N/mm²）				
	圧縮	引張り	せん断	付着		圧縮	引張り	せん断	付着	
				上端筋	その他				上端筋	その他
21	7.0	—	0.70	1.40	2.10	14.0	—	1.05	2.10	3.15

表3.7.2 鉄筋の許容応力度

鉄筋の種類および品質	鉄筋径	長期許容応力度（N/mm²）		短期許容応力度（N/mm²）	
		圧縮・引張り	せん断補強	圧縮・引張り	せん断補強
SD295A	D10, D13, D16, D19, D22	195	195	295	295

3.7.2 地盤概要

(1) SWS試験結果

図3.7.4に地盤条件を示す.本設計例における地盤は台地段丘に位置し,敷地内の地層の変化は少ない地域である.図3.7.5に建物配置と地盤調査位置を示す.図3.7.6に示すSWS試験結果からGL－1.0m付近まで埋戻し土で,それ以深はローム層の地山であり安定地盤となっている.なお,埋戻し土は十分に締め固められていることが事前に確認できている.本設計例で示す建物には地下階が計画され,地下階の底盤位置はGL－3.17mである.

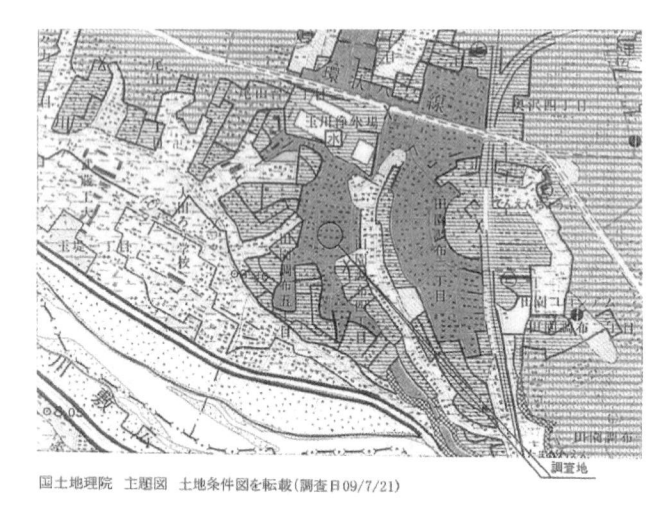

図3.7.4 土地条件図

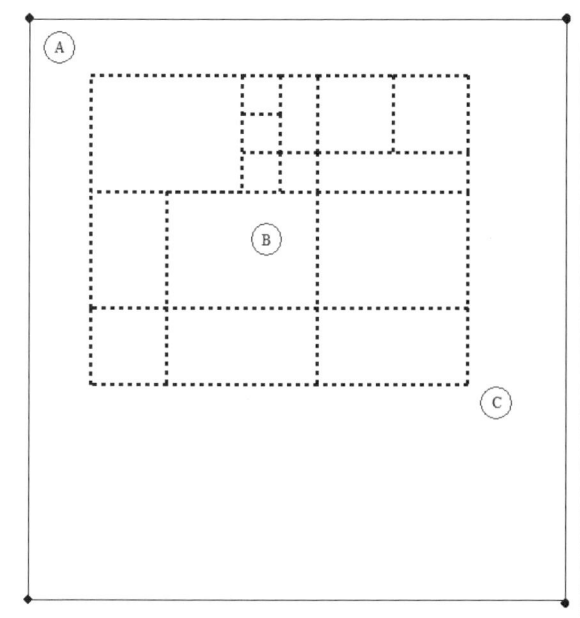

図 3.7.5　建物配置と SWS 試験位置

図 3.7.6　SWS 試験データ

(2) 標準貫入試験・土質試験結果

建設地で実施した標準貫入試験と土質試験の結果を図3.7.7および表3.7.3に示す。

GL-1.0m以深からロームであり、安定地盤である。また、孔内水位はGL-5.9mで、地下室の掘削深度以下である。地下室掘削床付面付近におけるロームでの土質試験（三軸UU試験）では、土質定数として内部摩擦角ϕは15.2°、粘着力cは81.3kN/m²が確認されている。

表3.7.3 土質試験結果

土質	深さ (m)	層厚 (m)	平均N値	湿潤単位体積重量 r_t (kN/m³)	内部摩擦角 ϕ (°)	粘着力 c (kN/m²)
埋土	0.00～0.90	0.90	4.0	12.9	0.0	25.0
ローム	0.90～5.70	4.80	5.0	12.9	15.0	81.3
粘土	5.70～10.45	4.75	9.4	14.0	0.0	58.8

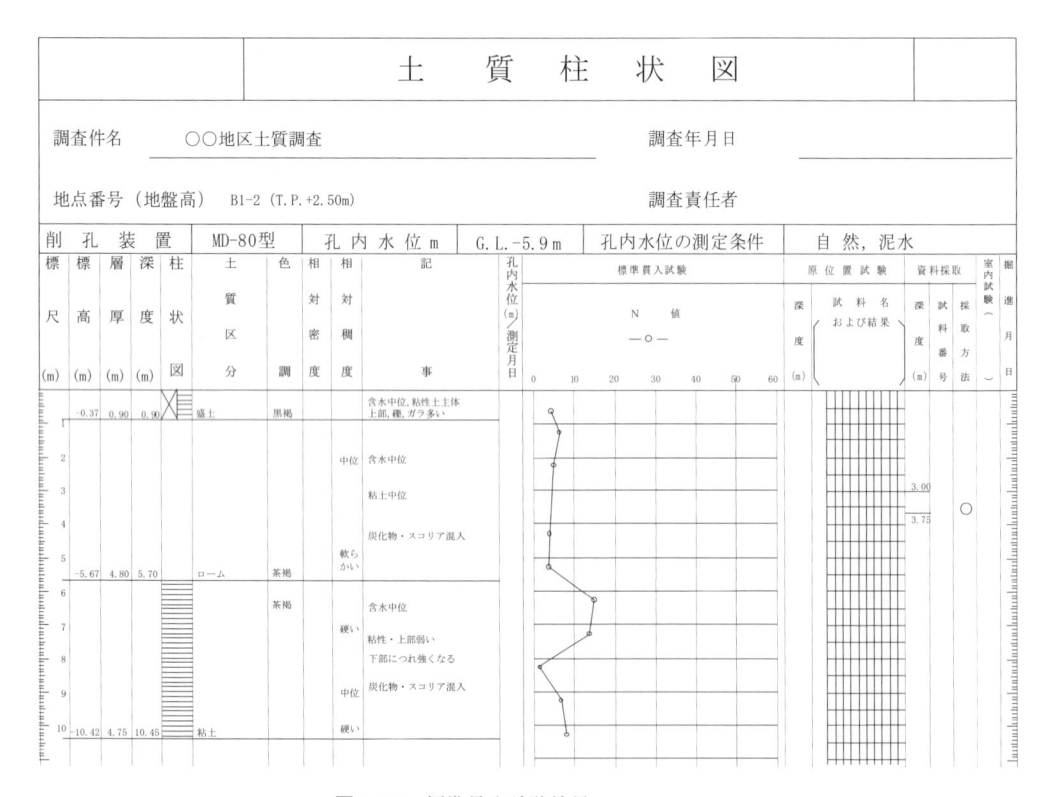

図3.7.7 標準貫入試験結果

3.7.3 地下室の設計

(1) 地下室設計用荷重

固定荷重を表3.7.4，積載荷重を表3.7.5および設計荷重を表3.7.6に示す．

表3.7.4 固定荷重一覧表

固定荷重		N/m²
地下外壁 RC	せっこうボード（内装）	100
	下地	25
	RC壁（躯体） 21×240（cm）	5 040
	RC増打ち 5×230（cm）	1 150
	計	6 315
地下内壁 RC	せっこうボード（内装）両面張り	200
	下地	50
	RC壁（躯体） 20×240（cm）	4 800
	計	5 050
1階床 RC	畳またはフローリング	190
	床板・根太	150
	床梁 （大引き）	20
	天井 （せっこうボード）	150
	RCスラブ 18×240（cm）	4 320
	計	4 830
地階床 RC	畳またはフローリング	190
	床板・根太	150
	床梁 （大引き）	20
	床版 30×240（cm）	7 200
	RC増打ち 3×230（cm）	690
	計	8 250

表3.7.5 積載荷重

積載荷重	N/m²
常時居室床	1 300
地震時居室床	600

表3.7.6 地下階設計荷重（単位：N/m²）

設計荷重	常時	地震時
地階外壁	6 315	6 315
地階内壁	5 050	5 050
1階床（RC）	6 130	5 430
1階床（木造）	1 660	960
地階床（RC）	9 550	—

部分地下となる本建物は直上階以外の木造部分の荷重も負担するものとし，図3.7.8〜図3.7.10に示すようにRC階（地階）に対して木造上屋の荷重影響範囲内の荷重を負担させるものとする．

上記負担範囲をもとに算定した地階部分の基礎設計用建物重量を表3.7.7に示す．

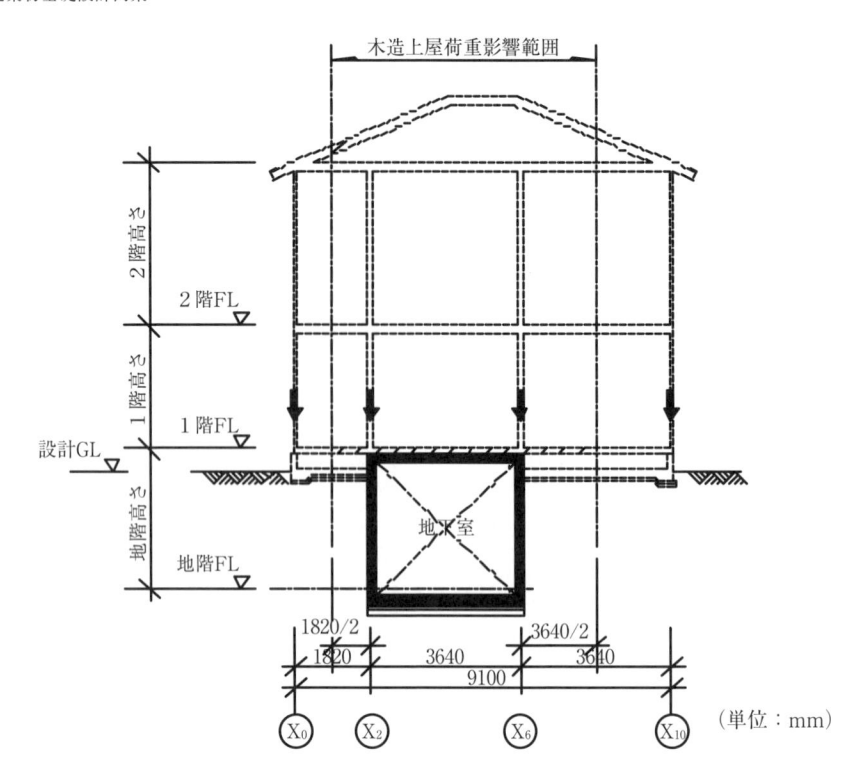

図 3.7.8　荷重影響範囲断面図

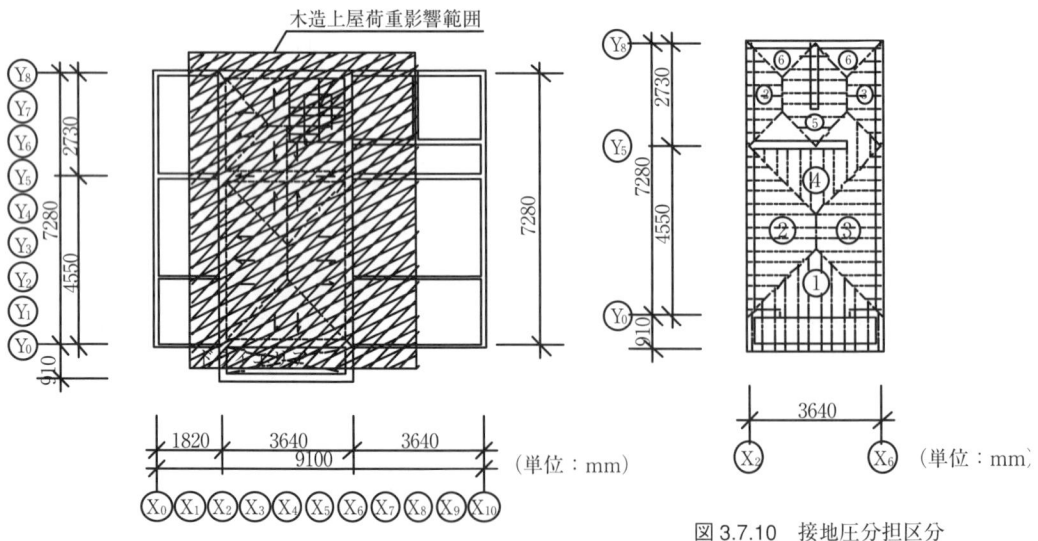

図 3.7.9　荷重影響範囲 1 階平面図

図 3.7.10　接地圧分担区分

表3.7.7 基礎設計用建物重量一覧

(a) 地上階重量〔1.3節荷重の算定方法 表1.3.15参照〕

通	建物荷重（kN/m）	長さ（m）	W_B (kN)	ΣW_B (kN)
① Y0通	6.90	3.64+0.91+1.82	43.96	43.96
② X2通	6.96（X2通）	7.28	50.67	
	4.51（Y2通）	0.91+1.82	12.32	
	8.74（Y5通）	0.91	7.96	70.95
③ X6通	5.88（X6通）	7.28	42.81	
	4.51（Y2通）	1.82+1.82	16.42	
	8.74（Y5通）	1.82	15.91	
	4.70（Y6通）	1.82+0.91	12.84	
	4.34（X5通）	0.91×1/2	1.98	89.96
④ Y5通	8.74（Y5通）	3.64+0.91+1.82	55.68	
	4.34（X5通）	0.91	3.95	59.63
⑤ X4通	9.32（X4通）	2.73	25.45	
	4.70（Y6通）	0.91	4.28	
	4.52（Y7通）	0.91	4.12	
	4.34（X5通）	0.91×1/2	1.98	35.83
⑥ Y8通	5.66（Y8通）	3.64+0.91+1.82	36.06	
	4.34（X5通）	0.91	3.95	40.01

(b) 地下階基礎用重量

通	W (kN)	1階床（木造）	1階床（RC）	地階壁	地階床（底版）	ΣW (kN)
① Y0通	47.89	—	20.31	160.73	63.27	292.20
② X2通	73.57	11.0	40.61	143.44	63.27	331.89
③ X6通	97.82	21.99	40.61	143.44	63.27	367.13
④ Y5通	44.13	—	30.29	48.76	47.45	170.63
⑤ X4通	35.83	—	20.31	34.42	31.63	122.19
⑥ Y8通	43.95	—	10.16	71.72	15.82	141.65
						1 425.69

(c) 地上階基礎用重量〔1.3節荷重の算定方法 表1.3.15参照〕

通	建物荷重（kN/m）	長さ（m）	W_F (kN)
Y0通	8.34	1.82+3.64	45.54
Y2通	5.95	1.82+3.64	32.49
Y5通	10.18	1.82+3.64	55.59
Y6通	6.14	3.64	22.35
Y8通	7.10	1.82+3.64	38.77
X0通	5.90	7.28	42.96
X8通	6.68	1.82	12.16
X10通	6.86	7.28	49.94

(2) 地 震 力

地下階の地震力は，地下階負担分の地上木造階地震力に加え，地下水平震度 k から求めた地下地震力を加えたものとする．算定結果を表 3.7.8 に示す．

$$Q_B = \left(\frac{A'}{A}\right) \cdot Q_1 + k \cdot W_B \tag{3.7.1}$$

記号

Q_B(kN)：地下階に生ずる層せん断力

Q_1(kN)：地上階の最下層に生ずる層せん断力

A'(m²)：地下階の直上 ＋ 荷重影響範囲内床面積

A(m²)：1 階床面積

k　　　：地下階水平震度（0.1 とする）

W_B(kN)：地下階直上 ＋ 荷重影響範囲内の 1 階床，1 階壁，および地下階上部の壁重量

表 3.7.8　地震時地下建物重量

部位	単位重量（N/m²）	長さ（m）・面積（m²）	重量（N）
1 階壁（木造）		1.3 節荷重の算定方法（4）地震力 a．各階重量の計算より	（外壁）17 490 （内壁）13 600
1 階床（RC）	5 430	3.64×7.28＝26.5	143 895.00
1 階床（木造）	960	2.73×7.28＝19.87	19 075.20
地下外壁	6 315	(3.12×21.84－2.1×1.92)×1/2＝32.06	202 458.90
地下外壁	6 315	3.12×5.46×1/2＝8.52	53 803.80
地下内壁	5 050	(3.12×6.37－2.1×0.82×2)×1/2＝8.22	41 511.00
		地階地震用重量	491 833.90

$Q_1 = 50.47$ kN（1.3 節荷重の算定方法(4)地震力 b．地震力の算定表 1.3.5 より）

$A' = (0.91 + 3.64 + 1.82) \times 7.28 = 46.38$ m² 〔図 3.7.9 参照〕

$A = 9.10 \times 7.28 - 1.82 \times 1.82 = 62.94$ m²

$W_B = 491.84$ kN

地下階地震層せん断力　$Q_B = (46.38/62.94) \times 50.47 + 0.1 \times 491.84 = 86.38$ kN

(3) 地下階壁量

地下階は壁式構造として設計を行う．

耐力壁は平成 13 年国土交通省告示第 1026 号第 6 第二号に準じて，(3.7.2) 式を満たすこととする．チェック結果を表 3.7.9 に示す．

$$L_w \geq L_{w0} \cdot \alpha \cdot \beta \cdot Z \quad かつ \quad L_w \geq L_{w0} - 50 \;\text{〔表 3.7.9 参照〕} \tag{3.7.2}$$

記号

A_w：耐力壁のうち対称方向の水平断面積(mm²)

A_c：柱の断面積(mm²)

Z ：地域係数

W ：RC 階直上および荷重影響範囲内の RC 階より上部の重量(N)

β ：$\sqrt{(18/Fc)}$（低減値となるので 1.0 とする.）

F_c ：使用コンクリートの設計基準強度(N/mm²)

L_W ：各方向の単位面積あたりの壁長(mm/m²)

L_{W0} ：必要壁長 200mm/m²（地階）（平 13 国交告第 1026 号第 6 第二号）(mm/m²)

α ：$t_0 \cdot \dfrac{\Sigma 1w}{\Sigma(t \cdot 1w)}$（低減値となるので 1.0 とする.）

t_0 ：耐力壁の厚さ　180 mm（地階）(mm)　（平 13 国交告第 1026 号第 6 第二号）

lw ：耐力壁の長さ(mm)

t ：耐力壁の厚さ(mm)

また耐力壁は釣合い良く配置するものとし，RC 階の偏心率が 0.3 以下となることを確認するか，剛性が小さいフレームに適切に壁を配置する.

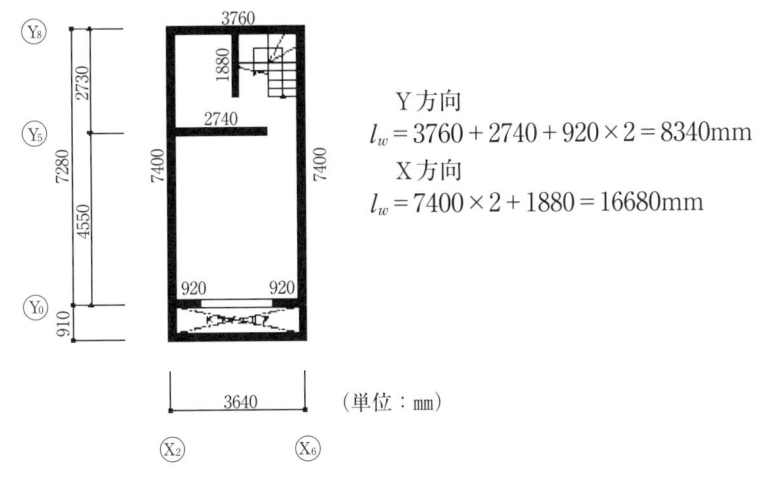

Y 方向
$l_w = 3760 + 2740 + 920 \times 2 = 8340$ mm
X 方向
$l_w = 7400 \times 2 + 1880 = 16680$ mm

図 3.7.11　地階壁伏図

表 3.7.9　耐力壁のチェック結果

部位	l_w (mm)	A_W (m²)	L_W (mm/m²)		$L_{W0} \cdot \alpha\beta \cdot Z$	$L_{W0} - 50$
Y 方向	8 340	29.81	279.77	>	200	150
X 方向	16 680	29.81	559.54	>	200	150

(4) 土　圧

詳細な地盤調査，結果によらない場合の土圧は以下の方法によって算定する.

上載荷重による土圧

$$P_0 = K_0 \cdot q \tag{3.7.3}$$

地下外壁における土圧

$$P_H = K_0 \cdot q + K_0 \cdot \gamma \cdot H \quad \text{（地下水位より上の場合）} \tag{3.7.4}$$

記号

K_0 ：静止土圧係数

q ：地表面上載荷重 （kN/m²）　　空地または道路の場合　10 kN/m²

　　　　　　　　　　　　　　　　　2階建て木造住宅の場合　12 kN/m²

　　　　　　　　　　　　　　　　　3階建て木造住宅の場合　15 kN/m²

H ：土圧計算深さ （m）

γ ：埋戻し土の単位体積重量 （kN/m³）

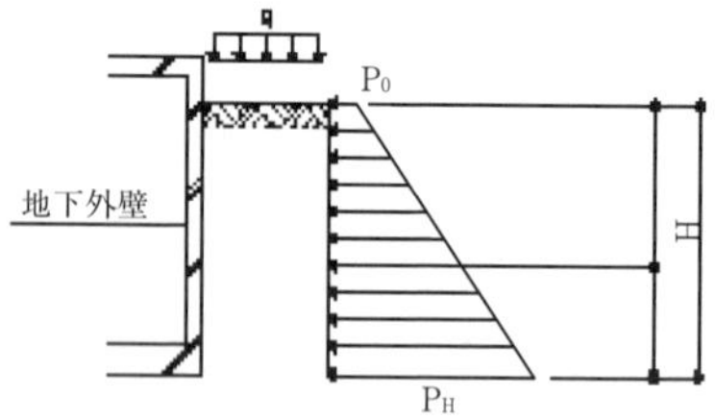

$K_0 = 0.5$　静止土圧係数

$q = 12$ kN/m² （木造2階建住宅）

$\gamma = 16$ kN/m²

$H = 3.17$ m

$P_0 = 0.5 \times 12.0 = 6.0$ kN/m²

$P_H = 0.5 \times 12.0 + 0.5 \times 16.0 \times 3.17$

$\quad = 6.0 + 25.36 = 31.36$ kN/m²

図 3.7.12　土圧

(5) 地盤の長期許容支持力度の算定

$$q_u = \alpha \cdot c \cdot N_c + \beta \cdot \gamma_1 \cdot B \cdot N_\gamma + \gamma_2 \cdot D_f \cdot N_q \tag{3.7.5}$$

記号

q_u ：単位面積あたりの極限支持力度 （kN/m²）

γ_1 ：支持地盤の単位体積重量　　　　　$\gamma_1 = 13.0$ kN/m³

γ_2 ：根入れ部の土の単位体積重量　　　$\gamma_2 = 13.0$ kN/m³

c ：支持地盤の粘着力　　　　　　　　$c = 80$ kN/m²〔表 3.7.3 参照〕

α, β ：基礎形状係数（$\alpha = 1.09$, $\beta = 0.41$）

N_c, N_γ, N_q ：支持力係数

D_f ：基礎の根入れ深さ　　　　　　　　$D_f = 3.17$ m

B ：基礎底面の最小幅　　　　　　　　$B = 3.76$ m

L ：基礎底面の最小長　　　　　　　　$L = 8.31$ m

$\phi = 15.0°$〔表 3.7.3 参照〕$N_c = 11.0$　$N_\gamma = 1.1$　$N_q = 3.9$

したがって，地盤の長期許容支持力度は，以下とおりとなる．

$\alpha \cdot c \cdot N_c = 1.09 \times 80 \times 11.0 = 959.20$

$\beta \cdot \gamma_1 \cdot B \cdot N_\gamma = 0.41 \times 13.0 \times 3.76 \times 1.1 = 22.04$

$\gamma_2 \cdot D_f \cdot N_q = 13.0 \times 3.17 \times 3.9 = 160.72$

表 3.7.10　基礎形状係数

基礎底面の形状	連続	正方形	長方形	円形
α	1.0	1.2	$1.0 + 0.2 \cdot B/L$	1.2
β	0.5	0.3	$0.5 - 0.2 \cdot B/L$	0.3

$q_a = 1/3 \times q_u$

$\quad = 1/3 \times (959.2 + 22.04 + 160.72)$

$\quad = 1/3 \times 1\,141.96 = 380.65 \rightarrow 380 \text{ kN/m}^2$

表3.7.11　支持力係数

ϕ	N_c	N_γ	N_q
0	5.1	0.0	1.0
5	6.5	0.1	1.6
10	8.3	0.4	2.5
14	10.4	0.9	3.6
15	11.0	1.1	3.9
20	14.8	2.9	6.4
25	20.7	6.8	10.7
30	30.1	15.7	18.4
34	35.5	31.1	29.4
40以上	75.3	93.7	64.2

(6) 接 地 圧

長期の接地圧は鉛直荷重の偏りを考慮して算定する．短期の接地圧は長期に加え水平荷重時の転倒モーメントを考慮して算定する．長期・短期とも接地圧が地盤の長期許容支持力度を超えないことを確認する．各通りごとに表3.7.12に示す．

長期鉛直荷重の分布による偏心および偏心モーメントを表3.7.13に示す．

表3.7.12　接地圧一覧（長期）

通	ΣW (kN)	接地面積 A (m²)	接地圧 q (kN/m²)
① Y0通	292.20	$0.91 \times 3.76 + 3.76 \times 1.88 \times 1/2 = 6.96$	42.01
② X2通	331.89	$(0.91 + 4.67) \times 1.88 \times 1/2 + (0.91 + 2.85) \times 0.97 \times 1/2 = 7.07$	46.96
③ X6通	367.13	7.07	51.94
④ Y5通	170.63	$3.64 + 1.82 \times 1/2 + 1.82 \times 0.91 \times 1/2 \times 2 = 4.97$	34.35
⑤ X4通	122.19	$(0.91 + 2.73) \times 0.91 \times 1/2 \times 2 = 3.31$	36.89
⑥ Y8通	141.65	$1.88 \times 0.97 \times 1/2 \times 2 = 1.82$	77.68
Σ	1 425.69		

長期鉛直荷重による長期接地圧の算定を行う．

$$d = \frac{\Sigma M}{\Sigma q} = \frac{2\,617.75}{1\,425.69} = 1.836 \text{ m}$$

$$e = \frac{L}{2} - d = \frac{3.76}{2} - 1.836 = 0.044 \text{ m} < 0.627 = \frac{L}{6}$$

表3.7.13 各部長期鉛直荷重による偏心モーメント

通	ΣW (kN)	偏心距離 a (m)	偏心モーメント M (kN·m)
① Y0 通	292.20	1.88	549.34
② X2 通	331.89	3.655	1 213.06
③ X6 通	367.13	0.105	38.55
④ Y5 通	170.63	1.88	320.78
⑤ X4 通	122.19	1.88	229.72
⑥ Y8 通	141.65	1.88	266.30
Σ	1 425.69		2 617.75

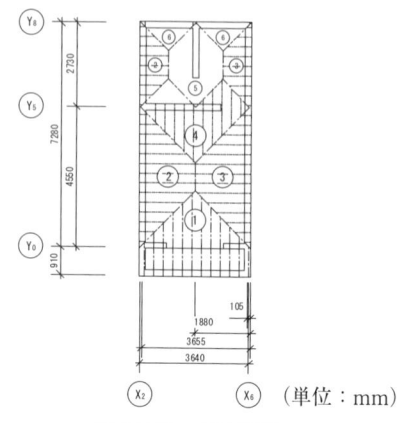

図 3.7.13 偏心距離

$$q = \frac{\Sigma q}{B \cdot L} \times \left(1 \pm \frac{6 \times e}{L}\right)$$

$$W = \frac{1\,425.69}{3.76 \times 8.31} \times (1 \pm \frac{6 \times 0.044}{3.76}) = W_{0\,max} = 48.84 < 380 \text{ kN/m}^2$$

$$= W_{0\,min} = 42.42 > 0 \text{ （浮き上がりはない）}$$

地震時の水平荷重による短期接地圧の算定を行う．

地震時水平荷重による転倒モーメント

$M = \Sigma Q_1 \times h = 86.38 \times 3.60 = 310.97$ kN·m

負加力時

$\Sigma M = 2\,617.75 - 310.97 = 2\,306.78$ kN·m

$d = \dfrac{\Sigma M}{\Sigma W} = \dfrac{2\,306.78}{1\,425.69} = 1.618$ m

$W = \dfrac{L}{2} - d = \dfrac{3.76}{2} - 1.618 = 0.262$ m $< 0.627 = \dfrac{L}{6}$

$$W_0 = \frac{1\,425.69}{3.76 \times 8.31} \times (1 \pm \frac{6 \times 0.262}{3.76}) = W_{0\max} = 64.71 < 380 \times 2 = 760 \text{ kN/m}^2$$

$$= W_{0\min} = 26.55 > 0 \text{ （浮き上がりはない）}$$

正加力時

$$\Sigma M = 2\,617.75 + 310.97 = 2\,928.72 \text{ kN·m}$$

$$d = \frac{\Sigma M}{\Sigma W} = \frac{2\,928.72}{1\,425.69} = 2.054 \text{ m}$$

$$e = \frac{L}{2} - d = \frac{3.76}{2} - 2.054 = 0.174 \text{ m} < 0.627 = \frac{L}{6}$$

$$W_0 = \frac{1\,425.69}{3.76 \times 8.31} \times (1 \pm \frac{6 \times 0.174}{3.76}) = W_{0\max} = 58.30 < 760 \text{ kN/m}^2$$

$$W_{0\min} = 32.96 \text{ kN/m}^2 > 0 \text{ （浮き上がりはない）}$$

したがって，長期許容支持力度以下である．

なお，山留めの検討については，本会「山留め設計施工指針」に準じて検討されたい．

3.8節　液状化の可能性の判定と対策

3.8.1　敷地・建物概要

　　　建設場所　　関東地方

　　　建物概要　　1.3節に示した建物と同様とする．

図3.8.1に建物配置およびSWS試験の測定位置を示す．

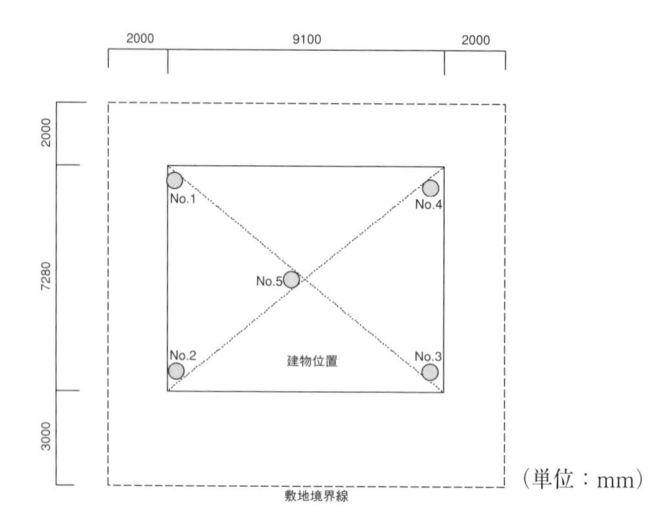

図3.8.1　建物配置およびSWS試験の測定位置

3.8.2　地盤概要

　本敷地は，沖積平野の在来宅地で新たな盛土はなされていない．表3.8.1に微地形から見た液状化の可能性と程度について示す．本敷地の地形は，"三角州"であったことから，液状化可能性の程度は"中程度"と判断できる．図3.8.2に地方公共団体で作成された液状化予測図を示す．図中に建設予定地をプロットしたが，当該地は液状化が発生しやすい地域であることがわかる．

　原位置での地盤調査では，5測点のSWS試験〔図3.8.1参照〕と，代表測点で地下水位の測定と土質試料を採取し土質判別および粒度試験を実施した．土質試料の採取には，SWS試験孔を利用した土のサンプリング装置〔写真3.8.1〕を，地下水位の測定は，図3.8.3に示すように有孔ロッド内に小口径水位計を挿入して測定した[3.8.1)]．図3.8.4に当敷地の地盤調査結果を示す．

　液状化の影響が地表面に及ぶ程度の判定には，図3.8.5に示した液状化層と非液状化層の層厚から推定することができる．ここで非液状化層とは，地下水位より浅い砂層，または粘性土（細粒分含有率$F_c>35\%$の粒度の土層）であり，液状化層とは非液状化層下面から地表面下5mまでの飽和砂層である[3.8.2)]．図3.8.5に当地盤の判定結果を○印で併記したが，液状化の影響が地表面に及ぶ程度の大きな地盤であるといえる．

表 3.8.1 微地形から見た液状化可能性

地盤表層の液状化可能性の程度	微地形区分
大	自然堤防縁辺部，比高の小さい自然堤防，蛇行州，旧河道，旧池沼，砂泥質の河原，砂丘末端緩斜面，人工海浜，砂丘間低地，堤間低地，埋立地，湧水地点（帯），盛土地*
中	デルタ型谷底平野，緩扇状地，自然堤防，後背低地，湿地，三角州，砂州，干拓地
小	扇状地方谷底平野，扇状地，砂礫層の河原，砂丘，海浜

＊：崖・斜面に隣接した盛土地，低湿地，干拓地・谷底平野の上の盛土地を指す．これ以外の盛土地は，盛土前の地形の区分と同等に扱う．

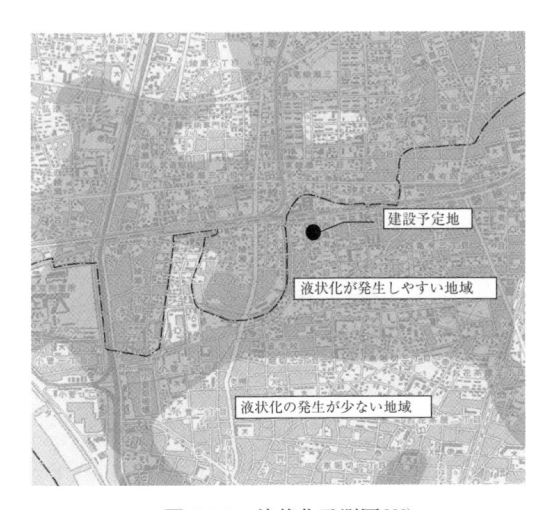

図 3.8.2 液状化予測図[3.8.2)]

写真 3.8.1 SWS試験孔を利用した土のサンプリング装置

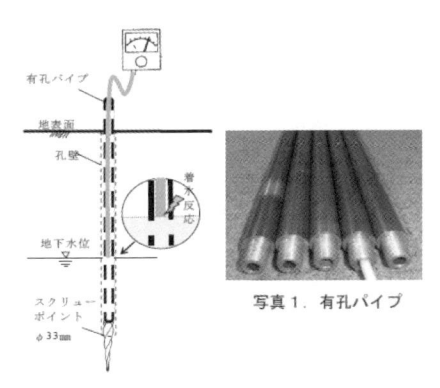

図 3.8.3 有孔パイプを用いた地下水位の測定装置[3.8.1)]

荷重 W_{sw} kN	半回転数 N_a	貫入深さ D m	貫入量 L cm	1mあたりの半回転数 N_{sw}	推定柱状図	荷重 W_{sw} kN 0.25 0.50 0.75	貫入量1mあたりの半回転数 N_{sw} 50 100 200 300	換算N値	地下水位	細粒分含有率 (%)	液状化層
0.75	0	0.25	25	0	粘土			2.3			
1.00	0	0.50	25	0	粘土			3.0			
1.00	0	0.75	25	0	粘土			3.0	GL-1.0 m		
1.00	0	1.00	25	0	粘土			3.0	▽		
1.00	5	1.25	25	20	砂			3.3			○
1.00	4	1.50	25	16	砂			3.1		20	○
1.00	3	1.75	25	12	砂			2.8			○
1.00	4	2.00	25	16	砂			3.1			○
1.00	5	2.25	25	20	砂			3.3			○
1.00	3	2.50	25	12	砂			2.8		25	○
1.00	6	2.75	25	24	砂			3.6			○
1.00	10	3.00	25	40	砂			4.7			○
1.00	11	3.25	25	44	砂			4.9			○
1.00	12	3.50	25	48	砂			5.2		15	○
1.00	5	3.75	25	20	砂			3.3			○
1.00	0	4.00	25	0	粘土			3.0			
1.00	0	4.25	25	0	粘土			3.0			
1.00	1	4.50	25	4	粘土			3.2			
1.00	0	4.75	25	0	粘土			3.0			
1.00	0	5.00	25	0	粘土			3.0			

図 3.8.4　SWS試験データ（SWS試験測点5：代表データ）

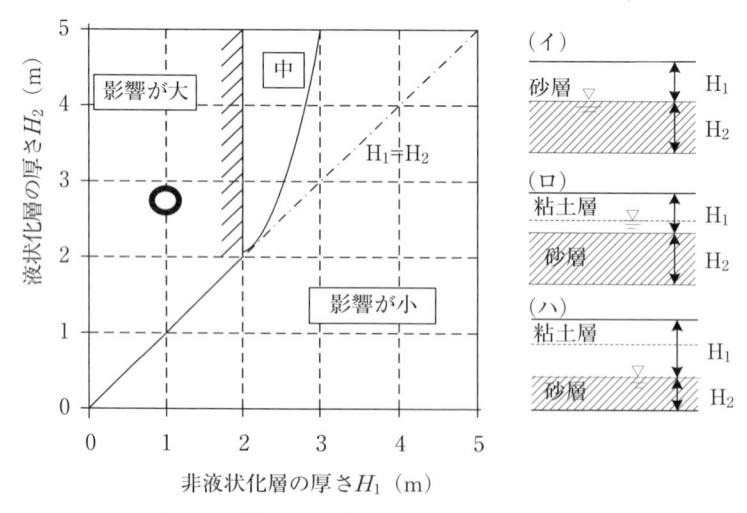

図 3.8.5　液状化の影響が地表面に及ぶ程度の判定
　　　　　（地表面水平加速度値 200 cm/s² に相当）

3.8.3 基礎構造の計画

(1) 設計方針

本設計例では，浅層混合処理工法を用いて液状化対策を実施する．比較的浅い位置に液状化層があるとき，その層を地盤改良で非液状化層に変え，かつ非液状化層の強度を高めることで液状化後に生ずる建物の不同沈下の軽減に繋がる．以下に設計例を示す．

設計は，図3.8.6に示す浅層混合処理工法の設計フローに準じて行う．

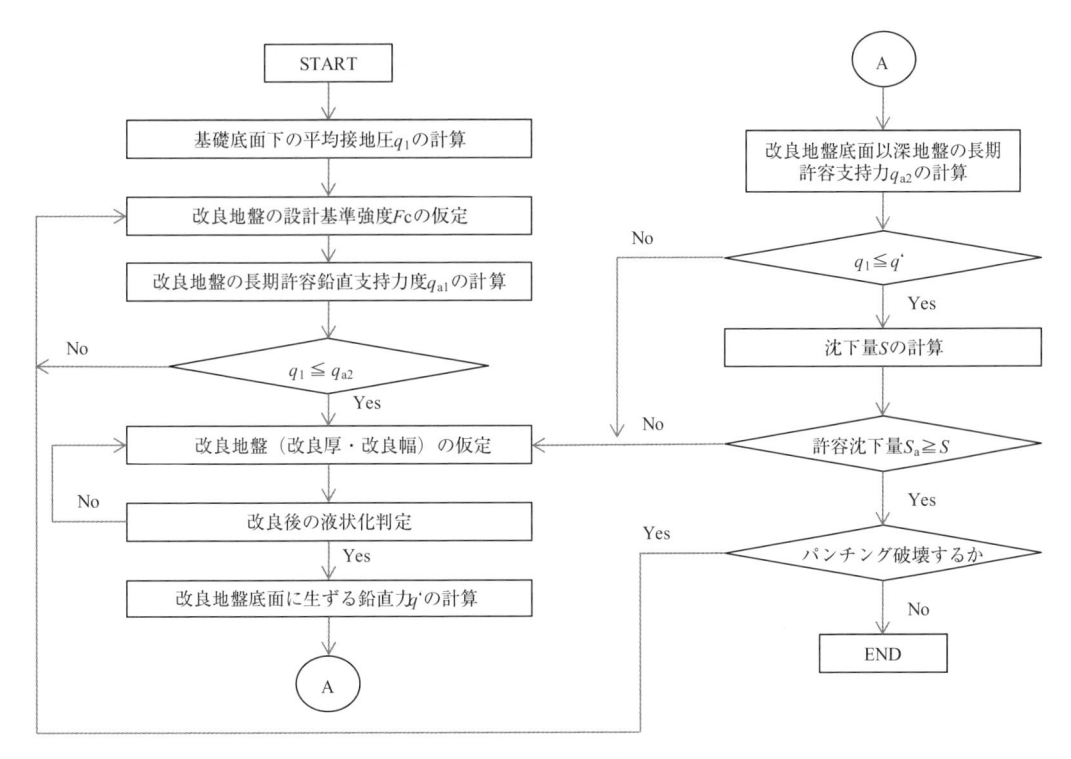

図3.8.6 浅層混合処理工法の設計フロー図

1) 基礎底面下の平均接地圧 q_1 の検討

図3.8.7に本建物の基礎伏図を示す．ここで建物全体の基礎を含む全荷重 ΣW は 567.95 kN で，基礎幅を 450 mm とすると 全基礎底面積は 34.40 m² となる．これより，基礎底面下の平均接地圧 q_1 は，

$q_1 = 567.95/34.4 ≒ 16.5 \text{ kN/m}^2$

となる．

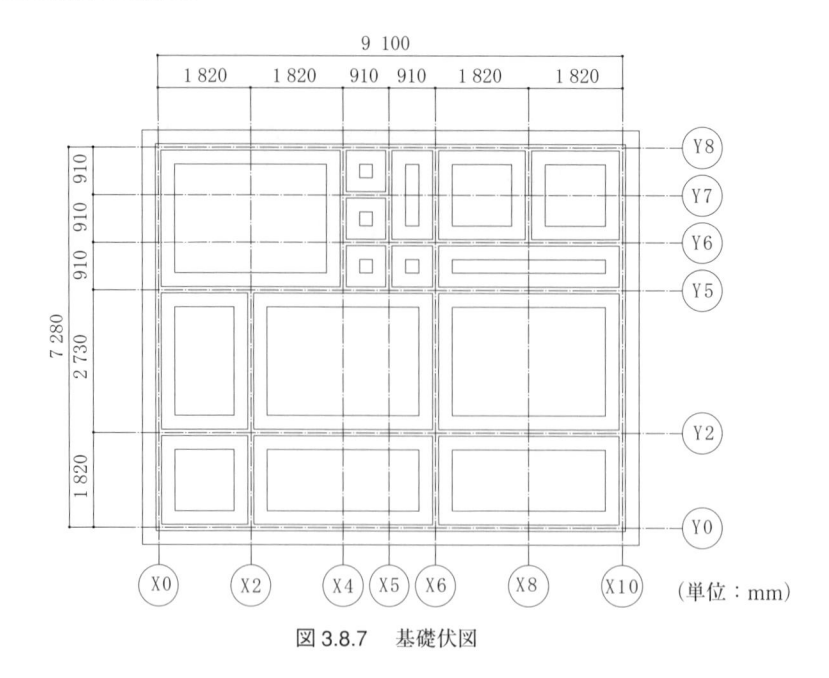

図 3.8.7　基礎伏図

2）改良地盤の設計基準強度の設定

施工実績より，改良地盤の設計基準強度を $F_c=120\,\mathrm{kN/m^2}$ と仮定する．

3）改良地盤の許容応力度の検討

改良地盤の長期許容鉛直支持力度 q_{a1} を求め，改良地盤に伝達した荷重が未改良地盤に支障なく伝わり，小規模指針（7.3.3）式を満足すれば，建築物に有害な沈下が生じないと判断される．

$$q_1 \leqq q_{a1}=1/3\times F_c \tag{3.8.1}$$

記号

　　　q_{a1}：改良地盤の長期許容鉛直支持力度（$\mathrm{kN/m^2}$）

　　　F_c：改良地盤の設計基準強度（$\mathrm{kN/m^2}$）

$q_{a1}=1/3\times F_c=120/3=40\,\mathrm{kN/m^2}$

　　よって，$q_{a1} \geqq q_1=16.5\,\mathrm{kN/m^2}$ となる．

4）改良地盤（改良厚，改良範囲）の設定

図 3.8.4，図 3.8.5 より，液状化層の深度は，GL-1.0～$3.75\,\mathrm{m}$（層厚 $2.75\,\mathrm{m}$）にある．これより非液状化層が GL$-2.0\,\mathrm{m}$ までになれば，液状化層の深度は，GL-2.0～$3.75\,\mathrm{m}$ で液状化層厚は $1.75\,\mathrm{m}$ となるので，図 3.8.8 より液状化の影響が地表面に及ぶ程度は小さくなる．これより，改良層厚は GL$-0.2\,\mathrm{m}$（基礎底面下端）～$2.0\,\mathrm{m}$ の $1.8\,\mathrm{m}$ 区間とする．また改良範囲は，図 3.8.9 に示すとおり，基礎の外周部から改良厚さの 1/2 に相当する $0.9\,\mathrm{m}$ 外側までとする．

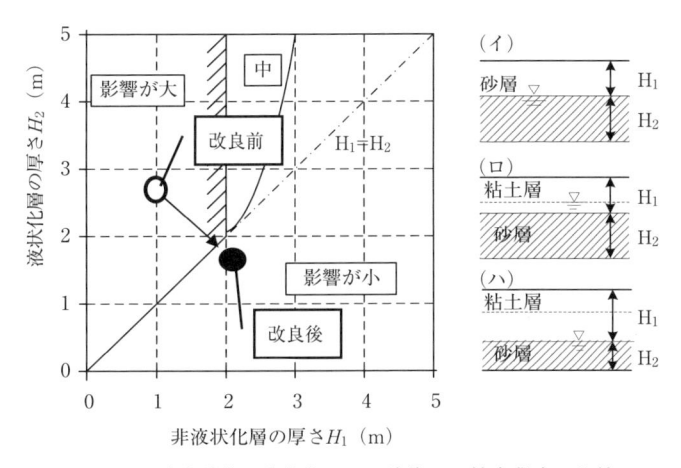

図 3.8.8　改良前後の液状化による建物への被害程度の比較

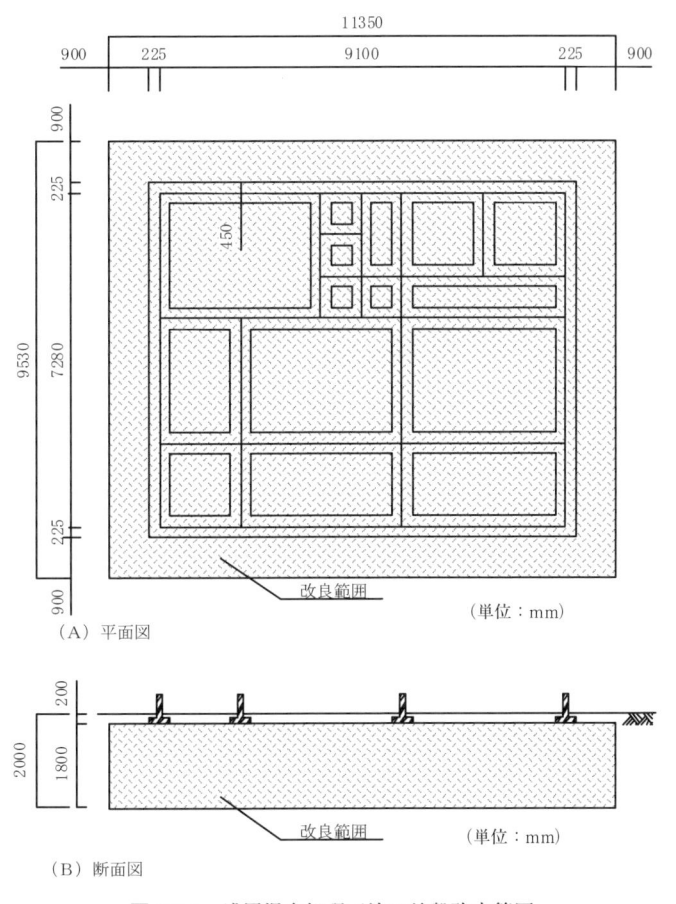

（A）平面図

（B）断面図

図 3.8.9　浅層混合処理工法の地盤改良範囲

5) 改良地盤底面に作用する分散応力の検討

改良地盤底面における分散応力 q' は，小規模指針（7.3.4）式を用いて算定する．

$$q' = \frac{q_1 \cdot B \cdot L}{B' \cdot L'} + \gamma(H - D_f) \tag{3.8.2}$$

記号

B ：基礎底面の幅（m）
B' ：分散後の幅（$= B + 2(H - D_f)\tan\theta$）（m）
L ：基礎底面の長さ（m）
L' ：分散後の長さ（$= L + 2(H - D_f)\tan\theta$）（m）
D_f ：基礎の根入れ深さ（m）
H ：地表面から改良地盤底面までの深さ（m）
θ ：荷重の分散角度（$1:2 \fallingdotseq 26.7°$）
γ ：改良土の単位体積重量（kN/m³）

$q' = (8.77 \times 7.28 \times 9.10)/((7.28 + 0.9 \times 2)(9.1 + 0.9 \times 2)) + 16 \times (2 - 0.2)$
  $= 580.99/9.08/10.9 + 28.8 \fallingdotseq 34.7$ （kN/m²）

となる．

6) 未改良地盤の長期許容鉛直支持力度の検討

未改良地盤の長期許容鉛直支持力 q_{a2} は，小規模指針（7.3.6）式より，

$$q_{a2} = 1/3(90\overline{W_{sw}} + 1.92\overline{N_{sw}}) \tag{3.8.3}$$

$\overline{W_{sw}}$ は，すべて 1 kN である．

$\overline{N_{sw}}$ は，改良地盤底面から下方 2 m 以内の距離にある地盤の SWS 試験結果における 1 m あたりの半回転数の平均値で，図 3.8.5 より，

$\overline{N_{sw}} = (20 + 12 + 24 + 40 + 44 + 48 + 20 + 0)/8 = 26$

$q_{a2} = 1/3(90 \times 1.0 + 1.92 \times 26) = 46.6$ （kN/m²） $> q' > 34.7$ kN/m²

となり，十分安全である．

7) 未改良地盤の沈下量の検討

改良地盤直下の地盤は 1.0 kN 自沈層が見られる．圧密試験を実施していないので沈下量の算定はできないが，建替宅地であり，ほぼ同規模の建物であることから，下部地盤に作用する応力の増加はほとんどないと考えられ，有害な沈下は生じないと判断できる．

8) パンチング破壊の検討

パンチング破壊の検討は，小規模指針（7.3.9）式を用い算定する．

$$q_{max} \leqq 1/3 \times 2 \times c' \times D/B + q_{a2} \tag{3.8.4}$$

記号

q_{max} ：最大鉛直荷重度 q_1 平均接地圧（$q_1 = 16.5$ kN/m²）
c' ：改良地盤のせん断強度（$= 1/2 \times F_c = 120/2 = 60$ kN/m²）
D ：基礎以深の改良厚さ（$= 1.8$ m）

B ：基礎の幅：0.45（m）

$1/3 \times 2 \times c' \times D/B + q_{a2} = 1/3 \times 2 \times 60 \times 1.8/0.45 + 46.6 = 206.6 \text{ kN/m}^2 \geqq q_{max} = 16.5 \text{ kN/m}^2$

よって十分安全である．

3.8.4 液状化の可能性の判定

液状化による建物への危険度を評価するには，小規模指針で示された SWS 試験結果を用いた手法があるが，SWS 試験で十分な判定ができない場合がある．例えば，スクリューが貫入不能になった場合，土のサンプリングが出来ない場合および地下水位の測定が不十分な場合などである．このような場合には，追加調査として，標準貫入試験（以後，SPT と呼ぶ）と粒度試験，または三成分コーン貫入試験（以後，CPT と呼ぶ）などを実施して液状化判定を行うことが望まれる．ここでは，追加調査として①SPT と粒度試験，②CPT を行って液状化判定を実施した事例を示す．なお，ここで示す事例は，それぞれ調査地が異なるので注意されたい．

(1) SPT と粒度試験結果を用いた液状化判定

SPT と粒度試験結果を用いた液状化判定手法は，基礎指針[3.8.3)]に詳細が示されている．

対象地は，資料調査（液状化予測図など）により液状化の可能性の高い地域である．図 3.8.10 に当該地で実施したボーリング柱状図を，表 3.8.2 に粒度試験結果を示す．図 3.8.10 より，N 値 15 以下の砂層が厚く堆積し，地下水位（孔内水位）が GL－1.85 m と高いことがわかる．また表 3.8.2 より，細粒分含有率 $F_c \leqq 35\%$ の土層も認められる．

表 3.8.2 粒度試験結果

試料番号 （深さ）	1 (GL－2.15〜2.45 m)	2 (GL－3.15〜3.47 m)	3 (GL－6.15〜6.45 m)	4 (GL－8.15〜8.45 m)
細粒分含有率 F_c（%）	22.0	22.7	47.1	58.3
含水比 w（%）	29.5	32.7	41.4	47.4

・F_L 値の算定

繰返しせん断応力比 L を(3.8.5)式より算定し，(3.8.6)式より各深さにおける液状化発生に対する安全率 F_L を算定する．

$$L = \frac{\tau_d}{\sigma'_z} = r_n \frac{\alpha_{max}}{g} \frac{\sigma_z}{\sigma'_z} r_d \tag{3.8.5}$$

$$F_L = \frac{R}{L} \tag{3.8.6}$$

記号

τ_d ：水平面に生ずる等価な一定繰返しせん断応力振幅（kPa）

r_n ：等価な繰返し回数に関する補正係数で 0.1（$M-1$）

M ：マグニチュード

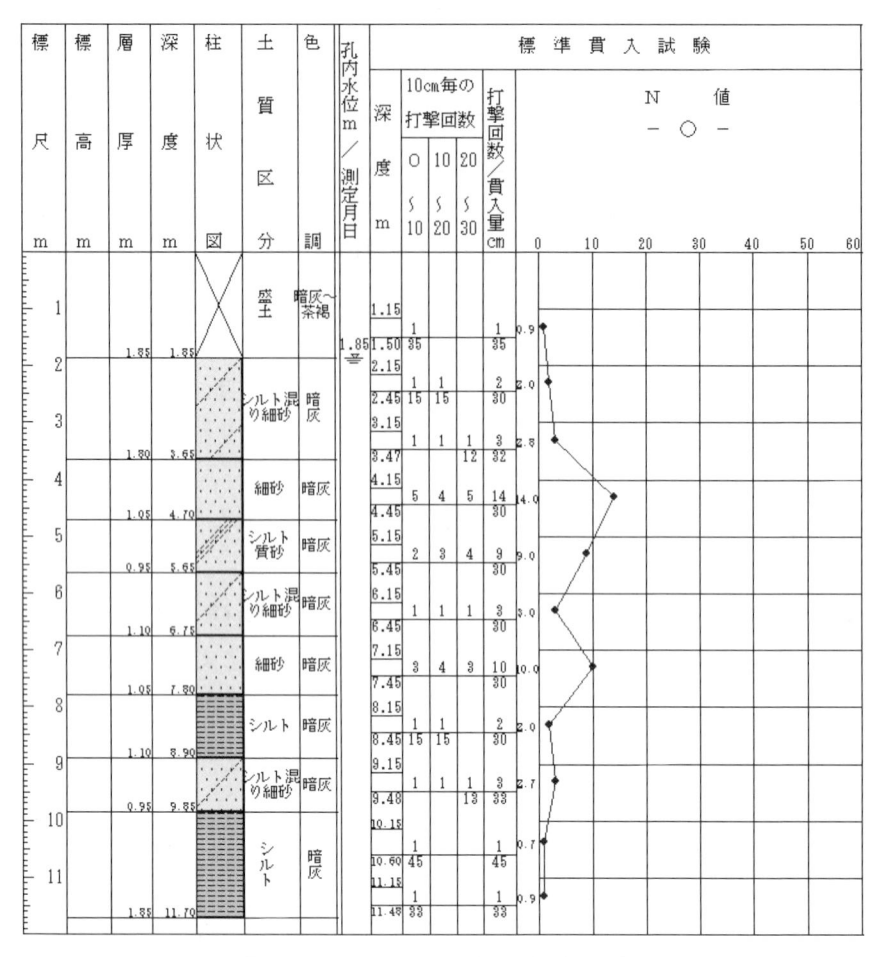

図 3.8.10　ボーリング柱状図（調査地 A）

α_{max}　：地表面最大加速度（cm/s²）
g　　：重力加速度 980（cm/s²）
r_d　　：低減係数で $1-0.015\,z$
z　　：深度（m）

図 3.8.11 に基礎指針[3.8.3)]に準じて算定した液状化抵抗率 F_L 値と地表面動的変位 D_{cy} の算定結果を示す．算定した液状化抵抗率 F_L 値により，液状化の可能性は以下のように判定される．

$F_L>1$ となる土層……液状化発生の可能性はない

$F_L\leqq1$ となる土層……液状化の可能性がある

図 3.8.11 より，当地盤の液状化層は，11 層のうち 4 層認められたが，D_{cy} は，4.02 cm で 5.00 cm 以下となり，液状化の影響が地表面に及ぶ程度は"軽微"といえる．

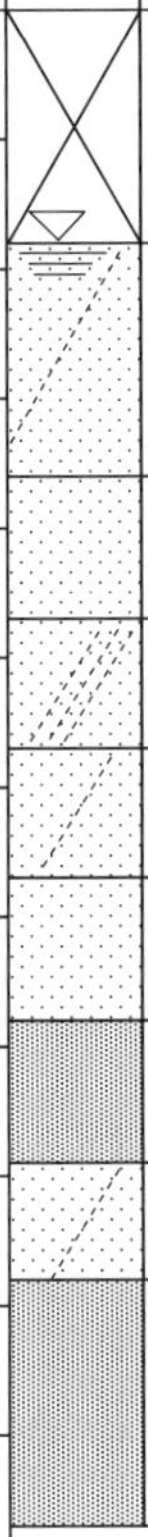

標尺 m	柱状図	地層深度 m	層厚 m	湿潤単位体積重量 γ_t kN/m³	飽和単位体積重量 γ_{sat} kN/m³	水中単位体積重量 γ' kN/m³	計算深度 m	N値	全応力 σ_v kN/m²	有効応力 σ_v' kN/m²	細粒分含有率 F_c %	補正N値	液状化抵抗比 R	せん断応力比 L	F_L	判定
1							1.3	1	21.2	21.2	65	—	—	—		○
2		1.85	1.85	16.0	18.0	8.0	2.3	2	38.5	33.9	22	11.6	0.141	0.145	0.974	×
3							3.3	3	58.1	43.5	22.7	12.8	0.151	0.168	0.896	×
4		3.65	1.8	17.5	19.5	9.5	4.3	14	77.4	52.9	10	25.3	0.495	0.182	2.728	○
5		4.7	1.05	17.5	19.5	9.5	5.3	9	96.0	61.5	50	22.5	0.306	0.191	1.605	○
6		5.65	0.95	16.0	18.0	8.0	6.3	3	115.0	70.5	47.1	—	—	—		○
7		6.75	1.1	17.5	19.5	9.5	7.3	10	134.5	80.0	10	17.2	0.194	0.199	0.979	×
8		7.8	10.5	17.5	19.5	9.5	8.3	2	152.9	88.4	58.3	—	—	—		○
9		8.9	1.1	15.5	17.5	7.5	9.3	3	171.5	96.9	20	11	0.104	0.202	0.677	×
10		9.85	0.95	17.5	19.5	9.5	10.3	1	191.2	105.9	75	—	—	—		○
11							11.3	1	207.6	113.0	75	—	—	—		○
12		11.7	1.85	15.5	17.5	7.5	D_{cy}		4.02 cm	被害程度		軽微				

M=7.5, α_{max} = 200 cm/s²

図 3.8.11 SPT と粒度試験を用いた液状化判定結果

(2) CPT 結果を用いた液状化判定事例

CPT 結果を用いた液状化判定手法は，基礎指針[3.8.3)]に詳細が示されている．

対象地は，資料調査（液状化予測図など）より液状化の可能性の高い地域である．図 3.8.12 に当該地で実施した CPT 結果を示す．

1) 液状化抵抗比 R の算定

(3.8.7)式を用いて補正コーン貫入抵抗値 q_{c1} を定義し，図 3.8.13 より液状化抵抗比 R を算定する．

$$q_{c1} = F(I_c) \cdot q_c \cdot C_N \tag{3.8.7}$$

記号

q_{c1} ：補正コーン貫入抵抗値

$F(I_c)$ ：図 3.8.14 より求まる粒度（土の挙動特性）に関する補正係数

q_c ：測定されたコーン貫入抵抗値

I_c ：土の挙動特性指標

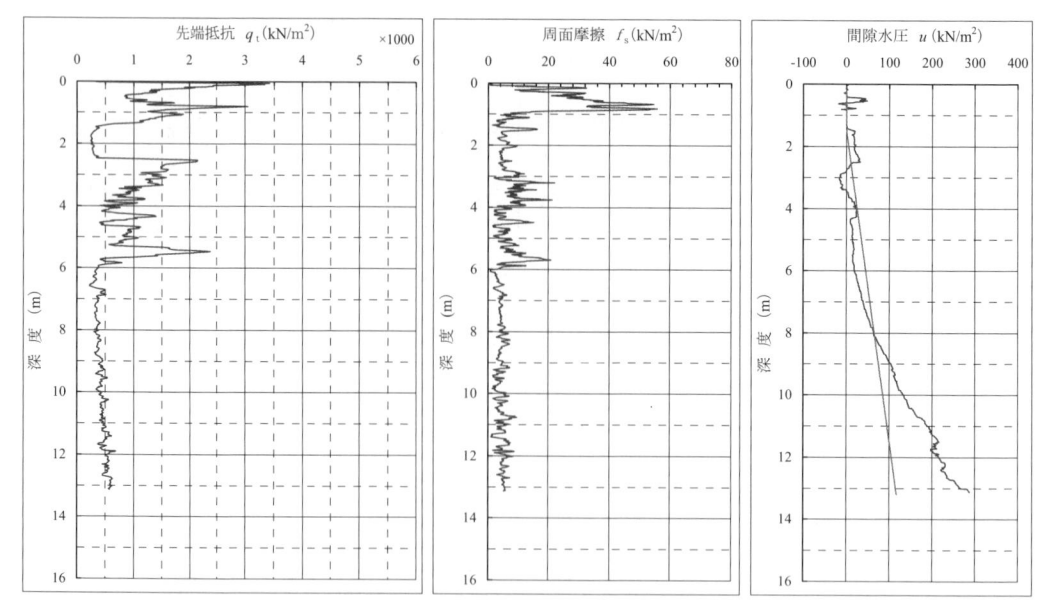

図 3.8.12 CPT の測定結果（調査地 B）

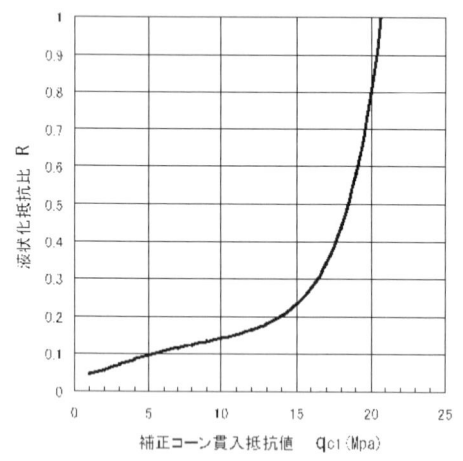

図 3.8.13 液状化抵抗比 R と補正コーン貫入抵抗値 q_{cl} の関係

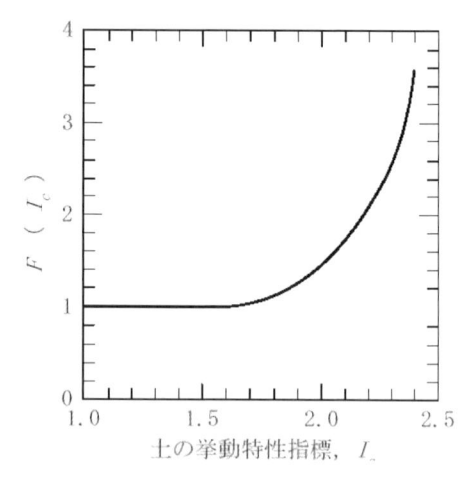

図 3.8.14 細粒分含有率とコーン貫入抵抗値補正係数

f_s ：原位置で測定された周面摩擦抵抗
C_N ：拘束圧に関する換算係数

$$I_c = \{(3.47 - \log Q_t)^2 + (\log F_R + 1.22)^2\}^{0.5} \tag{3.8.8}$$

$$Q_t = (q_c - \sigma_z)/\sigma'_z \tag{3.8.9}$$

$$F_R = f_s/(q_c - \sigma_z) \times 100 \tag{3.8.10}$$

$$C_N = \sqrt{98/\sigma'_z} \tag{3.8.11}$$

σ_z ：当該深さの鉛直全応力（kPa）

$\sigma_{z'}$ ：当該深さの鉛直有効応力（kPa）

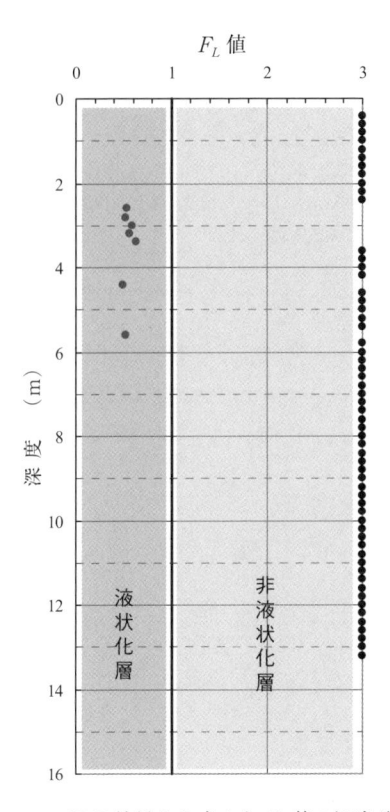

図 3.8.15　CPT 結果から求めた F_L 値の深度分布

CPT 結果を用いて得られた R を，(3.8.6) 式に代入して F_L 値を求める．ここでは中地震動として，$a_{max}=200 \text{ cm/s}^2$，$M=7.5$ を用いた．図 3.8.15 に F_L 値の深度分布を示す．図より，液状化層（$F_L<1$）は，深度 GL$-$2.4〜3.4 m（層厚 1 m），深度 GL$-$4.4〜4.6 m（層厚 0.2 m），深度 GL$-$5.6〜5.8 m（層厚 0.2 m）で認められる．

2）液状化危険度の評価

図 3.8.15 より，当地盤には液状化層の存在が認められるが，それが直ちに地盤や建物の被害に結び付くわけではない．液状化による建物の被害は，液状化の程度，液状化層厚，液状化深さなどに応じて，基礎ならびに上部建屋への影響を検討する必要がある．具体的には，地盤の液状化に伴う地盤変状や剛性低下が基礎に与える影響および基礎の沈下量について，以下の方法で検討し影響度合を評価することができる．

a）地表面動的変位 D_{cy} を用いる方法[3.8.3)]

b）地表面付近の非液状化層の存在を考慮する方法〔図 3.8.5 参照〕

当事例では，b）の手法により，液状化層厚（1.0 m）と非液状化層厚（2.4 m）の関係から，建物被害が少ないと判断した．

参 考 文 献

3.8.1) 金哲鎬, 松下克也, 岡野泰三, 安達俊夫, 藤井衛：スウェーデン式サウンディング試験孔を利用した有孔パイプによる地下水位の測定法, 日本建築学会大会学術講演梗概集 構造I, pp.635～636, 2009.

3.8.2) 東京都土木技術支援・人材育成センター　ウエブサイト：東京の液状化予測図, http://doboku.metro.tokyo.jp/start/03-jyouhou/ekijyouka/index.htm

3.8.3) 日本建築学会：建築基礎構造設計指針, 2001.

第4章　造成地盤における擁壁と基礎の設計例

4.1節　擁壁の計画

4.1.1　敷地・造成概要

　　　建設場所　　　近畿地方
　　　用　　途　　　宅　地
　　　敷地面積　　　187.19 m^2

　図4.1.1に現況図およびSWS試験位置図を示す．計画地は，敷地の一部が北東から南西方向にかけて標高が約1.2 m低くなる敷地条件である．宅地地盤の造成に際し，敷地の西・南側に新設の鉄筋コンクリート造L型擁壁を築造したうえで盛土を行う計画である．

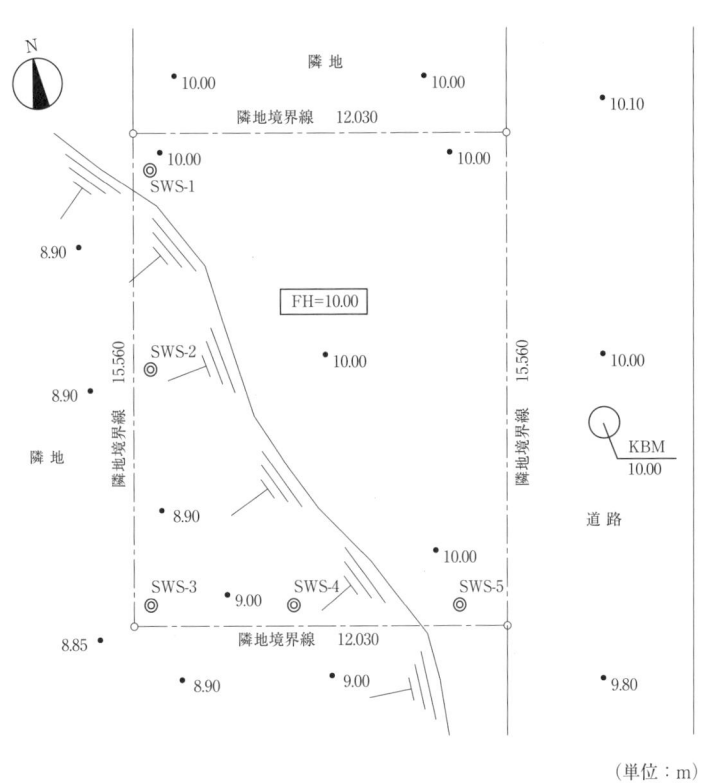

図4.1.1　現況図およびSWS試験位置図

4.1.2 擁壁の計画手順

図4.1.2に擁壁の計画フローを示す．鉄筋コンクリート構造の擁壁の計画は，敷地条件，地盤条件および施工条件等に対して，以下の手順に従って適切に行い安全性を確保する．

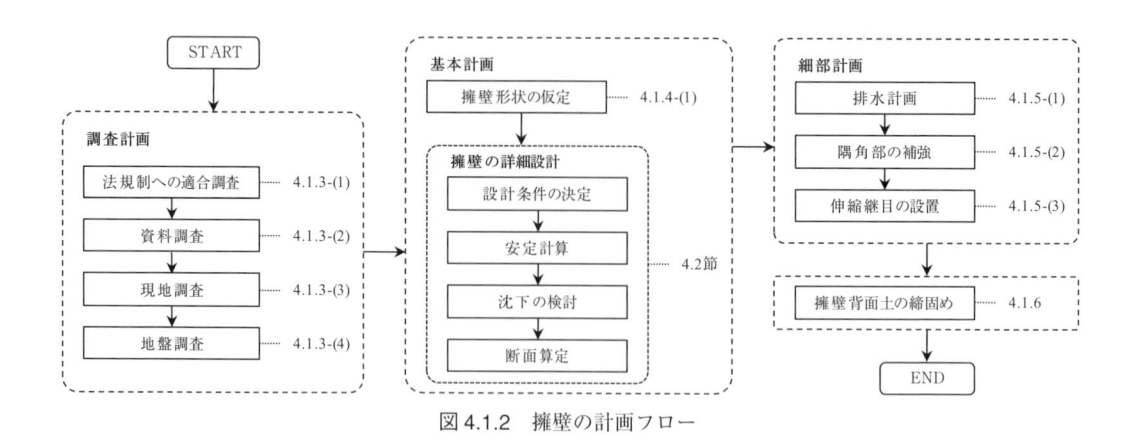

図4.1.2 擁壁の計画フロー

4.1.3 調査計画

(1) 法規制への適合調査

建築基準法では，見付け高さ2mを超える擁壁は工作物として指定を受け，宅地造成等規制法（以後，宅造法と呼ぶ）に基づく構造計算の実施が規定されている（宅造法に適合した練積み擁壁，大臣認定を受けた擁壁等では構造計算が不要な場合もある）．また，宅造法においても擁壁で覆わなければならない「がけ面」が規定されている等，計画地の敷地条件や造成条件等により，法令や行政指導，各種基準を踏まえた擁壁の計画から設計が必要となる．

本敷地内の高低差は約1.2mであり，計画する擁壁の見付け高さは2m以下となるため，建築基準法上の規定は適用されない．ただし，図4.1.3に示すように，見付け高さ2m以下の擁壁であっても小規模建築物が擁壁に近接する場合は，擁壁の変位に伴う建物への影響が懸念されるため，見付け高さ2mを超える擁壁と同様に法令や各種基準，行政指導等を勘案して事前計画を行うこととした．

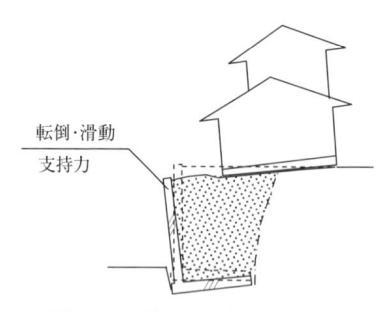

図4.1.3 擁壁の変位が原因となる不同沈下例

(2) 資料調査

図4.1.4に計画地周辺の土地条件図を示す．計画地は，扇状地の中腹部付近に位置しており，東から西方向にかけて標高が低くなる地形条件である．

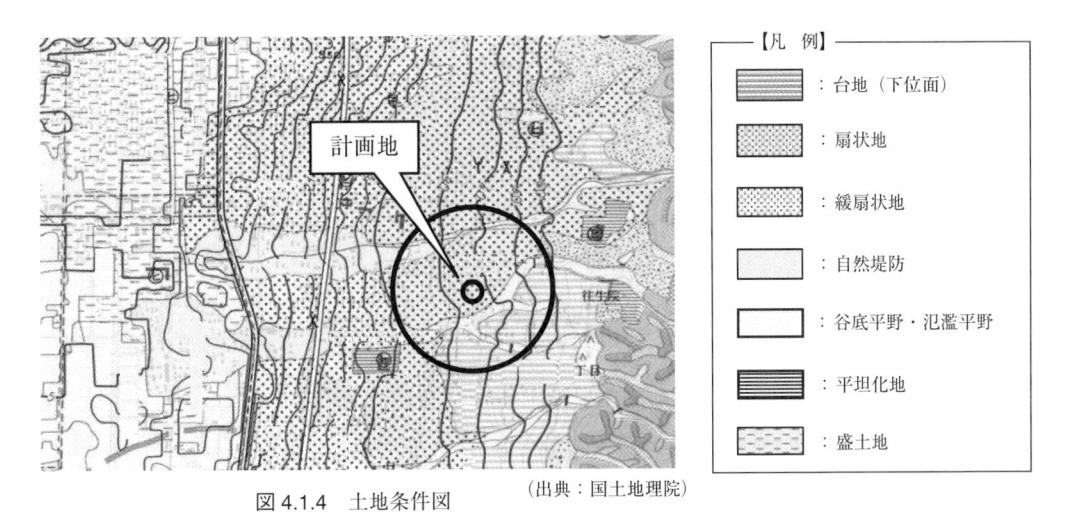

図4.1.4　土地条件図　（出典：国土地理院）

【凡例】
- ：台地（下位面）
- ：扇状地
- ：緩扇状地
- ：自然堤防
- ：谷底平野・氾濫平野
- ：平坦化地
- ：盛土地

(3) 現地踏査

擁壁の設置に伴い切土・盛土工事を行う場合，隣地構造物に接して擁壁を設置する場合など，隣地境界の制約，重機や工事資材の搬入路などの施工環境について事前調査・検討を行う必要がある．表4.1.1に示す項目を参考に現場にて状況確認を行った．

表4.1.1　現地踏査で確認する項目の一例

① 既存樹木や埋設物などの障害物の撤去・移設の有無
② 境界の確認（境界杭，境界位置，境界構造物の所有者などの確認）
③ 隣接宅地との取り合い（工事の施工性，養生の有無）
④ 排水計画・流末など
⑤ 道路上の障害物の確認（電柱・電線など）
⑥ 山留めの検討（オープンカット，仮山留めなど）
⑦ 掘削範囲と残土処分（宅内処分，宅外処分など）
⑧ 既存構造物・周辺構造物などの変状状況

(4) 地盤調査

1) 調査方法

擁壁の接地圧は，小規模建築物に比べて大きく，荷重の影響範囲も深いためより詳細な地盤特性の把握が必要となる．SWS試験とともに必要に応じてボーリング調査等の実施を検討する．また，ボーリング調査にて擁壁背面や底版付近の土をサンプリングし，三軸圧縮試験等により粘着力 c および内部摩擦角 ϕ を求めることにより，より合理的かつ経済的な設計が可能となる．

なお，平板載荷試験は，載荷板径の1.5～2倍（45～60 cm）の深度範囲しか評価することができないため，単独では評価せずSWS試験やボーリング調査と併せて評価する必要がある．表

4.1.2 に擁壁高さと地盤調査の一例を示す．なお，ここで擁壁高さとは，擁壁見付け高さを示す．

表 4.1.2 擁壁高さと地盤調査の例[1]

擁壁の規模	地盤調査方法
高さ 2m 以下	SWS 試験，サンプリングなど
高さ 2m 超える	標準貫入試験，SWS 試験併用など

以上を踏まえ，本計画において築造する擁壁の見付け高さは 2m 以下になると想定されるため，地盤調査として SWS 試験を実施した．

2) 調査位置

一般的に擁壁を築造するような敷地は，地形境や傾斜地形であることが多く，同一敷地内であっても調査位置によって地盤性状が大きく異なる場合がある．よって，図 4.1.1 に示すように SWS 試験は，計画する擁壁配置付近で，地形的にも構造的にも最も不利な条件となる擁壁のたて壁付近において実施する計画とした．また，擁壁長さが長く，擁壁の配置範囲において地形が傾斜しているため，地盤性状の違いを把握するために擁壁の配置に沿って 5 箇所で実施した．

4.1.4 基本計画

(1) 擁壁形状の仮定

鉄筋コンクリート構造の擁壁は，構造計算により安全性を確認する必要があるが，詳細設計に先立って高低差等の敷地条件等を踏まえ，擁壁の断面形状を一時的に仮定しておく必要がある．一般的な擁壁各部の必要寸法は，擁壁の全高に対して図 4.1.5 に示すような値が目安となる（地盤，敷地条件等により別途検討が必要な場合あり）．その他にも，小規模指針付録 3 の「擁壁標準図」や日本建築士会連合会の「構造図集 擁壁」[2]等が参考となる．

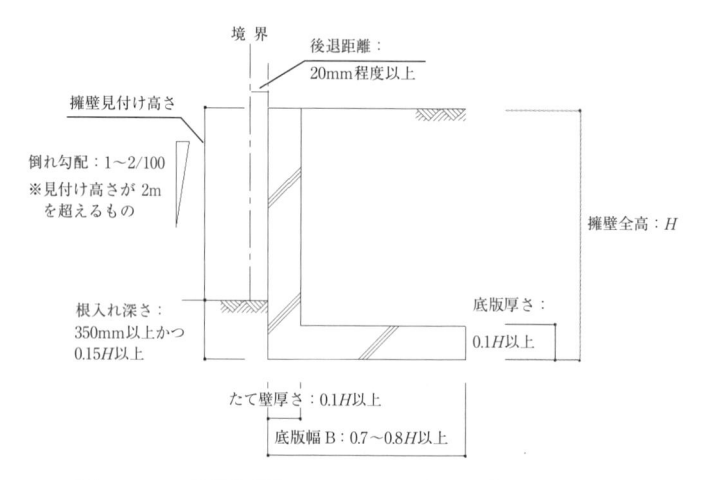

図 4.1.5 一般的な鉄筋コンクリート造 L 型擁壁の形状例[1]に加筆

なお，境界からたて壁までの後退距離は，施工誤差や擁壁の変位によって，擁壁が越境するなどのトラブルを防ぐために考慮しておくことが望ましい．

本敷地内の高低差は最大 1.15 m であり，根入れ深さを 350 mm として擁壁形状を検討すると擁壁全高は 1.5 m となる．これより，図 4.1.5 に示す参考値を目安として図 4.1.6 に示すような擁壁の断面形状を計画した．

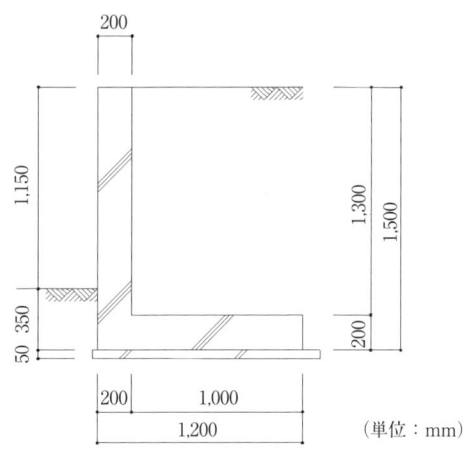

図 4.1.6　計画擁壁断面図

(2) 擁壁の詳細設計

(1)にて仮定した断面形状に基づいて安定計算や断面算定を実施するが，各条件を満足できない場合は，擁壁形状を再検討して満足するまで計算を繰り返し行う．擁壁の安定計算，沈下の検討，断面算定については，4.2 節を参照されたい．

4.1.5　細部計画

(1) 排水計画

集中豪雨などによる擁壁の被害は，擁壁背面に水が浸入することによる土圧および水圧の増加に起因するものが多いため，擁壁背面部の排水を確保できるよう排水計画を検討する．宅造法等に定められている水抜穴の設置等に関する規定を参考に以下のように計画した（図 4.1.7）．

1) 水抜穴
   - 壁面 3 m^2 ごとに ϕ75 mm の水抜穴を 1 箇所以上設け，千鳥状に配置した．
   - 擁壁の下部地表近く（20〜30 cm 以内）に重点的に設けた．
   - 排水方向に勾配を設けた．

2) 排水施設
   - 擁壁の背面で水抜穴の周辺に砕石の透水層を設けた．
   - 水抜穴の入口に，砂利・砂・背面土が流出しないようメッシュ状の吸出し防止材を設けた．

3) 流　末
- 一般的に側溝等の設置要否は，地下水や湧水の有無等の現場状況に応じて検討を行う．本計画では隣地に面して水抜穴を設けるため，排水された水が隣地へ流出しないよう側溝を設けた．

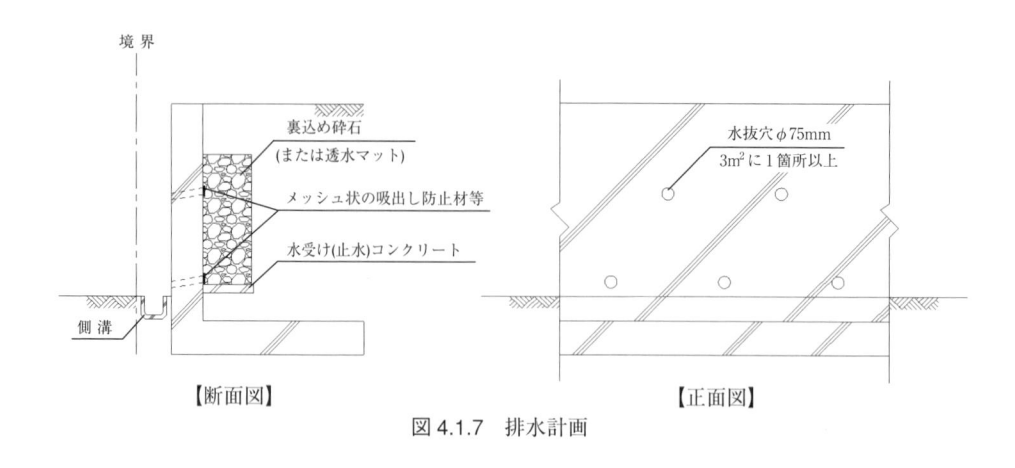

図 4.1.7　排水計画

(2) 隅角部の補強

擁壁の隅角部は，応力が集中し，ひび割れ等の変状が生じやすい箇所であることから，図 4.1.8 に示すような箇所での段差部や伸縮継目の設置は避けたい．よって，敷地南西部と北西部の擁壁隅角部については，鉄筋コンクリートで補強することにより一体の構造となるよう計画した．

また，隅角部では伸縮継目は設けず，隅角部より 2 m 以上，かつ，擁壁の全高（1.5 m）以上離れた位置に設ける．

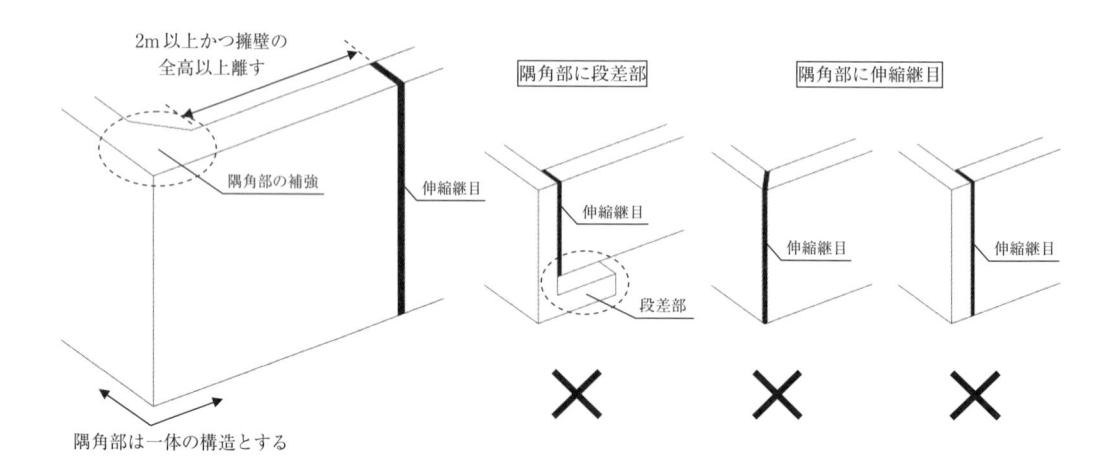

図 4.1.8　隅角部での伸縮継目および補強

(3) 伸縮継目の設置

コンクリートの温度変化や乾燥収縮によるひび割れ，擁壁自体の変位に伴うひび割れなどを軽減するために伸縮継目を設ける．伸縮継目は，長さ20m以内ごと，特に擁壁高さが異なる箇所（段差部），擁壁の構造・工法が異なる箇所が設置する目安となる．

本計画では，敷地条件より擁壁に段差部や構造・工法が異なる箇所はないが，擁壁長さを考慮して長さ10m以下に設置する計画とした．

(4) 細部計画まとめ

細部計画のまとめとして，図4.1.9に計画擁壁の配置図および敷地断面図を示す．

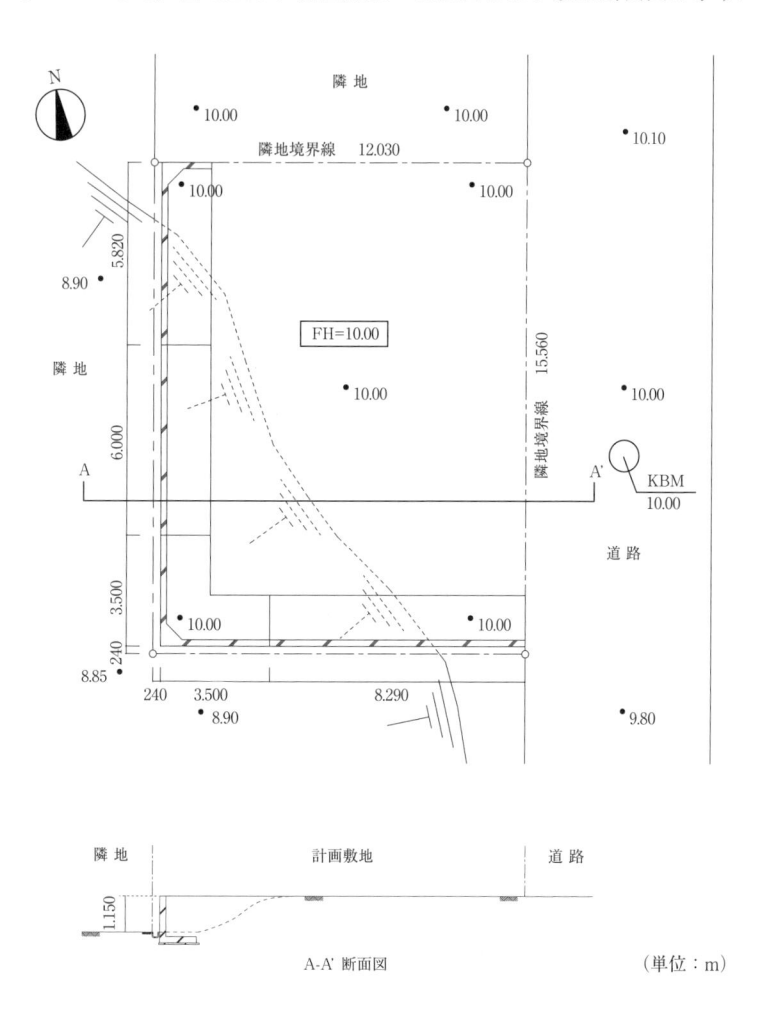

図4.1.9 配置図および敷地断面図

4.1.6 擁壁背面土の締固め

擁壁背面の埋め戻しは，空げきが多い状況になりやすく，わずかな体積収縮が生じても図4.1.10に示すような不同沈下に至る場合がある．擁壁背面土の品質は，材料，締固め機械，撒出し厚および締固め回数等で決まるため，適切に管理する必要がある．各項目について以下のように計画した．

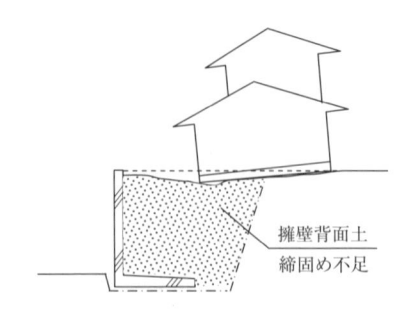

図4.1.10　擁壁背面土が原因となる不同沈下例

(1) 材　料

擁壁背面の埋戻し材料は，土質により単位体積重量や内部摩擦角および粘着力が異なるため，擁壁の安全性を検討する構造計算に大きく関係する．良質な材料を用いることにより，擁壁に作用する土圧の軽減や擁壁の断面形状を小さくすることも可能となる．

傾斜地形における造成工事の場合，斜面より切り取った土を擁壁背面の埋め戻しに用いることが多いが，本計画では切土工事等はなく，擁壁背面部分を含む標高の低い範囲に対して盛土が必要となるため，新たに砂質土（粘土を少量含む）を用意して擁壁背面の埋戻し材料とした．

(2) 締　固　め

擁壁背面土の締固めは，図4.1.11に示すように1層の撒出し厚を30 cm以下とし，写真4.1.1に示すような小型振動ローラーを用いて2往復行う計画とした．なお，小型振動ローラーにて締固

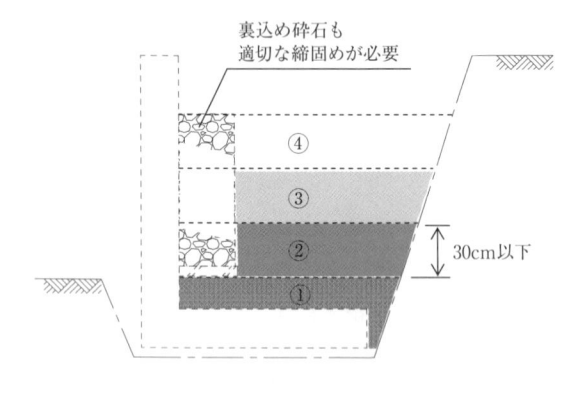

図4.1.11　擁壁背面土の撒出し厚 　　　　　写真4.1.1　小型振動ローラー

めが適切に行うことができない箇所についてはタンパーを用いた．

また，透水層として用いる砕石についても，それ自体の体積収縮や水抜穴からの背面土の流出等を防ぐために，擁壁背面土と同様に適切に締固めた．ただし，締固め時の振動によって擁壁のたて壁や水抜穴に影響を与えないよう配慮し，材料についても単粒砕石ではなく，締固め効果の高いクラッシャーラン（または粒調砕石）を用いた．

(3) 評　　価

擁壁背面土の締固めは，掘削深度が深くなるほど施工性や品質の確保が難しくなりやすいため，埋戻し後にSWS試験により締固め状況等を確認した．

締固め状況の評価方法として，小規模指針の図12.4.5および表12.5.1にその一例が示されており，部分盛土の範囲では換算N値5程度以上（平均$N_{sw}≧40$かつ$N_{sw}>0$）が目安のひとつとなる．ただし，この目安値は，擁壁背面土として良質な材料を用い，締固めが適切に行われていることが前提条件となる．

なお，擁壁に近接して計画する建物の基礎設計では，擁壁背面土の状況とともに建物配置における地盤調査の結果を踏まえたうえで総合的に評価していく必要がある．擁壁背面土が上記の目安値を満足していても，建物配置内における地盤状況と差異があるような場合は，必要に応じて地盤補強等の対策を検討した．

参 考 文 献
1) 岡田勝彦・工藤賢二：擁壁の計算設計例，建築技術，pp. 166～170，2008.4.
2) 日本建築士連合会：構造図集　擁壁，2009.7.

4.2節　擁壁の設計

4.2.1　擁壁概要

　　種　　類　　片持ちばり式　L型
　　構造形式　　鉄筋コンクリート構造（RC造）
　　擁壁全高　　1.500 m
　　底 版 幅　　1.200 m
　　背 面 土　　砂質土

　4.1節に示す敷地・造成条件において計画した擁壁断面の構造検討を行う．図4.2.1に擁壁断面図を示す．

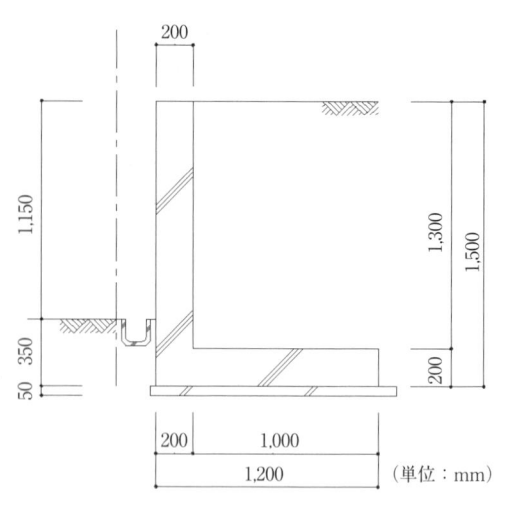

図4.2.1　擁壁断面図

4.2.2　地盤概要

　図4.1.1に示すように敷地内の5箇所においてSWS試験を実施した．図4.2.2に敷地内で標高が最も低い敷地南西部付近で実施したSWS試験の調査ポイントNo.3の調査結果を示す．表層部からGL−0.50mまでW_{sw}が1.00kNで自沈する層が見られ，GL−0.50mより下部は，N_{sw}が20から深度方向に大きくなる傾向を示した．

　なお，調査ポイントNo.3付近において実施したサンプリングにより，擁壁底版下付近よりシルト混じりの砂質土の堆積が確認された．

JIS A 1221					スウェーデン式サウンディング試験			
調査件名			建築太郎			試験年月日		
地点番号(地盤高さ)			調査点 No.3 (KBM-1.15m)			試験者		
回転装置の種類		手動	天候	晴れ				
荷重 W_{sw} kN	半回転数 N_a	貫入深さ D m	貫入量 L cm	1mあたりの半回転数 N_{sw}	記事	深さ m	荷重 W_{sw} kN	貫入量1mあたりの半回転数 N_{sw}
1.00	0	0.25	0.25	0	ジンワリ			
1.00	0	0.50	0.25	0	ジンワリ			
1.00	5	0.75	0.25	20	シャリシャリ			
1.00	6	1.00	0.25	24	シャリシャリ	1.0		
1.00	15	1.25	0.25	60	シャリシャリ			
1.00	10	1.50	0.25	40	シャリシャリ			
1.00	16	1.75	0.25	64	シャリシャリ			
1.00	24	2.00	0.25	96	シャリシャリ	2.0		
1.00	32	2.25	0.25	128	シャリシャリ			
1.00	30	2.50	0.25	120	シャリシャリ			
1.00	31	2.75	0.25	124	シャリシャリ			
1.00	60	3.00	0.25	240	ジャリジャリ	3.0		
1.00	89	3.25	0.25	356	ジャリジャリ			
1.00	112	3.47	0.22	509	ジャリジャリ			

図4.2.2　SWS試験データ（敷地南西部：No.3）

4.2.3 安定計算

(1) 検討項目

常時における安定計算により，表4.2.1に示す項目について安全性の確認を行う．なお，見付け高さが2m未満の擁壁であるため，地震時の検討については省略した．

表4.2.1 安定計算の検討項目（常時）

検討項目	安定条件
転 倒	偏心距離 $e \leqq B/6$，安全率 $F_m \geqq 1.5$
滑 動	安全率 $F_s \geqq 1.5$
支持力	最大接地圧 $q_{max} \leqq$ 地盤の長期許容支持力度 $_L q_a$

※ B：擁壁の底版幅

円弧滑りについては，斜面全体のすべりが懸念される場合に擁壁を含む斜面全体の安定性を検討する必要がある．本計画では，かさ上げ盛土がないこと，地表面載荷が小規模建築物程度であること，高低差が小さいこと，周辺状況より斜面が連続していないこと等を踏まえ，円弧すべりが発生する可能性は低いと判断した．なお，円弧すべりの検討が必要な場合は，建築基礎構造設計指針[1]（以後，基礎指針と呼ぶ）等を参照されたい．

(2) 設計条件

表4.2.2に擁壁の設計条件を示す．

表4.2.2 擁壁の設計条件

擁 壁	全 高 H (m)		1.500
	底版幅 B (m)		1.200
	根入れ深さ D_f (m)		0.350
背面土	土 質		砂質土
	内部摩擦角 ϕ (°)		30
	単位体積重量 γ (kN/m³)		18.0
	主働土圧係数 K_A		0.33
支持地盤	土 質		シルト混じり砂
	摩擦係数 μ		0.45
荷 重	地表面載荷 q (kN/m²)		10.0
鉄筋コンクリート	単位体積重量 γ (kN/m³)		24.0

1) 背面土

擁壁背面土として新たに砂質土を搬入して埋め戻しを行う計画のため，基礎指針の表3.4.2より裏込め土の種類をシルトまたは粘土を含む透水性の低い砂質土として，単位体積重量 γ は18 kN/m³，内部摩擦角 ϕ は30°を採用した．

地表面は水平であるため，主働土圧係数 K_A は基礎指針の(3.4.3b)式より求める．

$$K_A = \tan^2\left(45° - \frac{\phi}{2}\right) \tag{4.2.1}$$

記号

K_A：主働土圧係数

ϕ：擁壁背面土の内部摩擦角（°）

擁壁背面土の内部摩擦角 ϕ は30°であることから，主働土圧係数 K_A は以下のようになる．

$$K_A = \tan^2\left(45° - \frac{\phi}{2}\right) = \tan^2\left(45° - \frac{30°}{2}\right) = 0.33$$

2) 支持地盤

SWS試験の調査ポイント No.3付近におけるサンプリングにより，擁壁底版下付近の深度においてシルト混じりの砂質土が確認されたことから，基礎指針の表8.2.4より支持地盤の摩擦係数 μ として0.45を採用した．

3) 荷　　重

地表面載荷 q は，造成後に地上2階建て専用住宅が建築されることを想定し，小規模指針の表5.5.2より建物荷重 $10\,\text{kN/m}^2$ を見込んだ．

(3)　土圧算定

1) 主働土圧 P_A

主働土圧 P_A を(4.2.2)式より求める．

$$P_A = \frac{1}{2}\cdot\gamma\cdot H^2\cdot K_A \tag{4.2.2}$$

記号

P_A：主働土圧（kN/m）

γ：擁壁背面土の単位体積重量（kN/m³）

H：擁壁全高（m）

K_A：主働土圧係数

擁壁背面土の単位体積重量 γ は $18\,\text{kN/m}^3$，擁壁全高 H は $1.500\,\text{m}$，主働土圧係数 K_A は0.33であることから，主働土圧 P_A は以下のようになる．

$$P_A = \frac{1}{2}\cdot\gamma\cdot H^2\cdot K_A = \frac{1}{2}\times 18.0\times 1.500^2\times 0.33 = 6.683\,\text{kN/m}$$

2) 土圧作用高さ y

主働土圧 P_A が作用する高さ y を(4.2.3)式より算定する．

$$y = \frac{H}{3} \tag{4.2.3}$$

記号

y：土圧作用高さ（m）

H：擁壁全高（m）

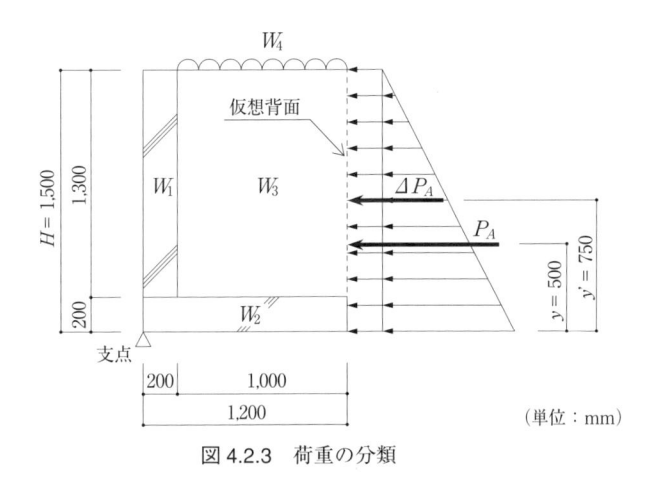

擁壁全高 H は 1.500 m であることから，土圧作用高さ y は以下のようになる．

$$y = \frac{H}{3} = \frac{1.500}{3} = 0.500 \text{ m}$$

3) 地表面載荷による土圧 ΔP_A

地表面載荷による土圧 ΔP_A を(4.2.4)式より算定する．

$$\Delta P_A = q \cdot H \cdot K_A \tag{4.2.4}$$

記号

  ΔP_A：地表面載荷による土圧（kN/m）

  q ：地表面載荷（kN/m²）

  H ：擁壁全高（m）

  K_A：主働土圧係数

地表面載荷 q は 10 kN/m²，擁壁全高 H は 1.500 m，主働土圧係数 K_A は 0.33 であることから，地表面載荷による土圧 ΔP_A は以下のようになる．

$$\Delta P_A = q \cdot H \cdot K_A = 10 \times 1.500 \times 0.33 = 4.950 \text{ kN/m}$$

4) 地表面載荷による土圧作用高さ y'

地表面載荷による土圧 ΔP_A が作用する高さ y' を(4.2.5)式より算定する．

$$y' = \frac{H}{2} \tag{4.2.5}$$

記号

  y'：地表面載荷による土圧作用高さ（m）

  H：擁壁全高（m）

図 4.2.3 荷重の分類

表 4.2.3 モーメント算定結果

荷　重 (kN/m)		支点からの距離 (m)	モーメント (kN·m/m)	
W_1	6.240	0.100	0.62	
W_2	5.760	0.600	3.46	
W_3	23.400	0.700	16.38	
W_4	10.000	0.700	7.00	
P_A	6.683	0.500	3.34	
ΔP_A	4.950	0.750	3.71	
ΣW	45.400		M_r（安定モーメント） M_o（転倒モーメント） ΣM（$=M_r - M_o$）	27.46 7.05 20.41

擁壁全高 H は 1.500 m であることから，地表面載荷による土圧作用高さ y' は以下のようになる．

$$y' = \frac{H}{2} = \frac{1.500}{2} = 0.750 \text{ m}$$

(4) モーメント算定

図 4.2.3 に荷重の分類，表 4.2.3 に擁壁に作用するモーメントを示す．

(5) 転倒に対する検討

1) 合力の作用位置 d

擁壁底版のつま先から擁壁に作用する力の合力の作用点までの距離 d を(4.2.6)式より求める．

$$d = \frac{\Sigma M}{\Sigma W} \tag{4.2.6}$$

記号

d ：合力の作用位置 (m)

ΣM ：モーメントの和 (kN·m/m)

ΣW ：鉛直荷重の和 (kN/m)

表 4.2.3 よりモーメントの和 ΣM は 20.41 kN·m/m，鉛直荷重の和 ΣW は 45.400 kN/m と求まることから，合力の作用位置 d は以下のようになる．

$$d = \frac{\Sigma M}{\Sigma W} = \frac{20.41}{45.400} = 0.450 \text{ m}$$

2) 偏心距離 e

偏心距離 e を基礎指針の(8.2.4)式より求め，基礎指針の表 8.2.3 に示された偏心距離による安定条件($e \leq B/6$)を満足することを確認する．

$$e = \frac{B}{2} - d \leq \frac{B}{6} \tag{4.2.7}$$

記号

e ：偏心距離（m）
B ：擁壁底版幅（m）
d ：合力の作用位置（m）

擁壁底版幅 B は 1.200 m，合力の作用位置 d は 0.450 m であることから，偏心距離 e は以下のようになる．

$$e = \frac{B}{2} - d = \frac{1.200}{2} - 0.450 = 0.150 \text{ m} < \frac{B}{6} = \frac{1.200}{6} = 0.200$$

3) 転　倒

転倒に対する安全率 F_m を(4.2.8)式より求め，その安全率が 1.5 以上であることを確認する．

$$F_m = \frac{M_r}{M_o} \geq 1.5 \tag{4.2.8}$$

記号

F_m：転倒に対する安全率

M_r：安定モーメント（kN·m/m）

M_o：転倒モーメント（kN·m/m）

表 4.2.3 より安定モーメント M_r は 27.46 kN·m/m，転倒モーメント K_o は 7.05 kN·m/m であることから，転倒に対する安全率 F_m は以下のようになる．

$$F_m = \frac{M_r}{M_o} = \frac{27.46}{7.05} = 3.89 > 1.5$$

(6) 滑動に対する検討

滑動に対する安全率 F_S を(4.2.9)式より求め，その安全率が 1.5 以上であることを確認する．

$$F_S = \mu \cdot \frac{\Sigma W}{P_A + \Delta P_A} \geq 1.5 \tag{4.2.9}$$

記号

F_S：滑動に対する安全率

μ：支持地盤の摩擦係数

ΣW：鉛直荷重の和（kN/m）

P_A：主働土圧（kN/m）

ΔP_A：地表面載荷による土圧（kN/m）

表 4.2.2 より支持地盤の摩擦係数 μ は 0.45，表 4.2.3 より鉛直荷重の和 ΣA は 45.400 kN/m，主働土圧 P_A は 6.683 kN/m，地表面載荷による土圧 ΔP_A は 4.950 kN/m であることから，滑動に対する安全率 F_S は以下のようになる．

$$F_S = \mu \cdot \frac{\Sigma W}{P_A + \Delta P_A} = 0.45 \times \frac{45.400}{6.683 + 4.950} = 1.75 > 1.5$$

(7) 支持力度の検討

1) 擁壁底面における最大接地圧 q_{max}，最小接地圧 q_{min}

擁壁底面における最大接地圧 q_{max} を(4.2.10)式，最小接地圧 q_{min} を(4.2.11)式より算定する．

$$q_{\max}=\frac{\Sigma W}{B}\left(1+6\cdot\frac{e}{B}\right) \qquad (4.2.10)$$

$$q_{\min}=\frac{\Sigma W}{B}\left(1-6\cdot\frac{e}{B}\right) \qquad (4.2.11)$$

記号

$q_{\max}$：擁壁底面における最大接地圧（kN/m²）

$q_{\min}$：擁壁底面における最小接地圧（kN/m²）

ΣW：鉛直荷重の和（kN/m）

B：擁壁底版幅（m）

e：偏心距離（m）

表 4.2.3 より鉛直荷重の和 ΣW は 45.400 kN/m，擁壁底版幅 B は 1.200 m，偏心距離 e は 0.1505 m であることから，擁壁底面における最大接地圧 $q_{\max}$ および最小接地圧 $q_{\min}$ は以下のようになる．

$$q_{\max}=\frac{\Sigma W}{B}\left(1+6\cdot\frac{e}{B}\right)=\frac{45.400}{1.200}\left(1+6\times\frac{0.150}{1.200}\right)=66.2 \text{ kN/m}^2$$

$$q_{\min}=\frac{\Sigma W}{B}\left(1-6\cdot\frac{e}{B}\right)=\frac{45.400}{1.200}\left(1-6\times\frac{0.150}{1.200}\right)=9.5 \text{ kN/m}^2$$

2) 地盤の長期許容支持力度 $_Lq_a$

地盤の長期許容支持力度 $_Lq_a$ を小規模指針の(5.4.5)式より算定し，擁壁底面の最大接地圧 $q_{\max}$ 以上であることを確認する．

なお，地中応力の影響範囲は，擁壁底版直下から 2 m の範囲とする．

$$_Lq_a=30\overline{W_{sw}}+0.64\overline{N_{sw}} \qquad (4.2.12)$$

記号

$_Lq_a$：地盤の長期許容支持力度（kN/m²）

$\overline{W_{sw}}$：SWS 試験における貫入時の荷重の平均値

$\overline{W_{sw}}=(1.00\times0.10+1.00\times0.25+1.00\times0.25+1.00\times0.25+1.00\times0.25+$
$1.00\times0.25+1.00\times0.25+1.00\times0.25+1.00\times0.15)／2.00=1.00$ kN

$\overline{N_{sw}}$：SWS 試験における貫入量 1 m あたりの半回転数（150 を超える場合には 150 とする）の平均値

$\overline{N_{sw}}=(0\times0.10+20\times0.25+24\times0.25+60\times0.25+40\times0.25+64\times0.25+96\times0.25+$
$128\times0.25+120\times0.15)／2.00=63$

擁壁底版直下から 2 m の範囲における SWS 試験における貫入時の荷重の平均値 $\overline{W_{sw}}$ は 1.00 kN，SWS 試験における貫入量 1 m あたりの半回転数 $\overline{N_{sw}}$ の平均値は 63 であることから，地盤の長期許容支持力度 $_Lq_a$ は以下のようになる．

$$_Lq_a=30\overline{W_{sw}}+0.64\overline{N_{sw}}=30\times1.00+0.64\times63=30+40.32=70.32 \text{ kN/m}^2$$

長期許容支持力度の確認

$$q_{max}=66.2 \text{ kN/m}^2 \quad < \quad {}_Lq_a=70.32 \text{ kN/m}^2$$

4.2.4 沈下の検討

沈下の検討は，資料調査，現地踏査および地盤調査の結果より行う．

(1) 資料調査

図 4.1.2 に示す土地条件図によれば，本敷地は扇状地に位置している．小規模指針 p.12 に示されているように扇状地地形は，砂礫や砂質土主体の地盤構成であるため，地形条件としておおむね安定した地盤であると考えられる．

(2) 現地踏査

本敷地周辺において，本計画と同程度の盛土造成が行われた宅地内に築造されている擁壁等の既設工作物を目視により確認したところ，地盤に起因して発生したような有害な沈下や変形は認められなかった．

(3) 地盤調査

SWS 試験によれば，図 4.2.2 に示すように，擁壁底版下に一部自沈層が確認されているものの，それ以深は N_{sw} が深度方向にかけて大きくなる傾向を示した．

また，スクリューポイントの貫入状況や擁壁底版下で実施したサンプリングから，砂質土主体の地盤構成であると推測される．

(4) 沈下検討まとめ

資料調査，現地踏査，地盤調査より検討した結果，本計画では約 1.2 m の盛土造成により原地盤に対して増加荷重が作用するものの，砂質土主体の地盤構成であり，比較的良好な貫入抵抗値が確認されていることから，沈下の可能性は低いと判断した．

なお，擁壁底版下の自沈層については，厚さ 20 cm の砕石地業を行うことに加え，根切り底面を振動ローラーにより十分締固める．

4.2.5 断面算定

土圧等によって擁壁の各部に生ずる応力が，擁壁の材料である鋼材やコンクリートの許容応力度を超えないような断面を算定する．詳細については，小規模指針付録 3 の擁壁標準図や日本建築士会連合会の「構造図集 擁壁」[2] 等を参照されたい．

参 考 文 献

1) 日本建築学会：建築基礎構造設計指針，pp.364〜367，2001.10.
2) 日本建築士連合会：構造図集 擁壁，2009.7.

4.3節　擁壁下部地盤の検討

4.3.1　擁壁概要

　　種　　類　　片持ちばり梁式　L型
　　構造形式　　鉄筋コンクリート構造（RC造）
　　擁壁全高　　1.900 m
　　底 版 幅　　1.600 m
　　背 面 土　　粘土を多量に含む砂質土

図4.3.1に擁壁断面図を示す．

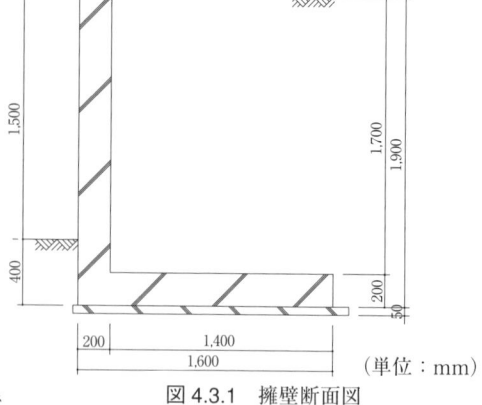

図4.3.1　擁壁断面図

4.3.2　地盤概要

計画地は，河川下流の後背湿地に位置する水田であり，宅地転換するため1.50 m程度の盛土を計画している．

図4.3.2に盛土前のSWS試験の結果を示す．地盤構成は，表層部からGL−1.75 mまでW_{ws}が0.50～0.75 kN程度で自沈する粘性土があり，その下部にN_{sw}が70～100程度までの砂質土が堆積している．

荷重 W_{sw} kN	半回転数 N_a	貫入深さ D m	貫入量 L cm	1mあたりの 半回転数 N_{sw}	記事
0.50	0	0.25	0.25	0	ジンワリ
0.50	0	0.50	0.25	0	ジンワリ
0.75	0	0.75	0.25	0	ジンワリ
0.75	0	1.00	0.25	0	ジンワリ
0.75	0	1.25	0.25	0	ジンワリ
0.75	0	1.50	0.25	0	ジンワリ
0.75	0	1.75	0.25	0	ジンワリ
1.00	2	2.00	0.25	8	無音
1.00	14	2.25	0.25	56	シャリシャリ
1.00	19	2.50	0.25	76	シャリシャリ
1.00	22	2.75	0.25	88	シャリシャリ
1.00	22	3.00	0.25	88	シャリシャリ
1.00	23	3.25	0.25	92	シャリシャリ
1.00	22	3.50	0.25	88	シャリシャリ
1.00	24	3.75	0.25	96	シャリシャリ
1.00	25	4.00	0.25	100	シャリシャリ
1.00	22	4.25	0.25	88	シャリシャリ
1.00	22	4.50	0.25	88	シャリシャリ
1.00	24	4.75	0.25	96	シャリシャリ
1.00	25	5.00	0.25	100	シャリシャリ

図4.3.2　SWS試験データ

4.3.3　支持力に対する安定計算

(1)　擁壁の設計条件

背面土の条件は4.2節と同様，内部摩擦角，単位体積重量については基礎指針表3.4.2より算定することとする．地表面載荷は，建物・配置計画が未定であるため，10 kN/m²程度を見込むこととする．

表 4.3.1 擁壁の設計条件

擁壁	全高 H (m)		1.900
	底版幅 B (m)		1.600
	根入れ D_f (m)		0.400
背面土	土質		粘土を多量に含む砂質土
	内部摩擦角 ϕ (°)		24
	単位体積重量 γ (kN/m³)		17.5
	主働土圧係数 K_A		0.42
荷重	地表面載荷 q (kN/m²)		10.0
鉄筋コンクリート	単位体積重量 γ (kN/m³)		24.0

(2) 主働土圧係数

主働土圧係数 K_A を基礎指針(3.4.3b)式により算定する．

$$K_A = \tan^2\left(45° - \frac{\phi}{2}\right) \tag{4.3.1}$$

記号

ϕ：擁壁背面土の内部摩擦角（°）

擁壁背面土の内部摩擦角 ϕ は24°であることから，主働土圧係数 K_A は以下のようになる．

$$K_A = \tan^2\left(45° - \frac{\phi}{2}\right) = \tan^2\left(45° - \frac{24°}{2}\right) = 0.42$$

(3) 主働土圧

主働土圧 P_A を(4.3.2)式，地表面載荷による主働土圧 ΔP_A を(4.3.3)式より算定する．

$$P_A = \frac{1}{2} \cdot \gamma \cdot H^2 \cdot K_A \tag{4.3.2}$$

$$\Delta P_A = q \cdot H \cdot K_A \tag{4.3.3}$$

記号

γ：擁壁背面土の単位体積重量（kN/m³）

q：地表面載荷（kN/m²）

H：擁壁全高（m）

K_A：主働土圧係数

擁壁背面土の単位体積重量 γ は 17.5 kN/m³，擁壁全高 H は 1.900 m，主働土圧係数 K_A は 0.42 であることから，主働土圧 P_A および地表面載荷による主働土圧 ΔP_A は以下のようになる．

$$P_A = \frac{1}{2} \cdot \gamma \cdot H^2 \cdot K_A = \frac{1}{2} \times 17.5 \times 1.900^2 \times 0.42 = 13.3 \text{ kN/m}$$

$$\Delta P_A = q \cdot H \cdot K_A = 10.0 \times 1.900 \times 0.42 = 8.0 \text{ kN/m}$$

(4) 土圧作用高さ

主働土圧 P_A が作用する高さ y を(4.3.4)式，地表面載荷による主働土圧 ΔP_A が作用する高さ y'

を(4.3.5)式より算定する.

$$y=\frac{H}{3} \tag{4.3.4}$$

$$y'=\frac{H}{2} \tag{4.3.5}$$

記号　H：擁壁全高（m）

擁壁全高 H は1.900 m であることから，土圧作用高さ y および地表面載荷による土圧作用高さ y' は以下のようになる.

$$y=\frac{H}{3}=\frac{1.900}{3}=0.633 \text{ m}$$

$$y'=\frac{H}{2}=\frac{1.900}{2}=0.950 \text{ m}$$

(5) モーメント算定

図4.3.3に荷重の分類，表4.3.2に擁壁に作用するモーメントを示す.

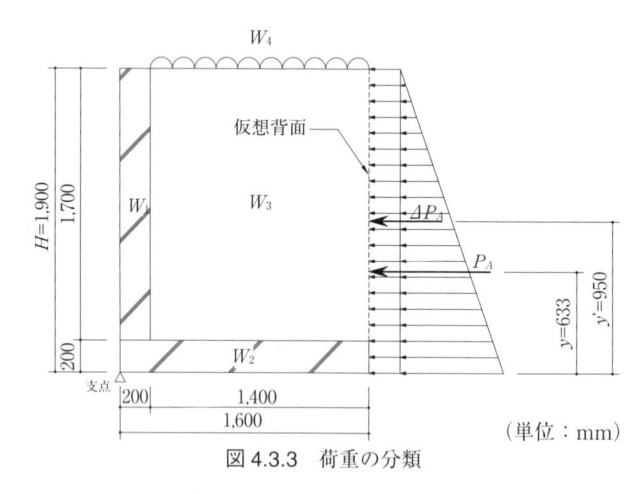

図 4.3.3　荷重の分類

表 4.3.2　モーメント算定結果

荷　重 (kN/m)		支点からの距離 (m)	モーメント (kN·m/m)	
W_1	8.2	0.100	0.8	
W_2	7.7	0.800	6.2	
W_3	41.7	0.900	37.6	
W_4	14.0	0.900	12.6	
P_A	13.3	0.633	8.4	
$\varDelta P_A$	8.0	0.950	7.6	
ΣW	71.6		M_r（安定モーメント） M_o（転倒モーメント） ΣM	57.2 16.0 41.2

(6) 合力の作用位置

擁壁底版のつま先から擁壁に作用する力の合力の作用点までの距離 d を(4.3.6)式より算定する．

$$d=\frac{\Sigma M}{\Sigma W} \tag{4.3.6}$$

記号

ΣM：モーメントの和（kN・m/m）

ΣW：鉛直力（kN/m）

表 4.3.2 よりモーメントの和 ΣM は 41.2 kN・m/m，鉛直力 ΣW は 71.6 kN/m であることから，合力の作用位置 d は以下のようになる．

$$d=\frac{\Sigma M}{\Sigma W}=\frac{41.2}{71.6}=0.575 \text{ m}$$

(7) 偏心距離

偏心距離 e を基礎指針(8.2.4)式より算定する．

$$e=\frac{B}{2}-d \tag{4.3.7}$$

記号

B：擁壁底版幅（m）

d：合力の作用位置（m）

擁壁底版幅 B は 1.600 m，合力の作用位置 d は 0.575 m であることから，偏心距離 e は以下のようになる．

$$e=\frac{B}{2}-d=\frac{1.600}{2}-0.575=0.225 \text{ m}$$

(8) 擁壁底面における最大接地圧

擁壁底面における最大接地圧 q_{max} は $e/B \leqq 1/6$ であることから(4.3.8)式より算定する．

$$q_{max}=\frac{\Sigma W}{B}\left(1+6\cdot\frac{e}{B}\right) \tag{4.3.8}$$

記号

ΣW：鉛直力（kN/m）

B：擁壁底版幅（m）

e：合力の偏心距離（m）

表 4.3.2 より鉛直力 ΣW は 71.6 kN/m，擁壁底版幅 B は 1.600 m，偏心距離 e は 0.225 m であることから，擁壁底面における最大接地圧 q_{max} は以下のようになる．

$$q_{max}=\frac{\Sigma W}{B}\left(1+6\cdot\frac{e}{B}\right)=\frac{71.6}{1.600}\left(1+6\times\frac{0.225}{1.600}\right)=82.5 \text{ kN/m}^2$$

4.3.4 原地盤の長期許容支持力度

原地盤の長期許容支持力度を算定する場合において，地中応力の影響範囲を布基礎の場合は基礎幅の2倍程度，べた基礎の場合は基礎直下から2m程度としている場合が多い．しかし，計画地盤においては GL-2.00m から土質が砂質土に変わるため，影響範囲としては安全側に底版直下から GL-2.00m までの粘性土とする．よって，支持力算定式の $\overline{W_{sw}}$，$\overline{N_{sw}}$ は，その範囲の平均値を用いることとする．

原地盤の長期許容支持力度 $_Lq_a$ を小規模指針(5.4.5)式より算定する．

$$_Lq_a = 30\overline{W_{sw}} + 0.64\overline{N_{sw}} \tag{4.3.9}$$

記号

$\overline{W_{sw}}$：SWS 試験における貫入時の荷重の平均値（kN）

$\overline{W_{sw}} = (0.50 \times 0.05 + 0.75 \times 0.25 + 0.75 \times 0.25 + 0.75 \times 0.25$
$+ 0.75 \times 0.25 + 0.75 \times 0.25 + 1.00 \times 0.25) / 1.550 = 0.78$ kN

$\overline{N_{sw}}$：SWS 試験における貫入量1m あたりの半回転数（150 を超える場合は 150 とする）の平均値

$\overline{N_{sw}} = (0 \times 0.05 + 0 \times 0.25 + 0 \times 0.25 + 0 \times 0.25$
$+ 0 \times 0.25 + 0 \times 0.25 + 8 \times 0.25) / 1.550 = 1$

SWS 試験における貫入時の荷重の平均値 $\overline{W_{sw}}$ は 0.78kN，SWS 試験における貫入量1m あたりの半回転数 $\overline{N_{sw}}$ は1であることから，原地盤の長期許容支持力度 $_Lq_a$ は以下のようになる．

$$_Lq_a = 30\overline{W_{sw}} + 0.64\overline{N_{sw}} = 30 \times 0.78 + 0.64 \times 1 = 24.0 \text{ kN/m}^2$$

長期許容支持力度の確認

$$q_{max} = 82.5 \text{ kN/m}^2 \quad > \quad _Lq_a = 24.0 \text{ kN/m}^2$$

したがって，最大接地圧が許容支持力度を超えているため地盤補強を施す必要がある．

4.3.5 地盤補強の検討

(1) 基礎の計画

擁壁の安定に対して，粘性土層では支持力が不足し，自沈層の圧密沈下を考慮すると直接支持させることは出来ない．したがって，地盤補強を採用することを検討し，工法は浅層混合処理工法とする．

(2) 荷重条件

平面地盤補強の設計に用いる擁壁底版の反力は，最大接地圧 q_{max} 82.5 kN/m² を用いる．

(3) 改良地盤の設定

改良仕様の設定断面を図 4.3.4 に示す．基礎底面下に均しコンクリートを施工することを考慮し，GL-0.45～2.05m までの粘性土全体を改良対象層とする．

(4) 下部地盤に作用する接地圧の算定

改良地盤底面における接地圧は，基礎が連続であることから幅のみを考慮し，改良地盤を通して下部地盤に伝達される荷重を算定する．ただし，一般的に擁壁は隣地境界に近い位置に設置される

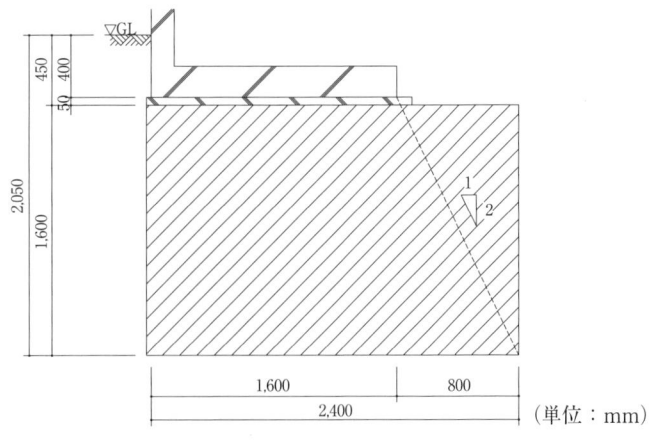

図 4.3.4 改良仕様の仮定断面

ため，境界側の補強工事は出来ないことが多い．よって，設計においても片側の分散効果を考慮しない条件で下部地盤に作用する接地圧を算定する．

改良地盤底面における接地圧 q' は小規模指針(7.3.4)式を参考にして算定する．

$$q' = \frac{q_{max} \cdot B}{B + (H - D_f) \cdot \tan\theta} + \gamma \cdot (H - D_f) \quad (4.3.10)$$

記号

q_{max}：擁壁底面に作用する最大接地圧（kN/m²）
B：擁壁底版幅（m）
D_f：基礎の根入れ深さ（m）
H：表層から下部地盤までの厚さ（m）
θ：荷重の分散角（°）
γ：改良土の単位体積重量（kN/m³）

擁壁底面に作用する最大接地圧 q_{max} は 82.5 kN/m²，擁壁底版幅 B は 1.600 m，基礎の根入れ深さ D_f は 0.450 m，表層から下部地盤までの深さ H は 2.050 m，荷重の分散角 θ は 26.7°，改良土の単位体積重量 γ は 15.0 kN/m³ であることから，改良地盤底面における接地圧 q' は以下のようになる．

$$q' = \frac{q_{max} \cdot B}{B + (H - D_f) \cdot \tan\theta} + \gamma \cdot (H - D_f)$$

$$= \frac{82.5 \times 1.600}{1.600 + (2.050 - 0.450) \times 0.5} + 15.0 \times (2.050 - 0.450) = 79.0 \text{ kN/m}^2$$

(5) 未改良地盤の長期許容支持力度の検討

未改良地盤の長期許容支持力度 $_Lq_{a2}$ を小規模指針(5.4.5)式より算定する．

$$_Lq_{a2} = 30\overline{W_{sw}} + 0.64\overline{N_{sw}} \quad (4.3.11)$$

記号

$\overline{W_{sw}}$：SWS 試験における貫入時の荷重の平均値（kN）

$\overline{W_{sw}}=(1.00\times0.20+1.00\times0.25+1.00\times0.25+1.00\times0.25+1.00\times0.25$
$+1.00\times0.25+1.00\times0.25+1.00\times0.25+1.00\times0.05)/2.000=1.00\,\mathrm{kN}$

$\overline{N_{sw}}$：SWS 試験における貫入量 1 m あたりの半回転数（150 を超える場合は 150 とする）の平均値

$\overline{N_{sw}}=(56\times0.20+76\times0.25+88\times0.25+88\times0.25+92\times0.25$
$+88\times0.25+96\times0.25+100\times0.25+88\times0.05)/2.000=86$

SWS 試験における貫入時の荷重の平均値 $\overline{W_{sw}}$ は 1.00 kN，SWS 試験における貫入量 1 m あたりの半回転数 $\overline{N_{sw}}$ は 86 であることから，未改良地盤の長期許容支持力度 $_Lq_{a2}$ は以下のようになる．

$$_Lq_{a2}=30\overline{W_{sw}}+0.64\overline{N_{sw}}=30\times1.00+0.64\times86=85.0\,\mathrm{kN/m^2}$$

長期許容支持力度の確認

$$q'=79.0\,\mathrm{kN/m^2}\ <\ _Lq_{a2}=85.0\,\mathrm{kN/m^2}$$

(6) 改良幅の検討

改良幅は，2.4 m（擁壁の底版幅 +1/2× 改良厚）以上を確保するものとする．

(7) 設計基準強度の設定

改良地盤の設計基準強度 F_c は小規模指針(7.3.3)式より算定する．

$$q_{\max}\leq\,_Lq_{a1}=\frac{1}{3}\cdot F_c \tag{4.3.12}$$

記号

$q_{\max}$：基礎底面に作用する最大接地圧（kN/m²）

$_Lq_{a1}$：改良地盤の長期許容支持力度（kN/m²）

F_c：設計基準強度（kN/m²）

$q_{\max}\leq\,_Lq_{a1}=\frac{1}{3}\cdot F_c$ より，

$$F_c\geq 3\cdot q_{\max}=3\times82.5=247.5\,\mathrm{kN/m^2}$$

よって，設計基準強度 F_c は 250 kN/m² とする．

(8) 未改良地盤の沈下の検討

本例では，未改良地盤が比較的良好な砂地盤であることから，沈下の検討は省略する．

4.4節　既存擁壁に近接する場合の基礎設計

4.4.1　敷地・建物概要

用　　途　　専用住宅

建築面積　　60.45 m²　　　　　　延床面積　　112.75 m²

階　　数　　地上2階，地下0階

構造種別　　木造

構造形式　　上部：軸組構造　　　下部：直接基礎（べた基礎）

建物重量　　上部：408.8 kN　　　基礎：236.0 kN

基礎面積　　65.55 m²

接 地 圧　　10 kN/m²

図4.4.1に敷地と建物の配置関係図およびSWS試験の調査位置，図4.4.2に基礎伏図を示す．

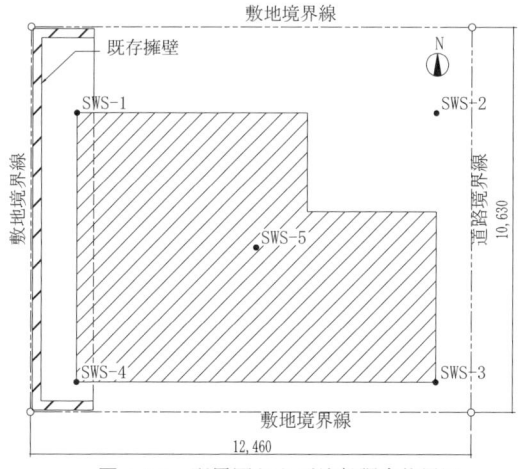

図 4.4.1　配置図および地盤調査位置図

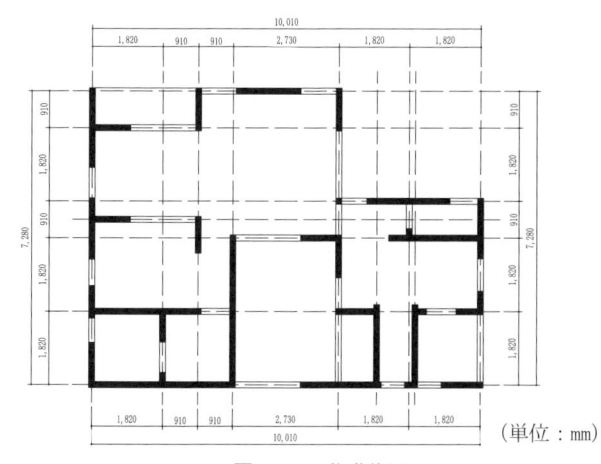

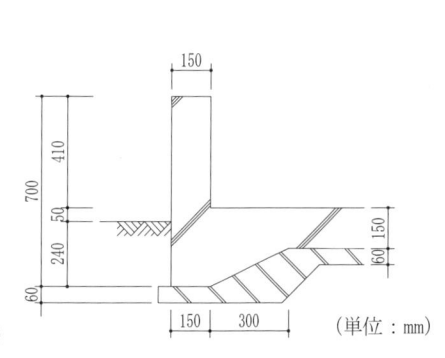

図 4.4.2　基礎伏図　　　　　　　　図 4.4.3　べた基礎断面図

4.4.2 擁壁概要

　　　種　　類　　片持ちばり式　L型
　　　構造形式　　鉄筋コンクリート構造（RC造）
　　　　　　　　　普通コンクリートFc21
　　擁壁全高　　2.650 m
　　底版幅　　　2.100 m
　　背面土　　　粘土を多量に含む砂質土

図4.4.4に擁壁断面図を示す．

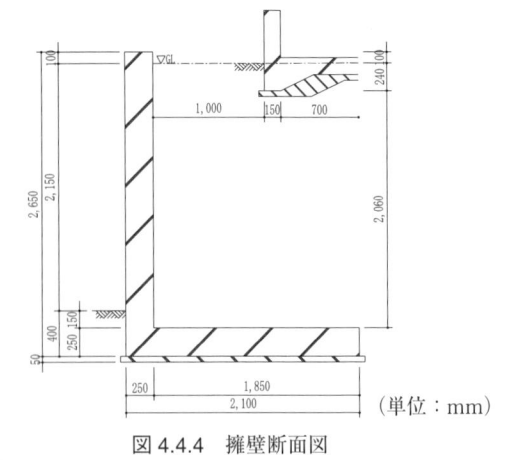

図4.4.4　擁壁断面図

4.4.3 地盤概要

SWS試験の結果を図4.4.5に示す．地盤構成は，表層部より厚さ約2.25 mの盛土層（砂質土）があり，その下部に W_{sw} が0.50～0.75 kNで自沈する粘性土が堆積し，GL－3.25 mから N_{sw} が120以上の砂質土が堆積している．

SWS試験による地盤調査は建物の4隅と中央の計5箇所で実施した．しかし，敷地西側の2測点において，擁壁底版があると思われる深度で空転したため位置を変更して再度調査を行い，他の3測点とほぼ同様の結果であることを確認した．

擁壁は，敷地の西側に設置されているが，配置上の関係から，建物の計画位置の一部が擁壁の底版部の直上にある．建築物基礎の一部と擁壁の配置関係を図4.4.5に合わせて示す．

荷重 W_{sw} kN	半回転数 N_a	貫入深さ D m	貫入量 L cm	1mあたりの半回転数 N_{sw}	記事
1.00	3	0.25	0.25	12	無音
1.00	3	0.50	0.25	12	無音
1.00	3	0.75	0.25	12	無音
1.00	2	1.00	0.25	8	無音
1.00	3	1.25	0.25	12	無音
1.00	3	1.50	0.25	12	無音
0.75	0	1.75	0.25	0	ジンワリ
0.75	0	2.00	0.25	0	ジンワリ
0.50	0	2.25	0.25	0	ジンワリ
0.75	0	2.50	0.25	0	ジンワリ
0.75	0	2.75	0.25	0	ジンワリ
0.50	0	3.00	0.25	0	ジンワリ
0.50	0	3.25	0.25	0	ジンワリ
1.00	30	3.50	0.25	120	シャリシャリ
1.00	37.5	3.75	0.25	150	シャリシャリ
1.00	37.5	4.00	0.25	150	シャリシャリ
1.00	37.5	4.25	0.25	150	シャリシャリ
1.00	37.5	4.50	0.25	150	シャリシャリ

図4.4.5　SWS試験データ

4.4.4 地盤補強の検討

(1) 基礎の計画

建築物については，盛土層の締め固めが不十分であり盛土層の下部に堆積する粘性土層の支持力不足および圧密沈下が懸念されるため，比較的良好なGL－3.30 mまで深層混合処理工法による杭

状地盤補強を行う．擁壁底版直下の地盤は自沈層であるが，既存の構造計算書より GL－3.30 m まで浅層混合処理工法による平面地盤補強が施されており，現状では，擁壁に変位やクラックが生じていないことも確認できている．

しかし，建築物の一部が擁壁底版の直上にあり，改良体が直接底版に載ることになるため建築物の荷重は改良体が負担し，擁壁底版に直接作用する鉛直荷重として安定計算を行う事とする．また，不確定な荷重要素があることを想定し，安定計算では 5 kN/m² の上載荷重を見込むこととする．

(2) 荷重条件

1) 建築物

建築物の荷重はべた基礎であることから平均接地圧 10 kN/m² とする．改良体の配置を 1.820 m ピッチ以下に配置するものと仮定すると，1本あたりに作用する最大鉛直荷重 P_{max} は 33.2 kN となり，外周部の最大鉛直荷重 P_{max}' については負担面積が 1/2 になることから 16.6 kN となる．

$$P_{max} = 1.820 \text{ m} \times 1.820 \text{ m} \times 10 \text{ kN/m}^2 = 33.2 \text{ kN}$$

$$P_{max}' = 0.910 \text{ m} \times 1.820 \text{ m} \times 10 \text{ kN/m}^2 = 16.6 \text{ kN}$$

2) 擁　壁

① 擁壁の設計条件

背面土の条件は 4.2 節と同様，内部摩擦角，単位体積重量については基礎指針表 3.4.2 より算定する．

② 主働土圧係数

表 4.4.1 擁壁の設計条件

擁　壁	全　高　H　(m)		2.650
	底版幅　B　(m)		2.100
	根入れ　D_f　(m)		0.400
背面土	土　質		粘土を多量に含む砂質土
	内部摩擦角　ϕ　(°)		24
	単位体積重量　γ　(kN/m³)		17.5
	主働土圧係数　K_A		0.42
荷　重	地表面載荷　q　(kN/m²)		5.0
鉄筋コンクリート	単位体積重量　γ　(kN/m³)		24.0

主働土圧係数 K_A を基礎指針(3.4.3b)式により算定する．

$$K_A = \tan^2\left(45° - \frac{\phi}{2}\right) \tag{4.4.1}$$

記号　ϕ：擁壁背面土の内部摩擦角（°）

擁壁背面土の内部摩擦角 ϕ は 24° であることから，主働土圧係数 K_A は以下のようになる．

$$K_A = \tan^2\left(45° - \frac{\phi}{2}\right) = \tan^2\left(45° - \frac{24°}{2}\right) = 0.42$$

③ 主働土圧

主働土圧 P_A を(4.4.2)式，地表面載荷による主働土圧 ΔP_A を(4.4.3)式より算定する．

$$P_A = \frac{1}{2} \cdot \gamma \cdot H' \cdot K_A \tag{4.4.2}$$

$$\Delta P_A = q \cdot H' \cdot K_A \tag{4.4.3}$$

記号
  γ ：擁壁背面土の単位体積重量（kN/m³）
  q ：地表面載荷（kN/m²）
  H'：擁壁底版から背面土上端までの高さ（m）
  K_A：主働土圧係数

擁壁背面土の単位体積重量 γ は 17.5 kN/m³，背面土上端までの高さ H' は 2.550 m，主働土圧係数 K_A は 0.42 であることから，主働土圧 P_A および地表面載荷による主働土圧 ΔP_A は以下のようになる．

$$P_A = \frac{1}{2} \cdot \gamma \cdot H' \cdot K_A = \frac{1}{2} \times 17.5 \times 2.550^2 \times 0.42 = 23.9 \text{ kN/m}$$

$$\Delta P_A = q \cdot H' \cdot K_A = 5.0 \times 2.550 \times 0.42 = 5.4 \text{ kN/m}$$

④ 土圧作用高さ

主働土圧 P_A が作用する高さ y を(4.4.4)式，地表面載荷による主働土圧 ΔP_A が作用する高さ y' を(4.4.5)式より算定する．

$$y = \frac{H'}{3} \tag{4.4.4}$$

$$y' = \frac{H'}{2} \tag{4.4.5}$$

記号　H'：擁壁底版から背面土上端までの高さ（m）

背面土上端までの高さ H' は 2.550 m であることから，土圧作用高さ y および地表面載荷による土圧作用高さ y' は以下のようになる．

$$y = \frac{H'}{3} = \frac{2.550}{3} = 0.850 \text{ m}$$

$$y' = \frac{H'}{2} = \frac{2.550}{2} = 1.275 \text{ m}$$

⑤ モーメント算定

図 4.4.6 に荷重の分類，表 4.4.2 に擁壁に作用するモーメントを示す．ここで，擁壁底版に作用する建物荷重 W_5 は，外周部となるため 1 コラムあたりは最大ピッチ 1.820 m 時で 16.6 kN となり，これを単位長さあたりの荷重にすると，9.1 kN/m となる．

図 4.4.6 荷重の分類

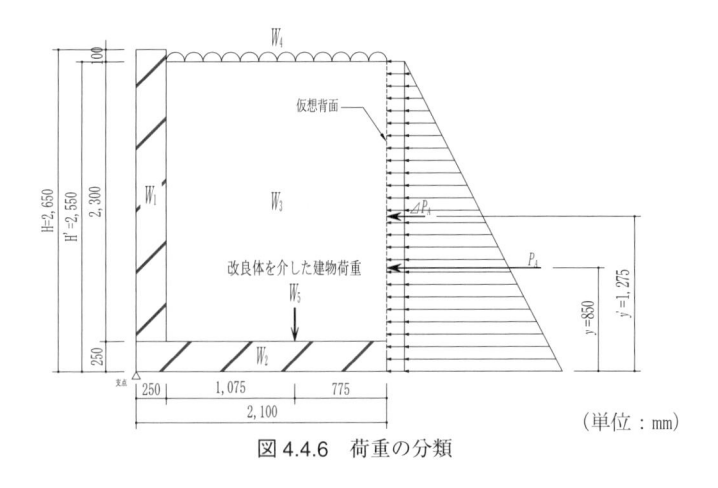

表 4.4.2 モーメント算定結果

荷 重 (kN/m)		支点からの距離 (m)	モーメント (kN·m/m)	
W_1	14.4	0.125	1.8	
W_2	12.6	1.050	13.2	
W_3	74.5	1.175	87.5	
W_4	9.3	1.175	10.9	
W_5	9.1	1.325	12.1	
P_A	23.9	0.850	20.3	
ΔP_A	5.4	1.275	6.8	
ΣW	119.9		M_r（安定モーメント） M_o（転倒モーメント） ΣM	125.5 27.1 98.4

⑥ 合力の作用位置

擁壁底版のつま先から擁壁に作用する力の合力の作用点までの距離 d を(4.4.6)式より算定する．

$$d = \frac{\Sigma M}{\Sigma W} \quad (4.4.6)$$

記号
　　ΣM：モーメントの和（kN·m/m）
　　ΣW：鉛直力（kN/m）

表 4.4.2 よりモーメントの和 ΣM は 98.4 kN·m/m，鉛直力 ΣW は 119.9 kN/m であることから，合力の作用位置 d は以下のようになる．

$$d = \frac{\Sigma M}{\Sigma W} = \frac{98.4}{119.9} = 0.821 \text{ m}$$

⑦ 偏心距離

偏心距離 e を基礎指針(8.2.4)式より算定する．

$$e=\frac{B}{2}-d \qquad (4.4.7)$$

記号　B：擁壁底版幅（m）
　　　d：合力の作用位置（m）

擁壁底版幅 B は 2.100 m，合力の作用位置 d は 0.821 m であることから，偏心距離 e は以下のようになる．

$$e=\frac{B}{2}-d=\frac{2.100}{2}-0.821=0.229 \text{ m}$$

⑧　擁壁底面における最大接地圧

擁壁底面における最大接地圧 q_{max} は $e/B \leq 1/6$ であることから(4.4.8)式より算定する．

$$q_{max}=\frac{\Sigma W}{B}\left(1+6\cdot\frac{e}{B}\right) \qquad (4.4.8)$$

記号
　　　ΣW：鉛直力（kN/m）
　　　B　：擁壁底版幅（m）
　　　e　：合力の偏心距離（m）

表 4.4.2 より鉛直力 ΣW は 119.9 kN/m，擁壁底版幅 B は 2.100 m，偏心距離 e は 0.229 m であることから，擁壁底面における最大接地圧 q_{max} は以下のようになる．

$$q_{max}=\frac{\Sigma W}{B}\left(1+6\cdot\frac{e}{B}\right)=\frac{119.9}{2.100}\left(1+6\times\frac{0.229}{2.100}\right)=94.5 \text{ kN/m}^2$$

⑨　地盤補強の仮定

基礎底面下に均しコンクリートを施工することを考慮し，建築物下に対しては GL－0.16～3.30

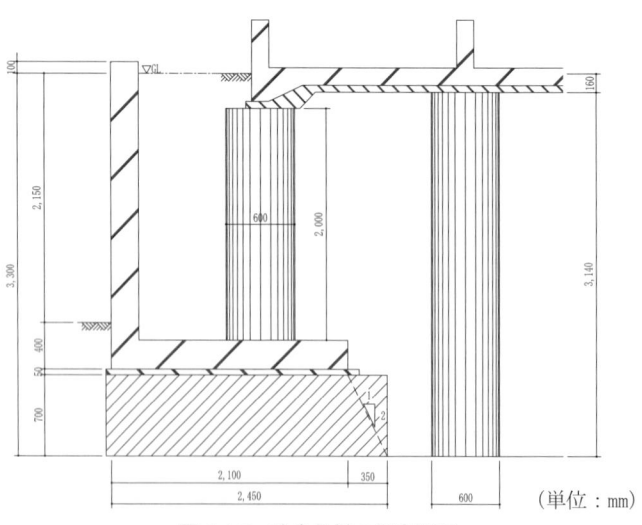

図 4.4.7　改良仕様の仮定断面

mまで，擁壁底盤直上に配置されるものについてはGL-2.30 mまで施工する．

その改良仕様の仮定断面と擁壁下の改良仕様の断面を図4.4.7に示す．

(4) 建物下の深層混合処理工法の検討

1) 地盤から求まる杭状地盤補強の長期許容鉛直支持力

杭状地盤補強の長期許容鉛直支持力 $_LR_{a1}$ は小規模指針(7.2.2)式，(7.2.3)式および(7.2.5)式により算定する．

$$_LR_{a1}=\frac{1}{3}\cdot(R_p+R_f)=\frac{1}{3}\cdot\{\alpha\cdot\overline{N}\cdot A_p+D\cdot\Sigma(\tau_d\cdot L_i)\cdot\pi\} \tag{4.4.9}$$

記号

α ：先端支持力係数

$\overline{N}$ ：杭状地盤補強先端から下に1D，上に1Dの範囲の平均換算 N 値（GL-2.70~3.25 mの範囲は粘性土として $N=3W_{sw}+0.050N_{sw}$，3.25 m~3.90 mの範囲は砂質土として $N=2W_{sw}+0.067N_{sw}$ で換算 N 値を算定する．）

$$\overline{N}=(2.3\times0.05+1.5\times0.25+1.5\times0.25+10.0\times0.25$$
$$+12.1\times0.25+12.1\times0.15)／1.200=6.8$$

D ：杭状地盤補強径（m）

A_p ：杭状地盤補強の先端断面積（m²）

τ_d ：杭状地盤補強に作用する各層の極限周面摩擦力で，粘性土の場合 $\tau_d=q_u/2$，砂質土の場合 $\tau_d=10\cdot N/3$ とする．（kN/m²）

・粘性土層（GL-2.50~3.25 m）　安全側に摩擦は無視する．
$\tau_{di}=q_u／2=0.0$ kN/m²

・砂質土層（GL-3.25~3.30 m）　安全側に摩擦は無視する．
$\tau_{di}=10\cdot N／3=0.0$ kN/m²

q_u ：粘性土の一軸圧縮強さ（kN/m²）

N ：砂質土の N 値

L_i ：各層の層厚（m）

先端支持力係数 α は深層混合処理工法であることから75，先端平均換算 N 値は6.8，杭状地盤補強径 D は0.600 m，杭状地盤補強の先端断面積 A_p は0.283 m²，周面摩擦力 τ_d および各層の層厚 L_i は安全側に無視することから0.0 kN/m²および0.000 mであることから，地盤から求まる杭状地盤補強の長期許容鉛直支持力 $_LR_{a1}$ は以下のようになる．

$$_LR_{a1}=\frac{1}{3}\cdot\{\alpha\cdot\overline{N}\cdot A_p+D\cdot\Sigma(\tau_d\cdot L_i)\cdot\pi\}$$

$$=\frac{1}{3}\cdot\{75\times6.8\times0.283+0.600\times\Sigma(0.0\times0.000)\times\pi\}=48.0\text{ kN}$$

2) 改良体の長期許容圧縮力

改良体の長期許容圧縮力 $_LR_{a2}$ は小規模指針(7.2.6)式により算定する．

$$_LR_{a2} = \frac{1}{3} \cdot F_c \cdot A_p \tag{4.4.10}$$

記号

F_c：改良体の設計基準強度（kN/m²）

A_p：改良体の断面積（m²）

改良体の設計基準強度 F_c は 600 kN/m² とし，改良体の断面積 A_p は 0.283 m² であることから，改良体の長期許容圧縮力 $_LR_{a2}$ は以下のようになる．

$$_LR_{a2} = \frac{1}{3} \cdot F_c \cdot A_p = \frac{1}{3} \times 600 \times 0.283 = 56.5 \text{ kN}$$

3）杭状地盤補強の長期許容鉛直支持力

杭状地盤補強の長期許容鉛直支持力 $_LR_a$ を(4.4.11)式より算定する．

$$_LR_a = \min(_LR_{a1},\ _LR_{a2}) \tag{4.4.11}$$

記号

$_LR_{a1}$：杭状地盤補強の地盤から求まる長期許容鉛直支持力（kN）

$_LR_{a2}$：改良体の長期許容圧縮力（kN）

杭状地盤補強の地盤から求まる長期許容鉛直支持力 $_LR_{a1}$ は 48.0 kN，改良体の長期許容圧縮力 $_LR_{a2}$ は 56.5 kN であることから，杭状地盤補強の長期許容鉛直支持力 $_LR_a$ は以下のようになる．

$$_LR_a = \min(_LR_{a1},\ _LR_{a2}) = \min(48.0,\ 56.5) = 48.0 \text{ kN}$$

長期許容支持力の確認

$$P_{\max} = 33.2 \text{ kN} \quad < \quad _LR_a = 48.0 \text{ kN}$$

(5) 擁壁下の平面地盤補強の検討

1）下部地盤に作用する接地圧の検討

擁壁下において，下部地盤に作用する接地圧は，基礎が連続であることから幅のみを考慮し，改良地盤を通して下部地盤に伝達される荷重を算定する．ただし，構造計算書によると，応力の分散角度は 1：2 としており，隣地境界との関係から片側の分散効果を考慮しない条件で設計を行っているため，同じ条件で下部地盤に作用する接地圧を算定する．

下部地盤に作用する接地圧 q' は小規模指針(7.3.4)式を参考にして算定する．

$$q' = \frac{q_{\max} \cdot B}{B + (H - D_f) \cdot \tan\theta} + \gamma \cdot (H - D_f) \tag{4.4.12}$$

記号

$q_{\max}$：基礎底面に作用する最大接地圧（kN/m²）

B：擁壁底版幅（m）

D_f：基礎の根入れ深さ（m）

H：表層から下部地盤までの厚さ（m）

θ：荷重の分散角（°）

γ ：改良土の単位体積重量（kN/m³）

擁壁底面に作用する最大接地圧 q_{max} は 94.5 kN/m²，擁壁底版幅 B は 2.100 m，基礎の根入れ深さ D_f は 0.400 m，表層から下部地盤までの深さ H は 1.100 m，荷重の分散角 θ は 26.7°，改良土の単位体積重量 γ は 15.0 kN/m³ であることから，改良地盤底面における接地圧 q' は以下のようになる．

$$q' = \frac{q_{max} \cdot B}{B + (H - D_f) \cdot \tan\theta} + \gamma \cdot (H - D_f)$$

$$= \frac{94.5 \times 2.100}{2.100 + (1.150 - 0.450) \times 0.5} + 15.0 \times (1.150 - 0.450) = 91.5 \text{ kN/m}^2$$

2) 未改良地盤の長期許容支持力度の検討

既存の擁壁においては，盛土を行う前に地盤調査として標準貫入試験を行っており未改良地盤の土質は砂質土，N 値は 15 以上が 6 m 程度まで連続して堆積していることが確認できていた．そのため，未改良地盤の長期許容支持力度 $_Lq_{a2}$ はテルツァーギの修正支持力式（小規模指針(5.4.1)式）により算定する．

$$_Lq_{a2} = \frac{1}{3}(\alpha \cdot c \cdot N_c + \beta \cdot \gamma_1 \cdot B \cdot N_\gamma + \gamma_2 \cdot D_f \cdot N_q) \tag{4.4.13}$$

記号

α, β：基礎の形状係数

c：未改良地盤の粘着力（kN/m²）

ϕ：未改良地盤の内部摩擦角（°）

$\phi = \sqrt{20 \cdot N} + 15$

γ_1：未改良地盤の単位体積重量（kN/m³）

ただし，地下水位の影響を考慮し，水中単位体積重量とする．

γ_2：未改良地盤より上方にある地盤の平均単位体積重量（kN/m³）

ただし，地下水位の影響を考慮し，水中単位体積重量とする．

N_c, N_γ, N_q：地盤の内部摩擦角に応じた支持力係数

D_f：基礎に近接した最低地盤面から未改良地盤までの深さ（m）

B：応力分散を考慮した仮想基礎底面幅（m）

基礎の形状係数は連続基礎より $\alpha=1.0$，$\beta=0.5$，未改良地盤の粘着力 c は 0.0 kN/m²，未改良地盤の内部摩擦角 ϕ は $N=15$ より 32°，未改良地盤の単位体積重量 γ_1 は 8.2 kN/m³，未改良地盤より上方にある地盤の平均単位体積重量 γ_2 は 5.2 kN/m³，地盤の内部摩擦角に応じた支持力係数は $\phi=32°$ より $N_c=35.5$，$N_\gamma=22.0$，$N_q=23.2$，基礎に近接した最低地盤面から未改良地盤までの深さ D_f は擁壁の場合，隣地側の土かぶりは無視するため 0.700 m，応力分散を考慮した仮想基礎底面幅 B は 2.450 m であることから，未改良地盤の長期許容支持力度 $_Lq_{a2}$ は以下のようになる．

$$_Lq_{a2} = \frac{1}{3} \cdot (\alpha \cdot c \cdot N_c + \beta \cdot \gamma_1 \cdot B \cdot N_\gamma + \gamma_2 \cdot D_f \cdot N_q)$$

$$= \frac{1}{3} \times (1.0 \times 0.0 \times 35.5 + 0.5 \times 8.2 \times 2.450 \times 22.0 + 5.2 \times 0.700 \times 23.2) = 101.8 \text{ kN/m}^2$$

長期許容支持力度の確認

$$q' = 91.5 \text{ kN/m}^2 \quad < \quad _L q_{a2} = 101.8 \text{ kN/m}^2$$

3) 設計基準強度の検討

既存の構造計算書より，設計基準強度 F_c は 300.0 kN/m² と設定しているため，それ以下であることを確認する．

改良地盤の長期許容支持力度 $_L q_{a1}$ は小規模指針(7.3.3)式より算定する．

$$_L q_{a1} = \frac{1}{3} \cdot F_c \tag{4.4.14}$$

記号　F_c：設計基準強度（kN/m²）

設計基準強度 F_c は 300.0 kN/m² であることから改良地盤の長期許容支持力度 $_L q_{a1}$ は以下のようになる．

$$_L q_{a1} = \frac{1}{3} \cdot F_c = \frac{1}{3} \times 300.0 = 100.0 \text{ kN/m}^2$$

長期許容支持力度の確認

$$q_{\max} = 94.5 \text{ kN/m}^2 \quad < \quad _L q_{a1} = 100.0 \text{ kN/m}^2$$

4) 未改良地盤の沈下の検討

未改良地盤は N 値 15 以上の良好な砂地盤であることから，沈下の可能性は低いと判断した．

(6) 擁壁底版コンクリートの鉛直支圧応力度およびパンチングせん断応力度

改良体を介し擁壁底版に作用する鉛直荷重に対し，擁壁底版コンクリートの鉛直支圧応力度およびパンチングせん断応力度が許容値以内に収まっていることを確認する．

鉛直支圧応力度を基礎指針(6.8.1)式，パンチングせん断応力度を基礎指針(6.8.2)式より算定する．

$$\sigma_{cv} = \frac{P_{\max}'}{\pi \cdot \frac{D^2}{4}} \tag{4.4.15}$$

$$\tau_v = \frac{P_{\max}'}{\pi \cdot (D+h) \cdot h} \tag{4.4.16}$$

記号

　　$P_{\max}'$：建物外周部の最大鉛直荷重（N）

　　D：杭状地盤補強径（mm）

　　h'：基礎底版の有効厚さ（mm）

建物外周部の最大鉛直荷重 $P_{\max}'$ は 16600 N（4.4.4(2)1) より），杭状地盤補強径 D は 600 mm，基礎底版の有効厚さ h' は 250 mm であることから，擁壁底版コンクリートの鉛直支圧応力度 σ_{cv} およびパンチングせん断応力度 τ_v は以下のようになる．

$$\sigma_{cv} = \frac{P_{\max}'}{\pi \cdot \frac{D^2}{4}} = \frac{16\,600}{\pi \cdot \frac{600^2}{4}} = 0.059 \text{ N/mm}^2$$

$$\tau_v = \frac{P_{\max}'}{\pi \cdot (D+h) \cdot h} = \frac{16\,600}{\pi \times (600+250) \times 250} = 0.025 \text{ N/mm}^2$$

長期許容支圧応力度および長期許容せん断応力度の確認

$\sigma_{cv} = 0.059 \text{ N/mm}^2$ < $\sigma_{ca} = 7.00 \text{ N/mm}^2$

$\tau_v = 0.025 \text{ N/mm}^2$ < $\tau_a = 0.70 \text{ N/mm}^2$

(7) 擁壁背面の杭状地盤補強の施工について

擁壁底版直上の改良を行う場合，一般的に使用されている攪拌ヘッドの形状では先端部分の攪拌が不十分になる可能性がある．そのため，先端部がフラットな特殊な攪拌ヘッドを用いたり，注入量を多くするなど状況に応じた対応が必要である．

また，擁壁に近接して地盤補強を行う際，擁壁の転倒や滑動を生じさせる場合がある．特に深層混合処理工法を用いて施工する場合に多く見受けられる．この主な要因としては，土圧による地盤変状であると考えられるが，施工の際には擁壁への影響が極力小さくなるような施工計画を立てる必要がある．図4.4.8にその一例を示す．

また，施工中においては，常に擁壁の状態を確認，特に擁壁底版直上の施工時はレベル管理に注意を払い擁壁底版を損傷させないようにしなければならない．

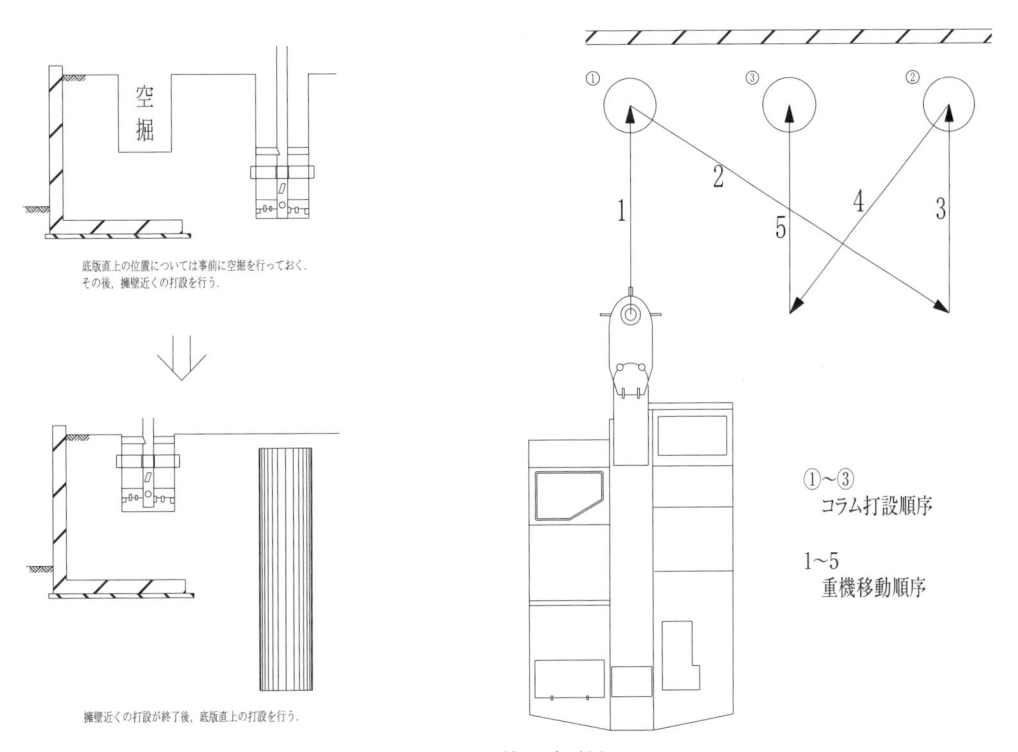

図 4.4.8 施工計画例

第5章 修復工法

5.1節　不同沈下の調査および修復工法選定の検討例

5.1.1　建物等の概要

(1) 建物規模

　　階　　数　　　地上2階
　　建築面積　　　66.25m^2
　　床面積　　　　延べ125.92m^2（1階　62.96m^2　　2階　62.96m^2）

(2) 構造概要

　　構造種別　　　木造
　　構造型式　　　在来軸組構法
　　基　　礎　　　鉄筋コンクリート布基礎
　　仕上げ概要　　屋根　　厚型スレート
　　　　　　　　　天井　　せっこうボード
　　　　　　　　　床　　　畳またはフローリング
　　　　　　　　　外壁　　サイディング
　　　　　　　　　内壁　　せっこうボード

(3) 地盤条件

　　地盤種別　　　　　　第二種地盤
　　長期許容支持力度　　30kN/m^{2}以上

（単位：mm）

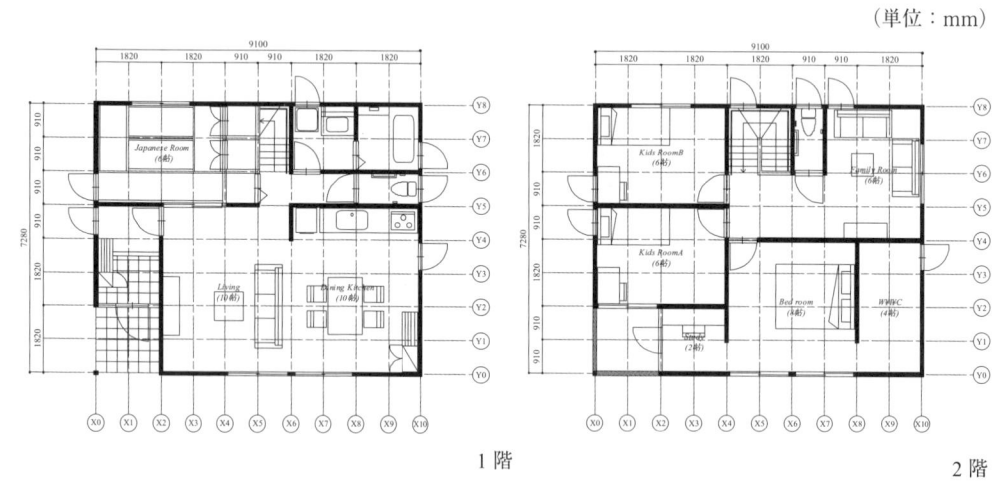

図 5.1.1　平面図

5.1.2 基礎修復方法選定の考え方

基礎の修復方法の検討手順を図5.1.2に示す．基礎の修復方法の選定は小規模指針の図10.2.1にあるように，障害程度を適正に把握すると共に，不具合事象の発生原因を明らかにして，その原因に応じた修復目的を設定し，修復目的を満足する修復方法を選定する必要がある．

具体的な修復方法の選定にあたっては，図5.1.2に示すとおり，沈下修復の要否が重要であり，沈下修復が必要な場合は沈下の継続対策について，沈下修復を必要としない場合は基礎の耐力向上の必要性について検討し，それぞれに応じた修復方法を選定する．修復目的と各修復方法については小規模指針の表10.2.3，図10.2.8を参照されたい．

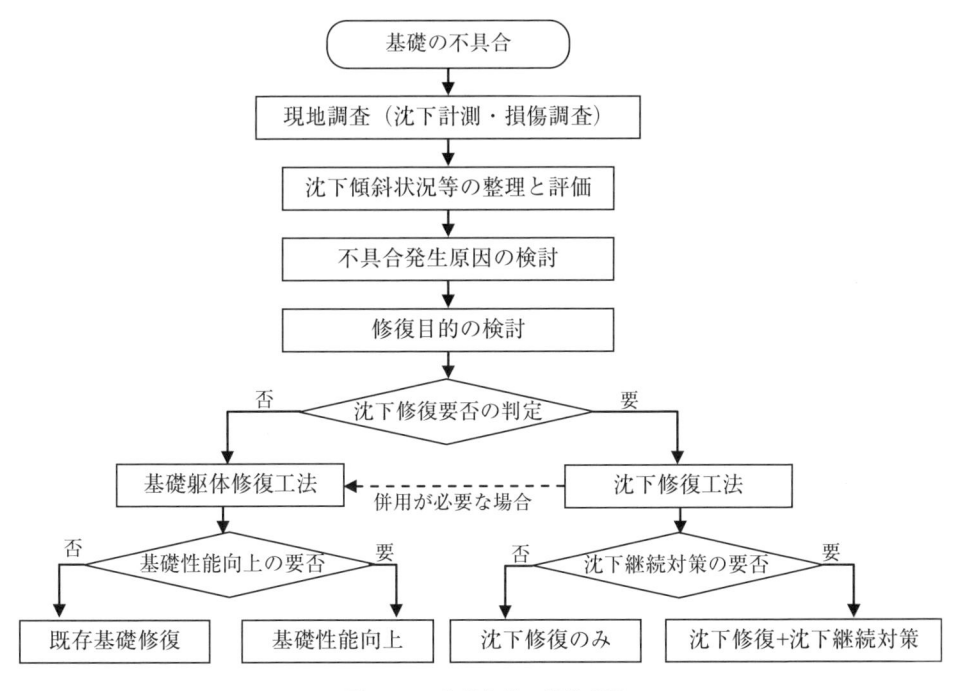

図5.1.2 基礎修復の検討手順

5.1.3 沈下傾斜状況等の整理と評価

(1) 沈下傾斜状況等の計測

沈下傾斜測定や損傷状況は平面図等に測定箇所や測定結果を記録したうえで，測定結果を以下のように整理すると分かりやすい．調査結果の整理例について，柱傾斜測定結果を図5.1.3，沈下傾斜測定結果を図5.1.4，損傷状況の一覧を表5.1.1に示す．具体的な測定方法等については，小規模指針「10.2 2.(2)沈下状況の確認」を参照されたい．

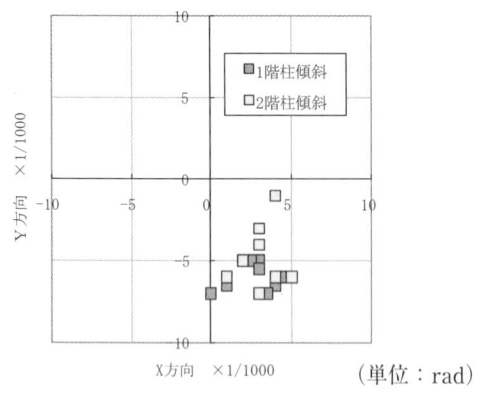

図 5.1.3　柱傾斜測定結果

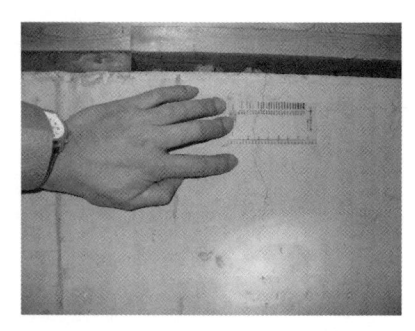

写真 5.1.1　損傷状況調査例
（写真番号 36　基礎き裂　幅 0.4 mm）

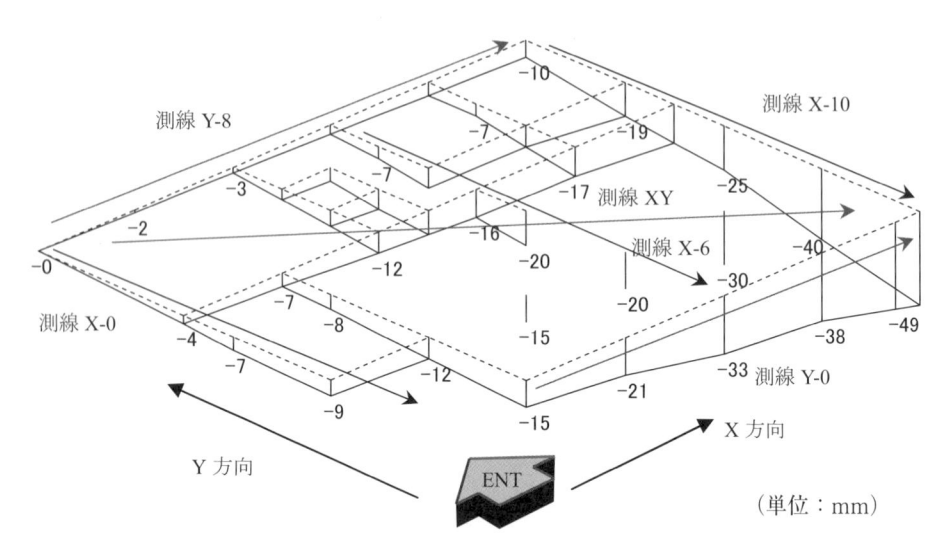

図 5.1.4　1階床の沈下傾斜測定結果

表 5.1.1　損傷状況一覧

損　傷	部　位	写真番号	計測値　w：幅
壁クロスすき間	1F 玄関	13	$w=0.7$ mm
壁クロス破れ	1F 玄関階段	21.72	
壁クロスき裂	1F LDK	66.67.68.69.70	$w=0.3\sim1.0$ mm
木工仕口すき間	1F 台所	86	$w=1.0$ mm
建付すき間	2F 洋間	4.7.87	$w=3.0\sim5.0$ mm
開閉不良・流れ	1F 玄関・洋間	71.81	
排水不良	1F 浴室	82.83	
基礎き裂	外部	36.38.39.40.65	$w=0.2\sim0.4$ mm
外床タイルすき間き裂	外部	26.30.44.58.76.77.83	$w=0.5\sim6.0$ mm
土留すき間・目地切れ	外部	29.56.59.60	$w=1.0\sim2.0$ mm
ブロック塀すき間・き裂	外部	37.61.62.63.78.79.80	$w=4.0\sim10.0$ mm
ブロック塀傾斜	外部	64.81	$8\sim10/1\,000$

(2) 計測結果の整理

図5.1.4の沈下傾斜測定結果から，図5.1.5に示すように，着目する測線を選定する．この測線のうち，傾斜角および変形角が大きな箇所を選定し，表5.1.2のように各沈下量を算出する．測線は，構造躯体の変形と損傷状況の関係を把握するため，基礎や壁が配置された通りの良い箇所を選定するが，測線XYのように，居住性の観点から床面の傾斜が最大となるような箇所も合わせて選定する．また，評価に際しては，測定面の不陸などによる誤差を考慮して，測点間の距離は3m程度確保する．各沈下量の算出方法は図5.1.6に示すとおりである．

柱の傾斜（鉛直）は，施工時より2/1000強程度のバラツキがある[5.1.1)]ので，図5.1.3の散布図から全体の傾斜傾向を読み取ることができる．また，図5.1.7のように，水平と鉛直方向の傾斜状況と損傷状況との関係を整理すると分かりやすい．

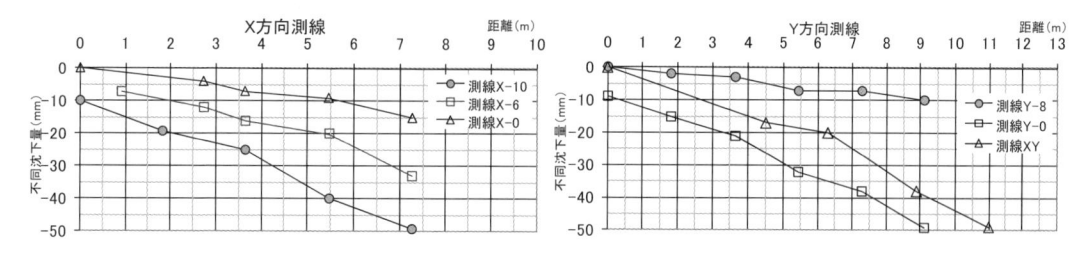

図5.1.5 各測線の沈下傾斜状況

【各沈下量算出例】（X-10測線）

傾斜角 ϕ_1：Y8－Y4間不同沈下量÷区間距離 L_1 　　　－15 mm÷3.64 m＝0.015/3.64＝4.1/1 000

傾斜角 ϕ_2：Y4－Y0間不同沈下量÷区間距離 L_2 　　　－24 mm÷3.64 m＝0.024/3.64＝6.6/1 000

全体傾斜角 ϕ_0：Y8－Y0間不同沈下量÷区間距離 　　　－39 mm÷7.28 m＝0.039/7.28＝5.4/1 000

変形角 θ_2：最大傾斜角 ϕ_2 － 傾斜角 ϕ_1 　　　　　　　6.6/1 000－4.1/1 000＝2.5/1 000

相対沈下量 S_D：$(\phi_0-\phi_1)$×区間距離 　　　　　　　(5.4/1 000－4.1/1 000)×3.64 m＝4.7 mm

【各値の算出方法】

傾斜角 ϕ＝区間沈下量÷区間距離　ex：$\phi_2=(\beta-\alpha)\div L_2$

変形角 θ_2＝最大傾斜角 ϕ_2 － 傾斜角 ϕ_1

相対沈下量 S_D＝（全体傾斜角 ϕ_0 － 傾斜角 ϕ_1）×区間距離 L_1

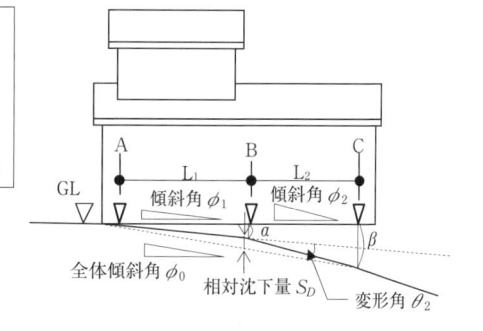

図5.1.6 各値の算出方法

表 5.1.2 沈下傾斜状況の整理

測点	(a) X10 測線			(b) Y0 測線			(c) XY 測線		
	Y8	Y4	Y0	X0Y2	X4	X10	X0Y8	X6Y4	X10Y0
距離（m）	0	3.64	7.28	0	3.64	9.1	0	6.3	11.0
不同沈下量（mm）	−10	−25	−49	−9	−21	−49	0	−20	−49
区間量（mm）	−15		−24		−12		−28	−20	−29
区間距離（m）	3.64		3.64		3.64		5.46	6.3	4.7
傾斜角（rad）	4.1/1 000		6.6/1 000		3.3/1 000		5.1/1 000	3.2/1 000	6.2/1 000
全体傾斜角（rad）	5.4/1 000			4.4/1 000			4.5/1 000		
変形角（rad）	2.5/1 000			1.8/1 000			3.0/1 000		
相対沈下量（mm）	4.7			4.0			8.2		

図 5.1.7 水平と鉛直傾斜と損傷の関係

(3) 沈下傾斜程度の評価

沈下傾斜程度の評価は，各沈下量等の算出結果を許容値等と比較し，その程度をレベル区分する．

評価例を表 5.1.3 に示す．許容値およびレベル区分は小規模指針および基礎指針等，備考欄に示すとおりである．建物の損傷は，不同沈下によるものばかりではないので，このレベル区分の不具合程度と実際の不具合事象（表 5.1.1）との整合性を確認する．

表 5.1.3 より，傾斜角は許容値を超えているが，変形角と相対沈下量は小さく，沈下形状は一体傾斜に近い軽微な変形傾斜と考えられる．変形角の値は損傷発生の限界値（2/1 000）をわずかに超える程度であり，基礎の損傷程度はこれに相応する程度である．一方，上部構造の実際の損傷程度は，レベル区分3程度であり，変形角や基礎の損傷程度に比べて損傷程度が大きい．

沈下形状は一体傾斜に近い軽微な変形傾斜と考えられることから，これら建物に認められる損傷は，部材の乾燥収縮等による建設初期の経年変化等，不同沈下以外の要因の可能性が高いと考えられる．基礎のひび割れは変形角が3/1 000（小規模指針表10.2.2の下限値）未満で小さいことから，構造耐力的に問題となる程度ではないと考えられる．

第5章 修復工法　—207—

表5.1.3　評価結果

項目	実測値	許容値※	評価	レベル区分	備考
傾斜角	6.6/1 000	6/1 000	NG	3	小規模指針表10.1.1
変形角	2.5/1 000	5/1 000	OK	2	小規模指針表10.1.2
沈下量	49 mm	25 mm	NG	—	建築基礎構造設計指針表5.3.6
鉛直傾斜	7/1 000	6/1 000	NG	3	下表5.1.4[5.1.2)
相対沈下量	4.7 mm	10 mm	OK	—	建築基礎構造設計指針表5.3.5
沈下形状	変形傾斜（軽微）				小規模指針図10.1.2
損傷程度	レベル区分3				小規模指針表10.1.2

※建物の状況により上限および下限値を適宜採用する．

表5.1.4　柱・壁傾斜のレベル区分[5.1.2)

レベル	柱・壁傾斜の程度	瑕疵の可能性の存する可能性
1	3/1 000 未満の勾配の傾斜	低い
2	3/1 000 以上 6/1 000 未満の勾配の傾斜	一定程度存する
3	6/1 000 以上の勾配の傾斜	高い

5.1.4　沈下修復の要否の判定

　沈下修復の要否を判断する場合は，沈下形状を判定し，小規模指針の表10.2.2の値を参考に，沈下程度が許容できるか否かを判断すると共に，基礎の損傷状況と構造耐力，上部構造の仕口部の変形やすき間，内外装の損傷程度，建具の建付や開閉などの不具合程度，建具の流れ（建具が自然に動く）や床の傾斜の体感具合など，沈下等の計測結果ばかりでなく不具合事象の程度等を勘案のうえ，総合的に判断する必要がある．

　沈下修復の要否判定方法は計測値のバラツキ，調査者の思い込みや判断ミス等を回避するため，計測結果や不具合事象等について出来るだけ多くのチェック項目を設け，関連する沈下量や事象が複数該当するかなどを確認する．表5.1.5に沈下修復要否判定表による判定例を示す．要否判定に際しては，このように判定方法を標準化し，客観性と統一性を確保するとよい．

表5.1.5 沈下修復要否判定表

沈下傾斜の測定結果から判断する項目	該当
① 基礎天端または基礎に直近の床・敷居などの現状において，おおむね6/1 000*程度以上の傾斜が認められる．	○
② 基礎天端または基礎に直近の床・敷居などの現状において，おおむね5/1 000*程度以上の変形が認められる．	
③ 基礎天端または基礎に直近の床・敷居などの両端あるいは部分において，おおむね25 mm*以上程度の不同沈下量が認められる．	○
④ 基礎天端または基礎に直近の床・敷居などの現状において，おおむね10 mm程度以上の相対沈下量が認められる．	
⑤ 柱の傾斜がおおむね6/1 000*程度以上の傾斜が認められる．	○
現象面から判断する項目	該当
① 基礎の損傷が著しく破断が生じ，今後構造的な耐力が期待出来ない．	
② 木工仕口部分にすき間等が見られる．	
③ 建具に調整補修が出来ない程度の建付および開閉の不良が生じている．	
④ 内外壁の損傷が下地面にまで及んでいる．	
⑤ 「床に置いたものが転がる」「建具が自然に動く」「水はけや排水不良」などの事象がある．	○
⑥ 床の傾斜等，建物の傾斜を体感できる．	○
要否の判定結果（沈下傾斜・現象面のそれぞれから2項目以上該当する場合）	要

※標準値を示すが，建物の状況により上限および下限値を適宜採用する．

小規模指針 表10.2.2 小規模建築物の傾斜角と変形角の限界値

沈下傾斜量	下限	標準	上限
傾斜角	4/1 000	6〜8/1 000	—
変形角（θ_2）	3/1 000	5/1 000	8/1 000

下限：一部（おおむね2割程度）の建物で著しい不具合が生ずるレベル
標準：多くの（5割を超える程度）の建物で著しい不具合が生ずるレベル
上限：大部分の（おおむね7割程度）の建物で著しい不具合が生ずるレベル

5.1.5 不具合原因および修復目的の設定

当該建物は，変形傾斜の沈下形状を示す不同沈下が生じているが，変形量は軽微で一体傾斜に近く，その程度は居住性や使用性の観点から沈下修復を要する程度である．基礎にひび割れが生じているが，構造的に問題となるようなひび割れではない．また，上部構造に見られる壁の損傷などの不具合事象も，この不同沈下に伴う構造躯体の変形（変形傾斜）の影響は小さいと考えられ，不同沈下に起因する構造的なものではないと考えられる．

SWS調査の結果（図5.1.8），GL－2.75〜4.50 mに自沈層が認められた．また，図5.1.9の造成前の敷地条件図より，当該敷地は，南東側で1.2 m程度の造成盛土が行われていることがわかる．不同沈下の原因は，この造成盛土の荷重により軟弱な粘性土層が圧密沈下したものであり，盛土後の経過は3年で，沈下測定の経過観察からも沈下の継続性が考えられる．

第5章 修復工法

JIS A 1221 スウェーデン式サウンディング試験

調査件名	建築太郎		試験年月日	
地点番号(地盤高さ)	調査点 A (KBM±0)		試験者	
回転装置の種類	手動	天候	晴れ	

荷重 W_{sw} kN	半回転数 N_a	貫入深さ D m	貫入量 L cm	1mあたりの半回転数 N_{sw}	記事
1.00	4	0.25	0.25	16	シャリシャリ
1.00	5	0.50	0.25	20	シャリシャリ
1.00	4	0.75	0.25	16	シャリシャリ
1.00	4	1.00	0.25	16	シャリシャリ
1.00	6	1.25	0.25	24	シャリシャリ
1.00	2	1.50	0.25	8	無音
1.00	2	1.75	0.25	8	無音
1.00	3	2.00	0.25	12	無音
1.00	3	2.25	0.25	12	無音
1.00	1	2.50	0.25	4	無音
1.00	1	2.75	0.25	4	無音
0.75	0	3.00	0.25	0	ジンワリ
0.75	0	3.25	0.25	0	ジンワリ
0.75	0	3.50	0.25	0	ジンワリ
0.75	0	3.75	0.25	0	ジンワリ
0.50	0	4.00	0.25	0	ジンワリ
0.50	0	4.25	0.25	0	ジンワリ
0.50	0	4.50	0.25	0	ジンワリ
1.00	2	4.75	0.25	8	無音
1.00	2	5.00	0.25	8	無音
1.00	3	5.25	0.25	12	無音
1.00	3	5.50	0.25	12	無音
1.00	3	5.75	0.25	12	無音
1.00	12	6.00	0.25	48	シャリシャリ
1.00	15	6.25	0.25	60	シャリシャリ
1.00	16	6.50	0.25	64	シャリシャリ
1.00	11	6.75	0.25	44	シャリシャリ
1.00	10	7.00	0.25	40	シャリシャリ
1.00	8	7.25	0.25	32	シャリシャリ
1.00	8	7.50	0.25	32	シャリシャリ
1.00	12	7.75	0.25	48	シャリシャリ
1.00	30	8.00	0.25	120	シャリシャリ
1.00	34	8.25	0.25	136	シャリシャリ
1.00	45	8.50	0.25	180	シャリシャリ
1.00	45	8.75	0.25	180	シャリシャリ
1.00	50	9.00	0.25	200	シャリシャリ

地層区分:造成盛土 / 粘性土 / 自沈層 / 砂質土

図 5.1.8 SWS試験データ

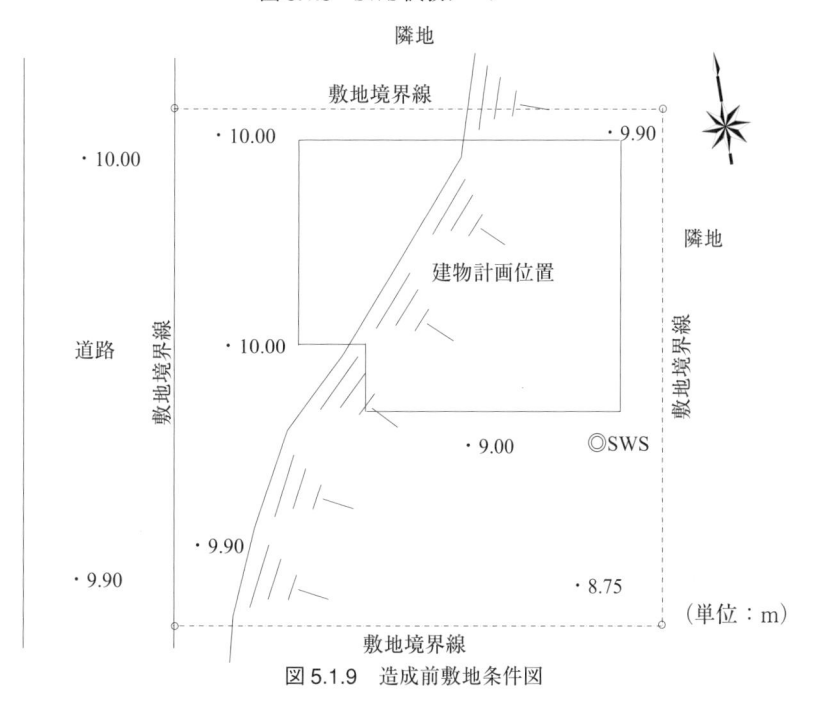

図 5.1.9 造成前敷地条件図

このため修復目的は以下の通りである．

(修復目的)
- 居住性や使用性を回復するための沈下修復
- 沈下継続性対策
- 基礎ひび割れ箇所の劣化防止・耐久性向上

5.1.6 修復方法の選定

沈下修復要否の判定の結果，沈下修復が必要と考えられる．小規模指針図 10.2.2 の選定手順および表 10.2.3 より前述の修復目的を満足する工法として以下の工法を選定した．

表5.1.6 修復目的と修復工法

	修復目的	修復工法（以下併用）
①	沈下修復	沈下修復工法：鋼管圧入工法
②	沈下継続性対策	
③	基礎ひび割れ箇所の劣化防止・耐久性向上	躯体修復工法：エポキシ樹脂注入工法

参 考 文 献

5.1.1) 山畑信博ほか：木造在来軸組構法による戸建住宅の建方精度と合理化に関する研究，日本建築学会学術講演梗概集，pp. 895-898, 1991.1

5.1.2) 建設省告示 1563号：住宅紛争処理の参考となる技術的基準（品確法第 70 条規定）12 年 7 月 19 日

5.2節 耐圧版工法による沈下修復工法の設計例

5.2.1 建物等の概要

(1) 建物概要

　　　　建物概要　　　5.1節に示した建物と同様とする

　　　　基礎仕様　　　鉄筋コンクリートべた基礎〔図5.2.1参照〕

　　　　沈下状況　　　5.1節と同様とする

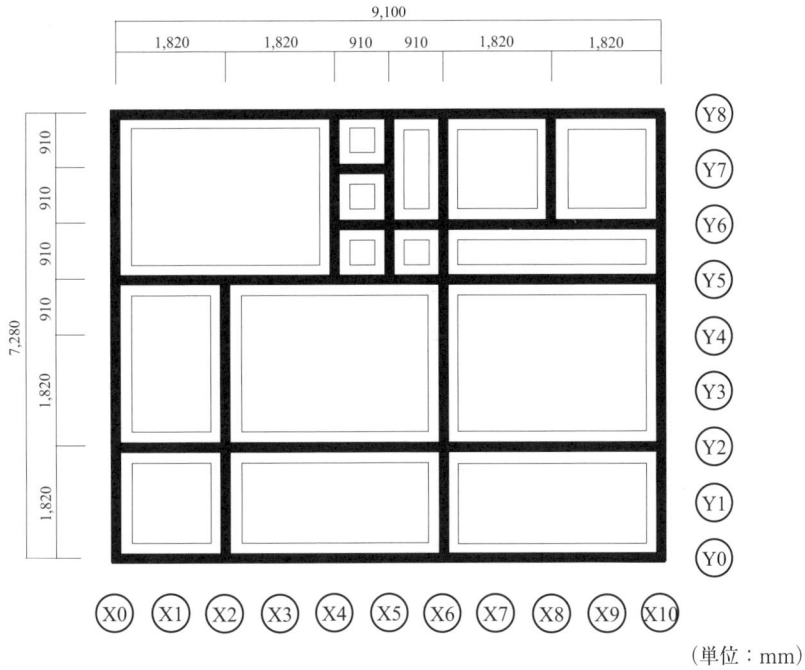

図5.2.1　基礎伏図

(2) 地盤条件

　建物配置図を図5.2.2に示す．図5.2.3にSWS試験データを示すが，調査深度1.29mで終了している．修復計画時に実施したボーリング調査の結果をボーリング柱状図にまとめ図5.2.4に示す．

　ボーリング調査から，地盤は表層部がGL−0.5mまでの盛土，GL−0.5〜4.5mまでは，N値が22〜25の砂質土層である．GL−4.5m以深は，GL−7.0mまではN値が1〜2の粘土質シルト層，GL−7.0m以深の礫混じり砂層はN値が41以上を示している．

図 5.2.2 建物配置図

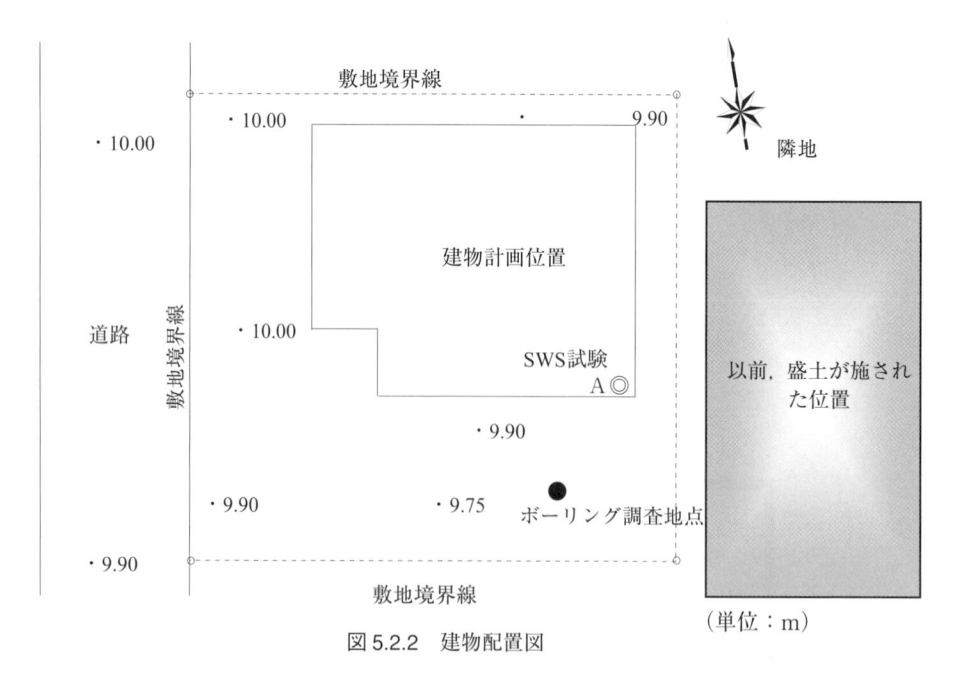

荷重 W_{SW} kN	半回転数 N_a	貫入深さ D m	貫入量 L cm	1mあたりの半回転数 N_{SW}	記事
0.75	0	0.25	0.25	0	ジンワリ
1.00	2	0.50	0.25	8	無音
1.00	30	0.75	0.25	120	シャリシャリ
1.00	58	1.00	0.25	232	シャリシャリ
1.00	89	1.25	0.25	356	シャリシャリ
1.00	60	1.29	0.04	240	シャリシャリ

JIS A 1221　スウェーデン式サウンディング試験
調査件名：建築太郎
地点番号(地盤高さ)：調査点 A (KBM+9.90)
回転装置の種類：手動　天候：晴れ

図 5.2.3 SWS 試験データ

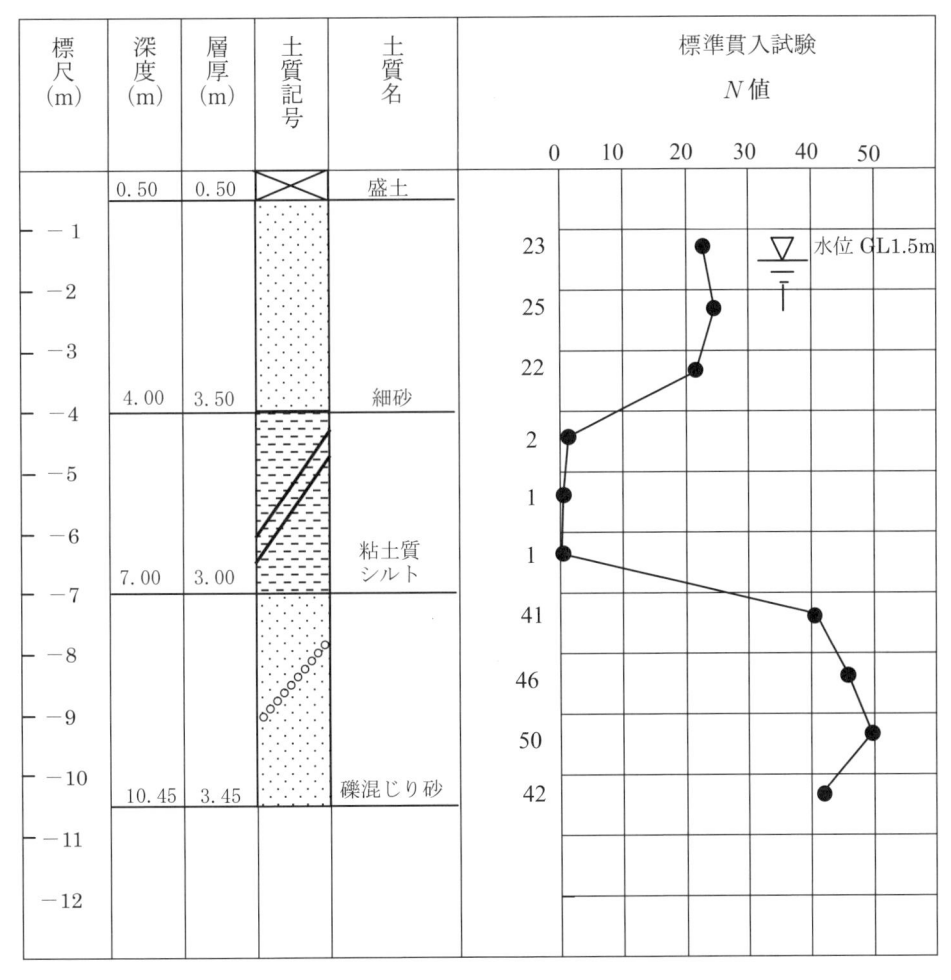

標尺 (m)	深度 (m)	層厚 (m)	土質記号	土質名	標準貫入試験 N値
-1	0.50	0.50		盛土	23
-2					25
-3				細砂	22
-4	4.00	3.50			2
-5					1
-6				粘土質シルト	1
-7	7.00	3.00			41
-8					46
-9					50
-10	10.45	3.45		礫混じり砂	42
-11					
-12					

水位 GL1.5m

図5.2.4 ボーリング柱状図

5.2.2 沈下修復計画

(1) 計画の概要

当該建物は，前節5.1.3および5.1.4より居住性や使用性の観点から沈下修復が必要と判断された．不同沈下の原因は，隣地に一時的に数mの盛土が施されたことにより，東側に沈下が生じたものと考えられる（3年程前に盛土は撤去されている）．

建物の沈下傾斜状況は，図5.1.4に示すとおりである．また，表5.2.1に不同沈下量の経年変化をまとめている．修復方法は，以下の理由により耐圧版工法を選定した．

- 建物は，2年2か月の間に不同沈下量の変化は確認できなかった．
- 基礎直下の比較的浅い深度に$N=20$以上の良好な支持地盤（細砂層）が分布している．

本計画は，基礎下の支持地盤（細砂層）に鉄板（耐圧版）を設置し，油圧ジャッキにより沈下修復を行う．修復後はジャッキの接地箇所の埋戻しを入念に行い，基礎と地盤が一体となるようにするものである．施工方法の概要は，建物外周から基礎下部を掘削し，所定の深さに耐圧版を設置す

る．耐圧版を設置する箇所は，転圧，整地を行う．建物全体を耐圧版の上に設置した支持台で仮受けた後，所定の支持力を得た状態でこれを反力に建物全体をジャッキアップ（沈下修復）する．沈下修復後は，支持台の補強をした後に定着を行う．建物下の空げき部分や掘削部を流動化処理土により埋戻しを行い基礎と地盤を一体化させる．

表 5.2.1　不同沈下量の変化　　　　　　　（単位：mm）

測定年月 ＼ 測点	X10－Y8	X10－Y5	X10－Y0	X6－Y0	X2－Y0
2007 年 2 月	－8	－19	－46	－31	－13
2007 年 8 月	－9	－18	－48	－32	－14
2008 年 2 月	－9	－19	－48	－33	－15
2008 年 10 月	－10	－19	－49	－33	－15
2009 年 4 月	－10	－19	－49	－33	－15

X0－Y8 を基準点（±0）との不同沈下量

(2)　施工手順

耐圧版工法の作業手順を以下のフローチャートに示す．

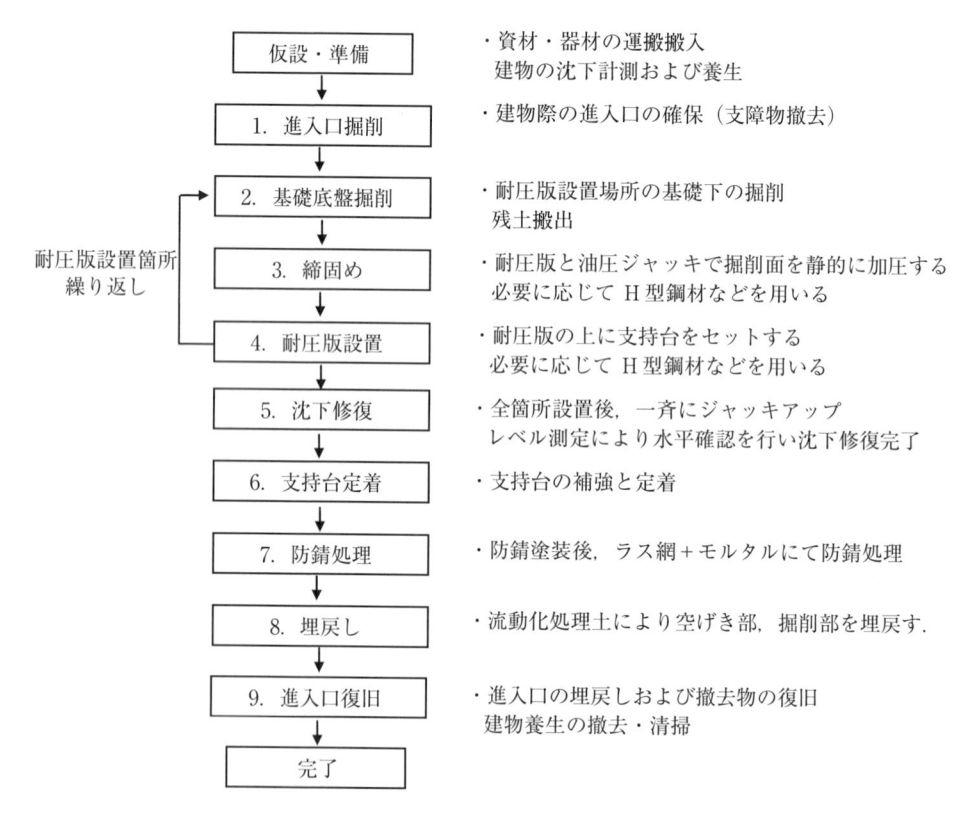

```
    ┌─────────────┐
    │  仮設・準備   │    ・資材・器材の運搬搬入
    └──────┬──────┘      建物の沈下計測および養生
           ↓
    ┌─────────────┐
    │ 1. 進入口掘削 │    ・建物際の進入口の確保（支障物撤去）
    └──────┬──────┘
           ↓
  ┌→┌─────────────┐
  │  │ 2. 基礎底盤掘削│    ・耐圧版設置場所の基礎下の掘削
  │  └──────┬──────┘      残土搬出
  │         ↓
  │  ┌─────────────┐
耐圧版│ 3. 締固め    │    ・耐圧版と油圧ジャッキで掘削面を静的に加圧する
設置箇所└──────┬──────┘      必要に応じて H 型鋼材などを用いる
繰り返し ↓
  │  ┌─────────────┐
  │  │ 4. 耐圧版設置 │    ・耐圧版の上に支持台をセットする
  └──└──────┬──────┘      必要に応じて H 型鋼材などを用いる
           ↓
    ┌─────────────┐
    │ 5. 沈下修復   │    ・全箇所設置後，一斉にジャッキアップ
    └──────┬──────┘      レベル測定により水平確認を行い沈下修復完了
           ↓
    ┌─────────────┐
    │ 6. 支持台定着 │    ・支持台の補強と定着
    └──────┬──────┘
           ↓
    ┌─────────────┐
    │ 7. 防錆処理   │    ・防錆塗装後，ラス網＋モルタルにて防錆処理
    └──────┬──────┘
           ↓
    ┌─────────────┐
    │ 8. 埋戻し     │    ・流動化処理土により空げき部，掘削部を埋戻す．
    └──────┬──────┘
           ↓
    ┌─────────────┐
    │ 9. 進入口復旧 │    ・進入口の埋戻しおよび撤去物の復旧
    └──────┬──────┘      建物養生の撤去・清掃
           ↓
    ┌─────────────┐
    │    完了       │
    └─────────────┘
```

図 5.2.5　耐圧版工法の施工手順

5.2.3 耐圧版

耐圧版は沈下修復に十分な反力を得るため，GL−0.5 m 以深に分布する細砂層に設置することとした．使用する耐圧版の仕様ならびに形状は以下のとおりとする．

　　　材　　　質：一般構造用圧延鋼板（SS400）

　　　形　　　状：500 mm×600 mm

　　　板　　　厚：$t=16$ mm

　　　耐圧版面積：0.3 m^2

　　　重　　　量：0.3695 kN/枚

5.2.4 設計荷重

基礎断面図を図 5.2.6 に示す．また，表 1.3.15 より上部建物荷重 W_B の一覧を表 5.2.2 に示す．

表 5.2.2　荷重 W_B の一覧

通り	W_B (kN/m)	通り	W_B (kN/m)
X0	4.46	Y0	6.90
X2	6.96	Y2	4.51
X4	9.32	Y5	8.74
X5	4.34	Y6	4.70
X6	5.88	Y7	4.52
X8	5.24	Y8	5.66
X10	5.42		

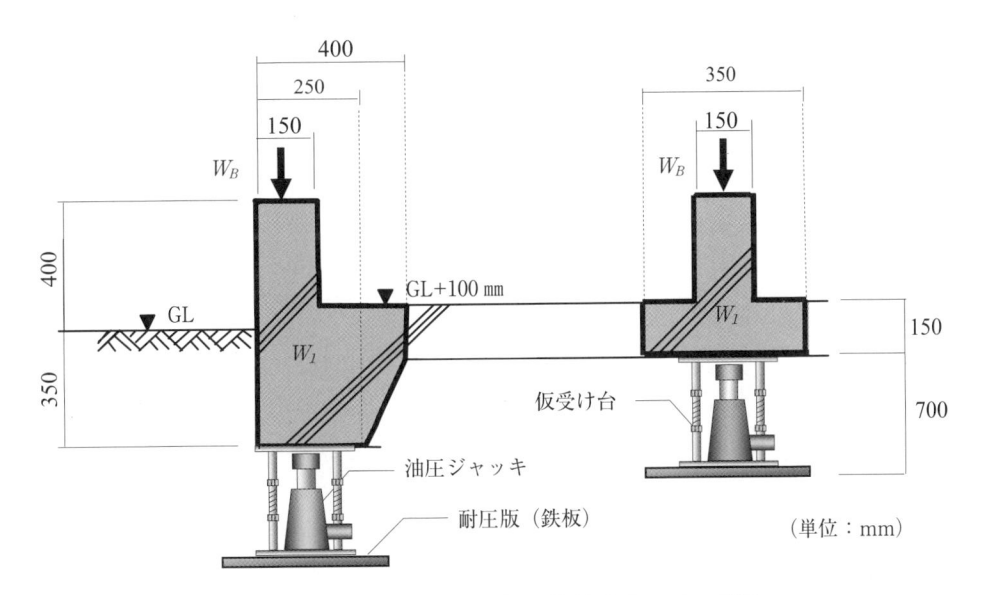

図 5.2.6　基礎の断面形状と耐圧版と油圧ジャッキの配置

次に基礎自重 W_1 を計算する．外周基礎スラブ部分と中基礎スラブ部分は，それぞれ形状が異なるため個別に算定する．

$$W_{1中}=24×0.15×0.3+24×0.35×0.15=24×2.34 \text{ kN/m}$$
$$W_{1外}=24×0.15×0.3+24×(0.4×0.15+24×(0.25+0.4)×0.3/2)=4.86 \text{ kN/m}$$

基礎通りごとの荷重は，$W=W_B+W_1$ となり，表5.2.3に示す．

表5.2.3　基礎通りごとの荷重

通り	W_B+W_1 (kN/m)	基礎長 (m)	通り荷重 (kN)	通り	W_B+W_1 (kN/m)	基礎長 (m)	通り荷重 (kN)
X0	9.32	7.28	67.85	Y0	11.76	9.10	107.02
X2	9.30	4.55	42.32	Y2	6.85	9.10	62.34
X4	11.66	2.73	31.83	Y5	11.08	9.10	100.83
X5	6.68	2.73	18.24	Y6	7.04	5.46	38.44
X6	8.22	7.28	59.84	Y7	6.86	0.91	6.24
X8	7.58	1.82	13.80	Y8	10.52	9.10	95.73
X10	10.28	7.28	74.84	合計			719.32

5.2.5　耐圧版の許容支持力

耐圧版工法では，建物を水平に修復する過程で二つに分けて許容支持力度を考える．ジャッキアップ時（仮受け時を含む）では，耐圧版直下の地盤の短期許容支持力度で建物荷重を支える．沈下修復が終了し，定着後に空げきや作業孔を埋め戻した後では，べた基礎による地盤の長期許容支持力度で建物荷重を支えることになる．この検討は5.2.7「定着後の検討」で行う．

(1) 仮受け時およびジャッキアップ時の地盤の短期許容支持力度の算定式

耐圧版直下の地盤の短期支持力度は，(5.2.1) 式によって求める．なお，設置深度をGL−0.75 m として算定する．〔小規模指針5.4節 p.75 参照〕

$$_sq_a=2/3(\alpha cN_c+\beta\gamma_1 BN_r+1/2\gamma_2 D_f N_q) \tag{5.2.1}$$

記号
- $_sq_a$ ：短期許容支持力度（kN/m²）
- α,β ：基礎の形状係数〔表5.2.3参照〕
- c ：支持地盤の粘着力（kN/m²）
- N_c, N_r, N_q ：粘着力，基礎幅，根入れ効果に起因する支持力係数，内部摩擦角 ϕ の関数
- γ_1 ：支持地盤の土の単位体積重量（kN/m³），
- γ_2 ：根入れ部分の土の単位体積重量（kN/m³）
  （γ_1, γ_2 は，地下水位以下の場合には水中単位体積重量 $\gamma_1' \cdot \gamma_2'$ を用いる）
- B ：基礎幅（短辺幅）(m)
- D_f ：根入れ深さ(m)　〔小規模指針 p.77 参照〕

耐圧版は長方形（$L=0.6$ m，$B=0.5$ m）であるため，表5.2.4より α は，1.167，β は0.333 と

なる．なお，耐圧版の設置状況から根入れ深さの D_f は 0 m とする．

細砂層の N 値を 23 とし，(5.2.2) 式より内部摩擦角は $\phi=36°$ となり，$Nc=50.6$，$Nr=44.4$，$Nq=37.8$ となる〔小規模指針 p.76 表 5.4.2 参照〕．

$$\phi=\sqrt{20N}+15 \tag{5.2.2}$$

記号　ϕ：内部摩擦角　（度）　ただし $\phi \leq 40°$
　　　N：N 値

ジャッキアップ時の耐圧版 1 箇所で負担可能な支持力を求めるため地盤の短期許容支持力度は，次のようになる．

短期許容支持力度
$$_sq_a=2/3(0+0.33 \times 18 \times 0.5 \times 44.4+0)=87.9 \text{ kN/m}^2$$

耐圧版の面積は 0.3 m^2 であるから，耐圧版 1 箇所あたりの短期鉛直支持力は 26.3 kN（$\fallingdotseq 87.9 \times 0.3$）となる．

表 5.2.4　基礎の形状係数

基礎底面の形状	連　続	正方形	長方形	円　形
α	1.0	1.2	$1.0+0.2\dfrac{B}{L}$	1.2
β	0.5	0.3	$0.5-0.2\dfrac{B}{L}$	0.3

B：長方形の短辺長さ，L：長方形の長辺長さ

5.2.6　耐圧版の配置

(1) 基礎通り部の配置

耐圧版は基礎自重を含む建物重量を支持し，かつ支持台間の建物重量により生ずる曲げモーメントおよびせん断力等の応力が基礎構造耐力を満足するように配置する．耐圧版の配置間隔は，1820 mm ピッチ以下でかつ基礎の交点に配置した．基礎通り部直下に耐圧版を配置した結果を図 5.2.7 に示す．

なお，建物の基礎通り部における荷重に対する必要箇所数を求めると表 5.2.5 に示すとおりである．

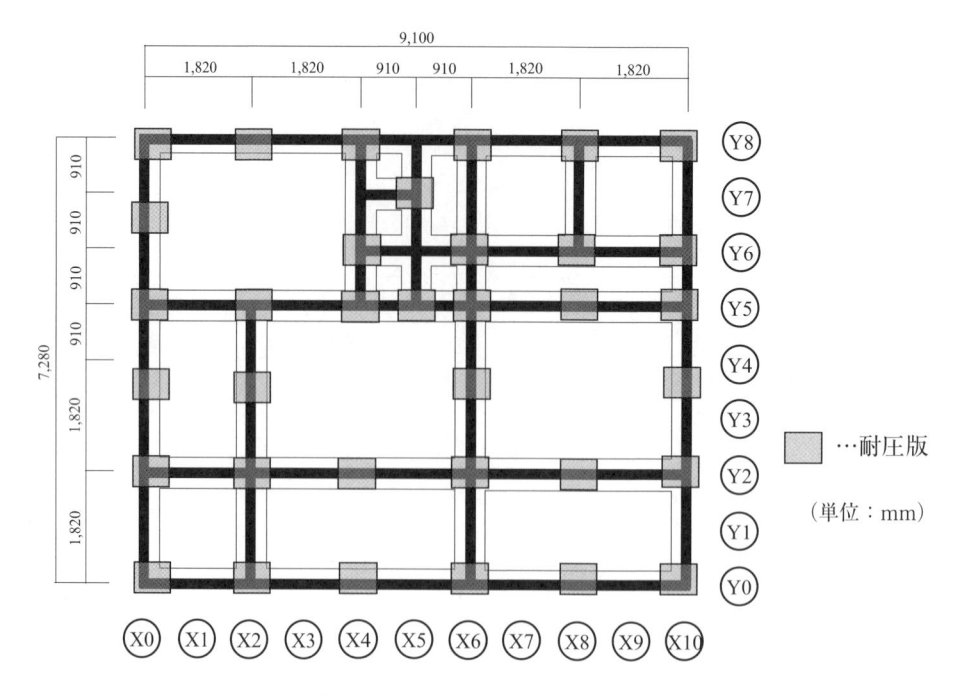

図5.2.7 基礎立上がり部の耐圧版配置図

表5.2.5 基礎通りごとの設置必要箇所

通り	荷重（kN）	必要箇所数	通り	荷重（kN）	必要箇所数
X0	67.85	3	Y0	107.02	5
X2	42.32	2	Y2	62.34	3
X4	31.83	2	Y5	100.83	4
X5	18.24	1	Y6	38.44	2
X6	59.84	3	Y7	6.24	1
X8	13.80	1	Y8	95.73	4
X10	74.84	3	合計	719.32	

(2) シングルスラブ部の配置

3.5節と同様にシングルスラブ部分においては，スラブの自重とW_Bに含まれない1階床荷重が作用するものとして荷重を算定する．図5.2.8に示すA～Oの15エリアに分割し，シングルスラブの厚さは150 mm，コンクリートの単位体積重量は24 kN/m³，1階床荷重は1.3節より1 640 N/m²としてエリアごとに荷重を表5.2.6に示す．

A，K，L，NおよびOエリアではシングルスラブの自重と耐圧版の1箇所あたりの短期許容支持力（$_sR=26.3$ kN）よりエリア内で2箇所以上設置する必要がある．また，その他のエリアに関しては耐圧版を1箇所配置する計画としたが，B～Fエリアに関してはシングルスラブ面積が小さく，自重も大きくないことから，各基礎通り部の耐圧版に自重を負担させて設計した．

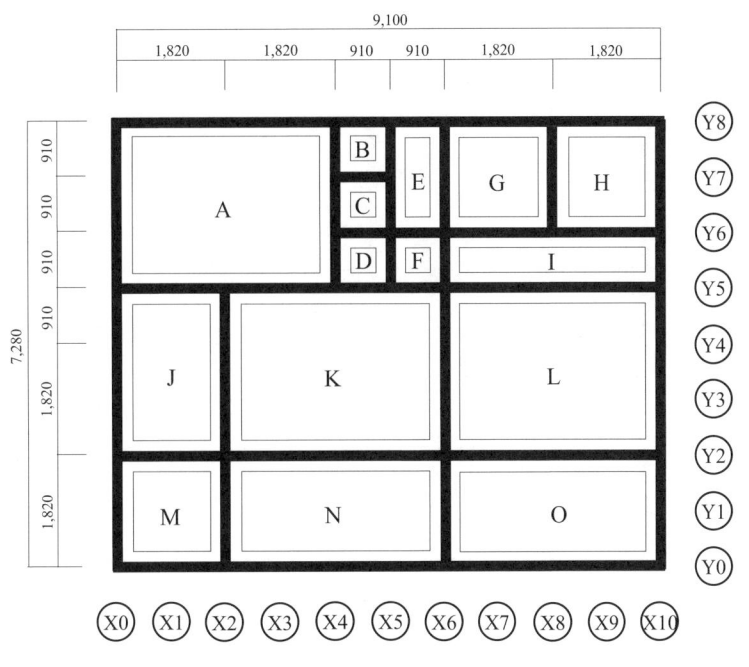

図 5.2.8 シングルスラブ部のエリア分け

表 5.2.6 シングル配筋スラブ部作用荷重一覧

エリア	1階床部 面積 (m²)	1階床部 荷重 (kN)	基礎スラブ部 面積 (m²)	基礎スラブ部 荷重 (kN)	W_S (kN)	エリア	1階床部 面積 (m²)	1階床部 荷重 (kN)	基礎スラブ部 面積 (m²)	基礎スラブ部 荷重 (kN)	W_S (kN)
A	4.969	8.15	9.937	35.77	43.92	I	—	—	3.312	11.92	11.92
B	—	—	0.828	2.98	2.98	J	1.656	2.72	4.969	17.89	20.61
C	—	—	0.828	2.98	2.98	K	4.969	8.15	9.937	35.77	43.92
D	—	—	0.828	2.98	2.98	L	4.969	8.15	9.937	35.77	43.92
E	—	—	1.656	5.96	5.96	M	0.828	1.36	3.312	11.92	13.28
F	—	—	0.828	2.98	2.98	N	2.484	4.07	6.625	23.85	27.92
G	0.828	1.36	3.312	11.92	13.28	O	2.484	4.07	6.625	23.85	27.92
H	0.828	1.36	3.312	11.92	13.28	計					277.85

　図 5.2.9 には耐圧版の配置例を示す．

　B〜F エリアのシングルスラブ部に耐圧版を配置しない設計とすることにより，B〜F エリアのシングルスラブ荷重が最も作用する X5 通り部において再度，耐圧版の必要箇所数を算定すると以下のとおりとなり，B〜F エリアのシングルスラブにおいては耐圧版を配置する必要がないことがわかる．

$$X5 通り必要箇所数 = (18.24 + (2.98 \times 4) + 5.96)/26.3 = 1.37 ≒ 2 箇所$$

　建物全荷重からの必要箇所数を N_{max} とすると N_{max} は以下のようになる．ただし，N_{max} は基礎

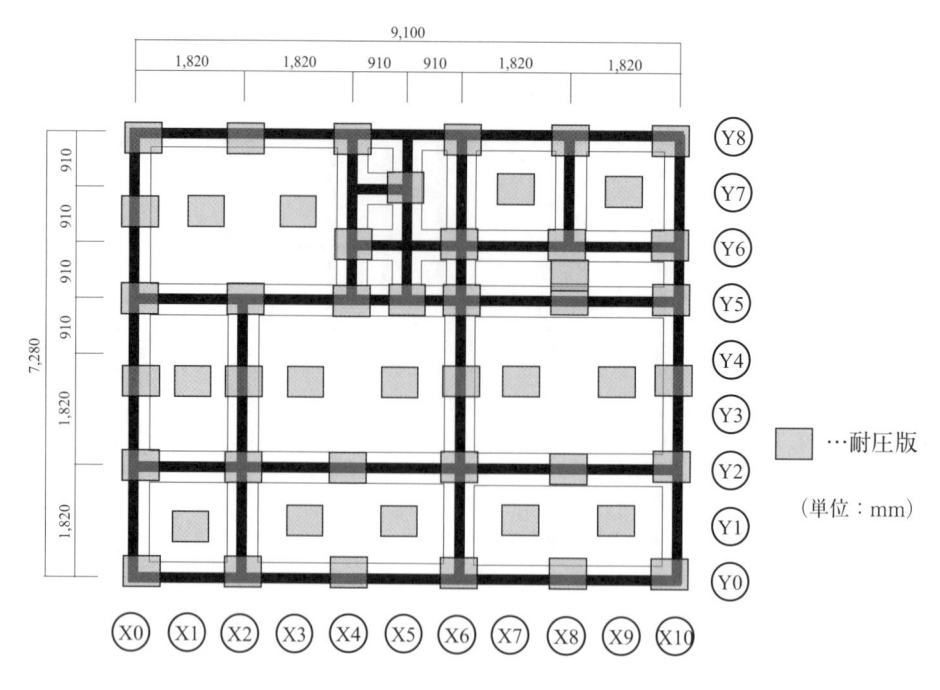

図 5.2.9 耐圧版配置例

通り部，シングルスラブ部および全荷重（基礎通り部＋シングルスラブ部）において確認する．また，それぞれの記号は，基礎通り部は $N_{\max(通)}$，シングルスラブ部は $N_{\max(シ)}$，全荷重は $N_{\max(全)}$ とする．さらに，それぞれの場合の耐圧版1箇所あたりの荷重 $W_{(通orシor全)}$ は以下のようになる．

$N_{\max(通)}=719.32/26.3=28$ 箇所 <35 箇所　　　$W_{(通)}=719.32/35=20.55$ kN/箇所 $<{}_sR$

$N_{\max(シ)}=277.85/26.3=11$ 箇所 <15 箇所　　　$W_{(シ)}=277.85/15=18.51$ kN/箇所 $<{}_sR$

$N_{\max(全)}=997.17/26.3=38$ 箇所 <50 箇所　　　$W_{(全)}=997.17/50=19.94$ kN/箇所 $<{}_sR$

(3) シングルスラブ部分のパンチングの検討

パンチング破壊は (5.2.3) 式により検討する．

$$\frac{R}{\frac{7}{8}d\cdot b_0\cdot \alpha}\leq \alpha\cdot f_s \tag{5.2.3}$$

記号

　　R：ジャッキ反力（N）

　　b_0：応力算定断面の平面周長　（mm）

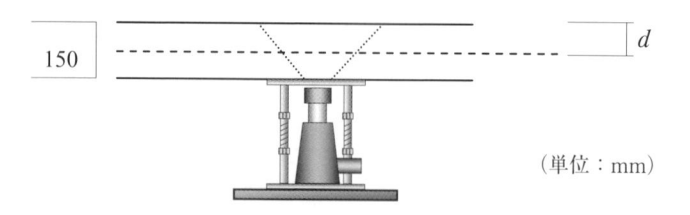

図 5.2.10　パンチングの検討

d ：基礎スラブの有効せい（mm）

f_s ：コンクリートの許容せん断応力度（N/mm²）

シングルスラブ部の耐圧版 1 箇所あたりの最大荷重部（「A」「K」「L」）からジャッキ反力 $R=21.96$（kN）とする．使用するジャッキの上部アタッチメントの大きさは，幅 40 mm，長さ 80 mm としたときのパンチング破壊の検討結果を示す．

$$\frac{R}{\frac{7}{8}d \cdot b_0} = \frac{21.96 \times 1000}{\frac{7}{8} \times 75 \times 475.5} = 0.70(\text{N/mm}^2) < 0.7 \times 1.5 = 1.05$$

5.2.7 定着後の検討

(1) 地盤の長期許容支持力度

ジャッキアップ後に作業孔を流動化処理土で埋め戻しを行った後の地盤の長期許容支持力度は，下部粘性土地盤を考慮し，(5.2.4) 式より求める．〔小規模指針 5.4 節 p.78 参照〕
図 5.2.11 に定着後の基礎断面図を示す．なお，ジャッキと鋼管を置き換え，防錆処理を行っている．

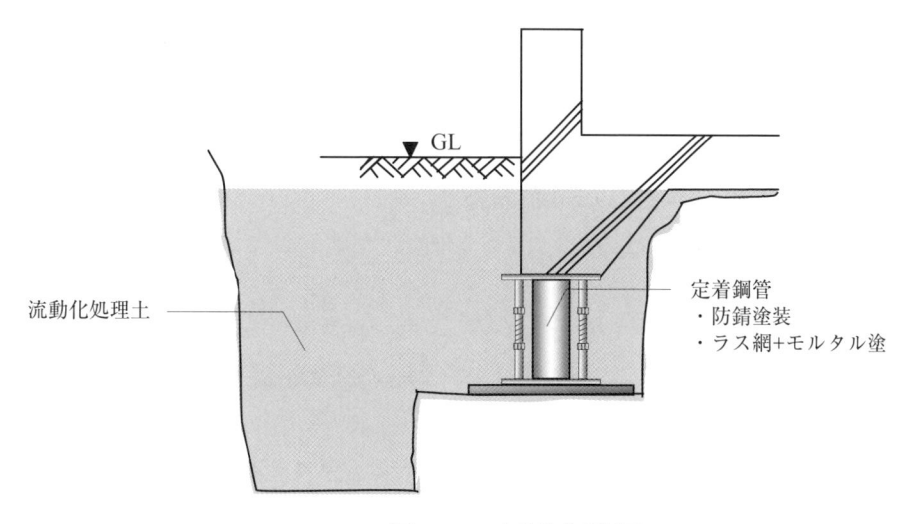

図 5.2.11 定着後基礎断面

$$p' = \frac{p \cdot B \cdot L}{(B+D'_f) \cdot (L+D'_f)} + \gamma_1 \cdot D_f \tag{5.2.4}$$

$$_Lq'_a = \frac{1}{3}\{\alpha \cdot (5.1c)\} + \gamma_1 \cdot (D_f + D'_f) \tag{5.2.5}$$

記号

p ：基礎底版に生ずる応力（kN/m²）

p' ：砂層を伝わって下部粘性土に生ずる応力（kN/m²）

$_Lq'_a$ ：下部粘性土の長期許容支持力度（kN/m²）

B ：基礎短辺幅（m）

L：基礎長辺幅（m）

D_f：根入れ深さ（m）

D'_f：基礎底面から下部粘性土までの深さ（m）

γ_1：砂層の単位体積重量（kN/m³）

α：形状係数

c：粘性土の粘着力（kN/m²）

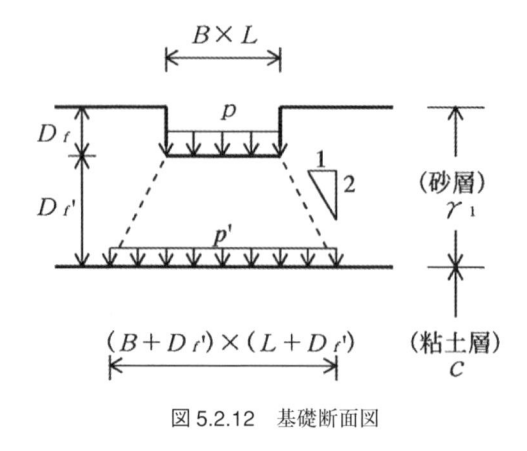

図 5.2.12　基礎断面図

建物の形状は，長方形（$L=9.10$ m，$B=7.28$ m）であるため，表 5.2.4 より $\alpha=1.16$，$\beta=0.34$ となる．なお，基礎根入れ深さは $D_f=0.35$ m なる．

粘着力 c は，GL$-4.0\sim7.0$ m の粘土質シルト層の N 値は $1\sim2$ であり，小規模指針 3.2.5 式より，c は 6.2 kN/m² とした．

$$p=(719.32+277.85)/(7.28\times9.10)=15.05 \text{ N/m}^2$$

$$_Lq_a'=1/3\times\{1.16\times(5.1\times6.2)\}+8\times4.0=44.2 \text{ kN/m}^2$$

$$p'=((15.05\times7.28\times9.10/(7.28+3.65)\times(9.10+3.65))+8\times3.65$$

$$=(997.03/139.36)+29.2=36.4 \text{ kN/m}^2 <{_Lq_a'}=44.2 \text{ kN/m}^2$$

(2) 下部粘性土層の沈下の検討

下部粘性土層の沈下については，建物の沈下の継続測定から沈下はすでに収束しているといえる．隣接地の盛土もすでに除去されていることから，沈下修復工事を行った後に再沈下の可能性は少ないと思われる．

5.2.8　耐圧版のパンチング破壊の検討

支持台には多くの形状があるが，油圧ジャッキを耐圧版の上で直接載荷した場合について検討する．パンチング破壊は (5.2.6) 式により算定する．

$$\frac{R}{\frac{7}{8}d\cdot b_0}\leq f_s \qquad (5.2.6)$$

記号

R：ジャッキ反力（N）
b_0：応力算定断面の平面周長（mm）
d：耐圧版の有効せい（mm）
f_s：耐圧版の許容せん断応力度（N/mm²）

　油圧ジャッキの底面の大きさを 14 cm 四方とし，耐圧版に作用する最大鉛直荷重を耐圧版の 1 箇所あたりの短期許容支持力 $_sR$ は 26.3 kN とした．耐圧版の板厚を 16 mm とすると以下のとおりである．

$$\frac{R}{\frac{7}{8}d \cdot b_0} = \frac{26.3 \times 1000}{\frac{7}{8} \times 8 \times 586} = 6.42(\text{N/mm}^2) < 90 \times 1.5 = 135$$

5.2.9　基礎梁の安全性の検討

　基礎の構造安全性については，耐圧版（油圧ジャッキ）間の基礎重量を含む建物荷重により生ずる曲げ・せん断応力に対する基礎立上り部分の構造設計を行う．

　その検討モデルは図 5.2.13 とし，設計用荷重は基礎自重を含む耐圧版間の鉛直荷重を想定する．また，基礎部材については図 5.2.6 のとおりである．

　設計応力の算出については端部の固定度ならびに基礎立上り部分が連続する場合の連続端の曲げモーメントなどを考慮した応力モデルは図 3.2.7 による．

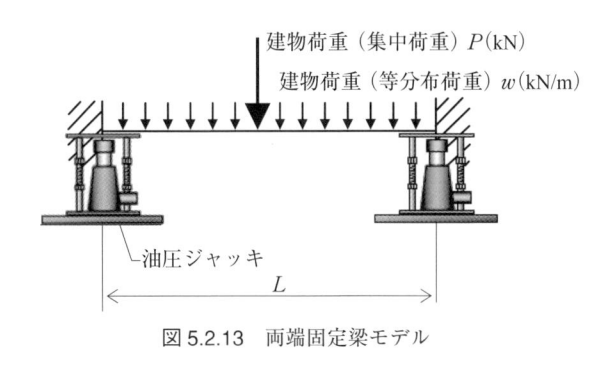

図 5.2.13　両端固定梁モデル

$$\text{固定端の曲げモーメント：} C = \frac{wL^2}{12} + \frac{PL}{8}(\text{kN·m}) \tag{5.2.7}$$

$$\text{中央部の曲げモーメント：} M_0 = \frac{wL^2}{8} + \frac{PL}{4}(\text{kN·m}) \tag{5.2.8}$$

$$\text{せん断力：} \qquad Q = \frac{wL}{2} + \frac{P}{2}(\text{kN}) \tag{5.2.9}$$

(1) 応力算定

耐圧版間の基礎に生ずる応力算定として，X4 通りを対象とする．

X4 通りの基礎梁設計用荷重 w は 11.66 kN/m が等分布，Y7 通りの荷重 P（=6.86 kN/m × 0.91 m×1/2=3.13 kN）が集中荷重，ジャッキアップ地点の配置間隔の最大は1.82mである．X4 通りは2スパンである．立上り部の断面算定が安全側の設計となるよう，図3.2.7を参考に2スパンの連続端の応力を採用する．

$$M=1.3\times(11.66\times1.82^2/12+3.13\times1.82\times1/8)=1.3\times3.93=5.11 \text{ kN·m}$$

$$Q=11.66\times1.82/2+3.13\times1/2+(1.3-0.6)\times3.93/1.82=13.69 \text{ kN}$$

(2) 梁（基礎立上り部）の断面算定

基礎立上り部の仕様および使用材料は以下のとおり．

$b\times D=150 \text{ mm}\times450 \text{ mm}$，$d=380 \text{ mm}$，$j=332.5 \text{ mm}(7/8d)$

主筋（SD295）の短期許容引張り応力度：$f_t=295 \text{ N/mm}^2$

せん断補強筋（SD295）のせん断補強用短期引張り応力度：$_wf_t=295 \text{ N/mm}^2$

コンクリート（$f_c=21 \text{ N/mm}^2$）短期許容せん断応力度：$f_s=1.05 \text{ N/mm}^2$

主筋の必要断面積 a_t

$$a_t=\frac{M}{f_t j} \tag{5.2.10}$$

$$\frac{5.11\times10^6}{295\times332.5}=52.1 \text{ mm}^2<126.7 \text{ mm}^2 \quad (1-D13)$$

基礎立上り部の短期せん断耐力

$$bjf_s=150\times332.5\times1.05=52\,368.75 \text{ N}=52.36 \text{ kN}>13.69 \text{ kN}$$

5.2.10 施工時の留意点および管理項目

(1) 進入口および掘削範囲

1) 進入口（1.5×2.0 m 程度）を建物際に設け，進入口より基礎下の掘削を行う．掘削は人力にて行い，掘削土は，人力またはベルトコンベアーで搬出し場外処分とする．
2) 進入口は，適切な土留めを行い掘削時の安全を確保する．
3) 建物下部の掘削については，必要に応じて当て矢板等により掘削時の安全を確保する．
4) 掘削時に湧水が生じた場合は，掘削面を土嚢などにより保護し，排水は最小限に留める．湧水量が多い場合は，直ちに作業を中止し適切に埋め戻す．

(2) 耐圧版と支持台の設置

1) 基礎下の掘削は，所定箇所に耐圧版を置き，ジャッキを設置し仮受けしながら順次掘進する．設計上では，耐圧版の設置間隔を 1820 mm として基礎梁の検討を行っている．施工段階で 1820 mm を超えないように掘削を計画しなければならない．また，必要に応じて掘削範囲で検討を行うこと．

2) 耐圧版の受入れ時の品質管理は以下のとおりとする．
・形状：規定の大きさ以上
・板厚長さ：規定厚以上
・変形やゆがみがないこと
3) 耐圧版の設置と支持台の設置に際しては，水平および鉛直の精度を確保する．
・耐圧版は水平に設置する．設置面の地盤に乱れが生じている場合には十分に締固める．
・支持台の鉛直性は傾斜1/100以下とする．

(3) 沈下修復および定着
1) 所定の位置に耐圧版および支持台を設置した後，沈下修復を行う．
2) ジャッキアップは出来る限り均一に少量ずつ行い，ジャッキ圧力を適切に管理し，基礎梁および上部構造の有害な変形が生じないか目視や計測（浮上り量3mm以内）により適切に管理を行う．
3) 修正量は目標修正量に対して±5mm，床傾斜において2/1000以内であることを確認する．
4) 油圧ジャッキから定着鋼管に盛替えて定着処理を行う〔写真5.2.1, 5.2.2参照〕．
5) ジャッキアップ完了後の定着鋼管は，適切に防錆処理を行う．

写真5.2.1 支持台の例（ジャッキアップ前）　　写真5.2.2 支持台の例（ジャッキアップ後）

(4) 埋戻しおよび事後管理
1) 埋戻しは流動化処理土により埋め戻す．流動化処理土の仕様例を以下に示す．

　　土質区分：粘性土，砂質土
　　最大粒径：40 mm以下
　　製品比重：1.35〜2.1
　　加　　水：250〜450 kg/m^3
　　フロー値：180〜300 mm（シリンダー法）
　ブリージング率：1％未満
　　一軸圧縮強度：130〜560 kN/m^2（28日強度）

2) 埋戻しは支持台，耐圧版と地盤および基礎が一体化となるように適切に埋め戻す．
3) 流動化処理土は数回に分けて埋め戻し，目減りのしない方法とする．
4) 沈下修復工事完了後は修正量と現状の水平状況を確認記録し，必要に応じて定期的に観測を行い沈下が生じていないことを確認する．

5.3節　小口径鋼管杭圧入工法による沈下修復工法の設計例

5.3.1　建物等の概要
(1) 建物概要

　　　　建物概要　　　5.1節に示した建物と同様とする
　　　　基礎仕様　　　鉄筋コンクリート布基礎

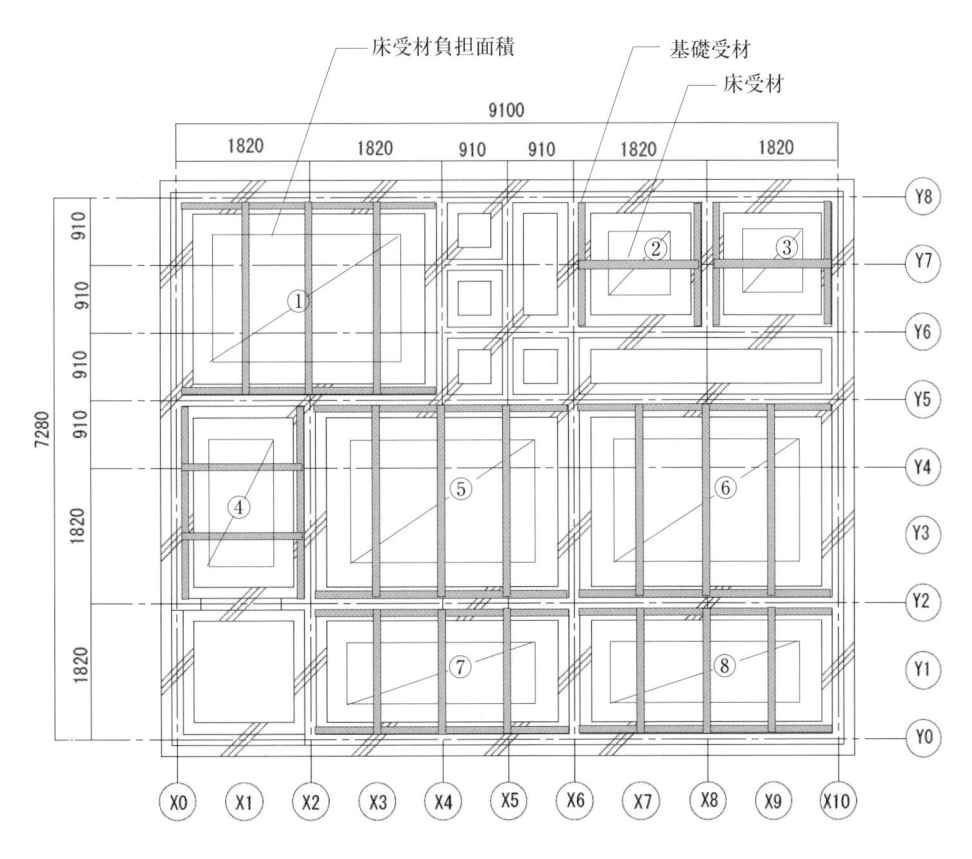

図 5.3.1　基礎伏図および床受鋼材配置図

（単位：mm）

(2) 地盤条件

SWS 試験の結果から，表層部 GL$-$1.25 m まで盛土，GL$-$2.75～4.5 m までが自沈層を含む軟弱層であり，GL$-$6 m 以深は N_{sw} 値が 40～200 程度の良好な地層である．

荷重 W_{sw} kN	半回転数 N_a	貫入深さ D m	貫入量 L cm	1mあたりの半回転数 N_{sw}	記事
1.00	4	0.25	0.25	16	シャリシャリ
1.00	5	0.50	0.25	20	シャリシャリ
1.00	4	0.75	0.25	16	シャリシャリ
1.00	4	1.00	0.25	16	シャリシャリ
1.00	6	1.25	0.25	24	シャリシャリ
1.00	2	1.50	0.25	8	無音
1.00	2	1.75	0.25	8	無音
1.00	3	2.00	0.25	12	無音
1.00	3	2.25	0.25	12	無音
1.00	1	2.50	0.25	4	無音
1.00	1	2.75	0.25	4	無音
0.75	0	3.00	0.25	0	ジンワリ
0.75	0	3.25	0.25	0	ジンワリ
0.75	0	3.50	0.25	0	ジンワリ
0.75	0	3.75	0.25	0	ジンワリ
0.50	0	4.00	0.25	0	ジンワリ
0.50	0	4.25	0.25	0	ジンワリ
0.50	0	4.50	0.25	0	ジンワリ
1.00	2	4.75	0.25	8	無音
1.00	2	5.00	0.25	8	無音
1.00	3	5.25	0.25	12	無音
1.00	3	5.50	0.25	12	無音
1.00	3	5.75	0.25	12	無音
1.00	12	6.00	0.25	48	シャリシャリ
1.00	15	6.25	0.25	60	シャリシャリ
1.00	16	6.50	0.25	64	シャリシャリ
1.00	11	6.75	0.25	44	シャリシャリ
1.00	10	7.00	0.25	40	シャリシャリ
1.00	8	7.25	0.25	32	シャリシャリ
1.00	8	7.50	0.25	32	シャリシャリ
1.00	12	7.75	0.25	48	シャリシャリ
1.00	30	8.00	0.25	120	シャリシャリ
1.00	34	8.25	0.25	136	シャリシャリ
1.00	45	8.50	0.25	180	シャリシャリ
1.00	45	8.75	0.25	180	シャリシャリ
1.00	50	9.00	0.25	200	シャリシャリ

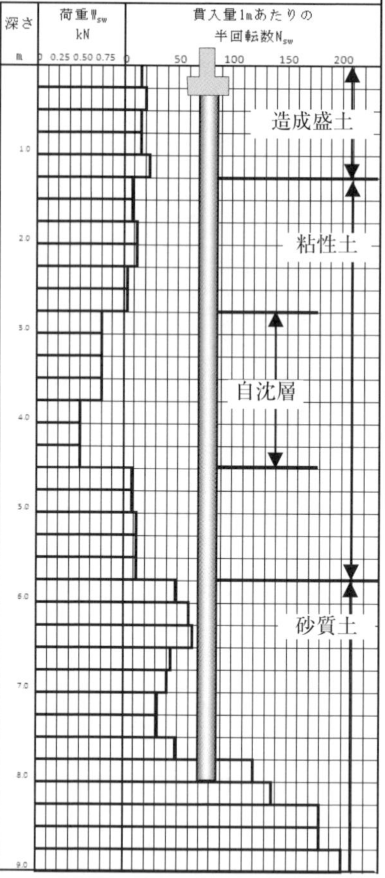

地層区分：造成盛土，粘性土，自沈層，砂質土

図 5.3.2　SWS 試験データと杭概要図

5.3.2 沈下修復計画

(1) 計画の概要

当該建物は居住性や使用性の観点から沈下修復が必要と判断された．また，SWS試験の結果より，GL－2.75～4.50mに自沈層が確認され，造成盛土（$H=1.25$m）により圧密沈下したもので，沈下の継続性が考えられるため，小口径鋼管杭圧入による沈下修復工法を選定した〔5.1節参照〕．

本計画は，基礎下に圧入した小口径鋼管杭により沈下修復を行い，修復後は地盤と小口径鋼管杭が一体となった地盤補強として計画するものである．施工方法の概要は，建物際に設けた進入口から基礎下部を掘削し，建物荷重を反力に短尺の鋼管を継ぎ足しながら圧入する．床は基礎に固定した鋼材にて大引きを受け，床束は撤去する．これを繰り返し，建物全体を小口径鋼管杭で仮受けた後，所定の支持力を得た状態でこれを反力に建物全体をジャッキアップ（沈下修復）する．沈下修復後は定着鋼管にて本受けを行い，掘削部分を流動化処理土で埋戻して小口径鋼管杭と地盤を一体化させ地盤補強を行う工法である．

(2) 施工手順

本工法の作業手順を以下のフローチャートに示す．

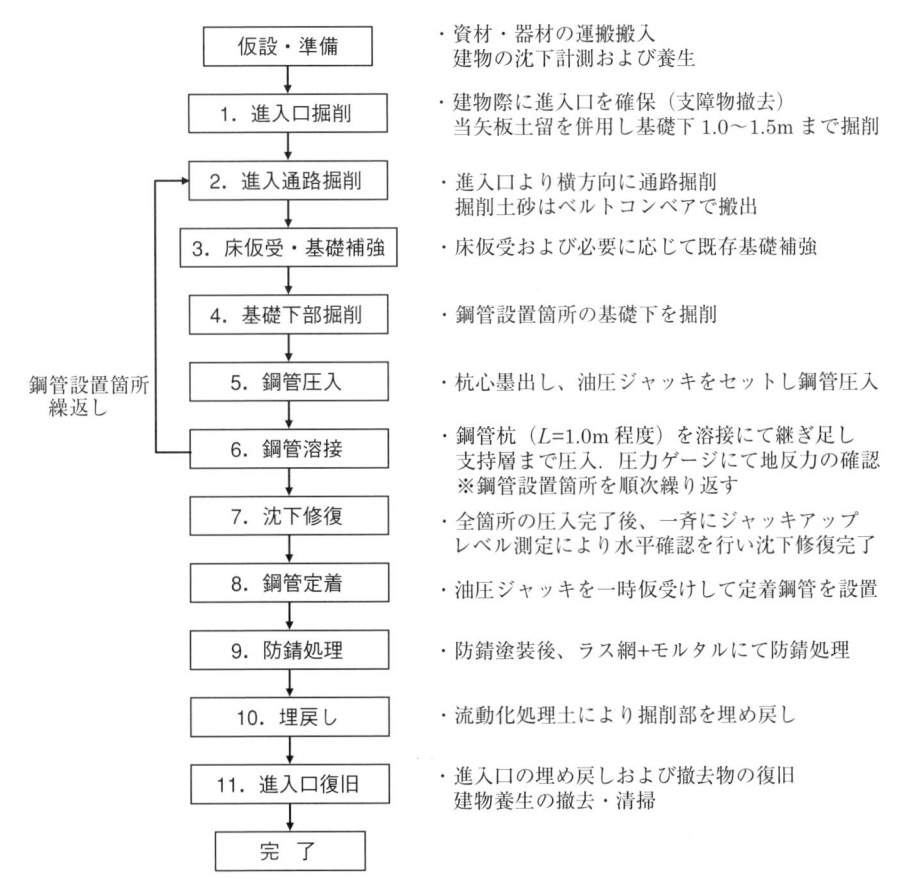

仮設・準備	・資材・器材の運搬搬入 建物の沈下計測および養生
1. 進入口掘削	・建物際に進入口を確保（支障物撤去） 当矢板土留を併用し基礎下1.0～1.5mまで掘削
2. 進入通路掘削	・進入口より横方向に通路掘削 掘削土砂はベルトコンベアで搬出
3. 床仮受・基礎補強	・床仮受および必要に応じて既存基礎補強
4. 基礎下部掘削	・鋼管設置箇所の基礎下を掘削
5. 鋼管圧入	・杭心墨出し，油圧ジャッキをセットし鋼管圧入
6. 鋼管溶接	・鋼管杭（$L=1.0$m程度）を溶接にて継ぎ足し 支持層まで圧入．圧力ゲージにて地反力の確認 ※鋼管設置箇所を順次繰り返す
7. 沈下修復	・全箇所の圧入完了後，一斉にジャッキアップ レベル測定により水平確認を行い沈下修復完了
8. 鋼管定着	・油圧ジャッキを一時仮受けして定着鋼管を設置
9. 防錆処理	・防錆塗装後，ラス網+モルタルにて防錆処理
10. 埋戻し	・流動化処理土により掘削部を埋め戻し
11. 進入口復旧	・進入口の埋め戻しおよび撤去物の復旧 建物養生の撤去・清掃
完了	

（鋼管設置箇所繰返し：手順2～6）

図5.3.3 鋼管圧入沈下修復工法の施工手順

5.3.3 使用材料

(1) 小口径鋼管杭

小口径鋼管杭は沈下修復に十分な反力を得るため，先端以深の良好な支持層厚1mが確認できるGL-8.0mまで圧入するものとした．使用する小口径鋼管杭の仕様ならびに杭形状は以下のとおりとする．

　　　杭　　　材：一般構造用炭素鋼管（JIS G 3444）
　　　口　　　径：ϕ216.3（外径）
　　　肉　　　厚：$t=4.5$ mm
　　　閉塞断面積：0.0367 m^2
　　　周　　　長：0.680 m
　　　重　　　量：23.5 kg/m

(2) 床受鋼材

基礎下部の地盤掘削に伴い，束石および床束を撤去し，図5.3.4のように鋼材にて床を受ける．床受鋼材の形状は下記のとおりとする．

表5.3.1　床受鋼材一覧

	床受材	基礎受材・支持材
形状	200×100×5.5×8	100×100×6×8
断面積	27.16 mm^2	21.90 mm^2
単位重量	21.3 kg/m（208.74 N/m）	17.2 kg/m（168.56 N/m）
断面二次モーメント Ix	1,840 cm^4	383 cm^4
断面係数 Zx	184 cm^3	76.5 cm^3

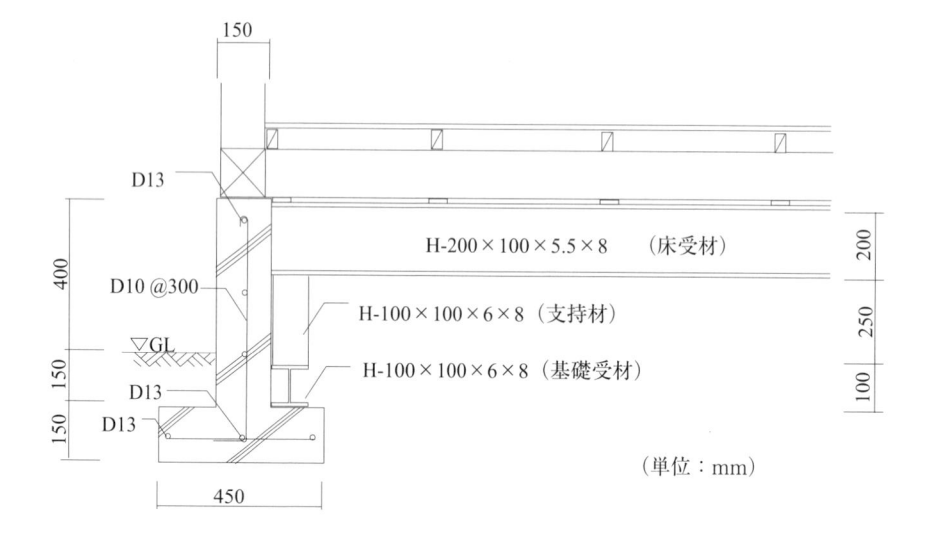

図5.3.4　床受鋼材配置図

5.3.4 設計荷重

基礎断面図を図 5.3.5 に示す．また，表 1.3.15 より上部建物荷重 W_B の一覧を表 5.3.2 に示す．

表 5.3.2 荷重 W_B の一覧

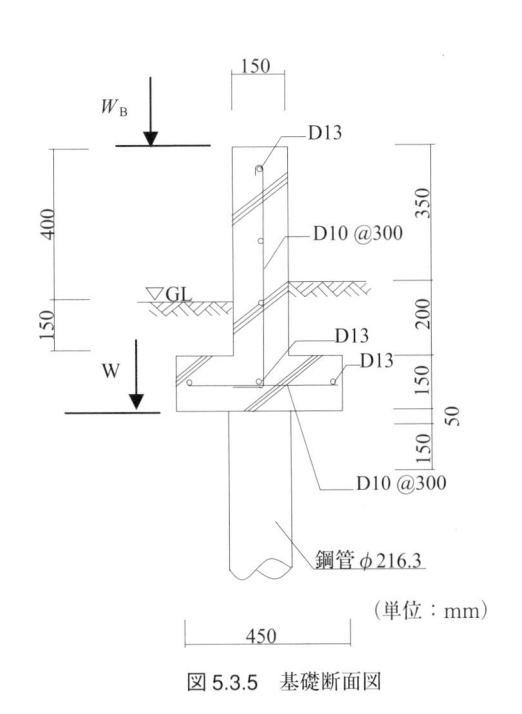

通り	W_B (kN/m)	通り	W_B (kN/m)
X0	4.46	Y0	6.90
X2	6.96	Y2	4.51
X4	9.32	Y5	8.74
X5	4.34	Y6	4.70
X6	5.88	Y7	4.52
X8	5.24	Y8	5.66
X10	5.42		

図 5.3.5 基礎断面図

基礎自重および基礎底版上部土重量の合計荷重 W_1 を算定する．算定にあたっては，埋め戻し土の単位体積重量として 16 kN/m³ とした．

$W_1 = (0.15 \times 0.55 + 0.45 \times 0.15) \times 24 + (0.15 \times 0.15 + 0.15 \times 0.2) \times 16$

$\quad = 4.44$ kN/m

小口径鋼管杭の設計用荷重を表 5.3.3 に示す．

$W = W_B + W_1$

表5.3.3 設計用荷重 W の一覧

通り	W_B+W_1 (kN/m)	基礎長 (m)	通り荷重 (kN)	通り	W_B+W_1 (kN/m)	基礎長 (m)	通り荷重 (kN)
X0	8.9	7.28	64.79	Y0	11.34	9.10	103.19
X2	11.4	4.55	51.87	Y2	8.95	9.10	81.45
X4	13.76	2.73	37.56	Y5	13.18	9.10	119.94
X5	8.78	2.73	23.97	Y6	9.14	5.46	49.90
X6	10.32	7.28	75.13	Y7	8.96	0.91	8.15
X8	9.68	1.82	17.62	Y8	10.1	9.10	91.91
X10	9.86	7.28	71.78				
X 計			342.72	Y 計			454.55
建物全荷重 (kN)							797.27

1階床荷重は，基礎に取り付けた鋼材で受け，基礎を介して小口径鋼管杭がすべて負担する．1階床および受鋼材の荷重を表5.3.4 および表5.3.5 に示す．

表5.3.4 負担床面積および鋼材の一覧

	負担床荷重		床受材			基礎受材			支持材		
	床面積		長さ	本	延長	長さ	本	延長	長さ	本	延長
①	2.73×1.82	4.969	2.58	3	7.74	3.49	2	6.98	0.25	6	1.50
②	0.91×0.91	0.828	1.67	1	1.67	1.67	2	3.34	0.25	2	0.50
③	0.91×0.91	0.828	1.67	1	1.67	1.67	2	3.34	0.25	2	0.50
④	0.91×1.82	1.656	1.67	2	3.34	2.58	2	5.16	0.25	4	1.00
⑤	2.73×1.82	4.969	2.58	3	7.74	3.49	2	6.98	0.25	6	1.50
⑥	2.73×1.82	4.969	2.58	3	7.74	3.49	2	6.98	0.25	6	1.50
⑦	2.73×0.91	2.484	1.67	3	5.01	3.49	2	6.98	0.25	6	1.50
⑧	2.73×0.91	2.484	1.67	3	5.01	3.49	2	6.98	0.25	6	1.50
	計	23.19	計		39.92	計		46.74	計		9.50

表5.3.5 床荷重集計表

単位荷重 (N/m²)		面積 m²	荷重 N	H鋼材	N/m	長さ m	荷重 N
フローリング	190			200×100	208.74	39.92	8 332.90
床板・根太	150			100×100	168.56	46.74	7 878.49
床梁	170			100×100	168.56	9.50	1 601.31
積載荷重	1 800			小計 (N) W_S			17 812.72
小計 (N) W_U	2 310	23.19	53 561.51	計 71 374 N (71.37 kN)			

なお，玄関ポーチ土間コンクリートの荷重は 9.54 kN (=1.82×1.82×@ 0.12×24 kN) である．

以上より，基礎および1階床を含む建物全体の荷重は以下のとおりである．

建物および基礎	797.27 kN
床および床受材	71.37 kN
土間コンクリート	9.54 kN
合計	878.18 kN

5.3.5 杭の長期許容鉛直支持力

(1) 地盤から求まる長期許容鉛直支持力の算定

杭の長期許容鉛直支持力 R_{a1} の算定

$$R_{a1}=\frac{1}{3}(R_p+R_f) \tag{5.3.1}$$

1) 極限先端支持力 R_p の算定

　　杭先端の平均換算N値の計算：先端より下へ1d，上へ1dの平均N値を算定する．

$$\overline{N_{sw}}=(120+136)/2=128$$

$$\overline{N}=2\overline{W_{sw}}+0.067\overline{N_{sw}} \tag{5.3.2}$$

$$=2\times 1.0+0.067\times 128=10.5$$

　　極限先端支持力 R_p は以下の小規模指針 7.2.3 式による．

$$R_p=\alpha\overline{N}A_p=200\overline{N}A_p \tag{5.3.3}$$

$$=200\times 10.5\times 0.0367=77.07 \text{ kN}$$

2) 杭周面地盤の極限摩擦支持力 R_f の算定

　　ここでは，盛土層を除き，GL$-$1.25 m〜5.75 m（4.5 m）を粘性土層，GL$-$5.75〜8.0 m（2.25 m）までを砂質土層として小規模指針 7.2.5 式により杭の極限摩擦支持力を算定する．

　　GL$-$1.25 m〜5.75 m の粘性土層の W_{sw} と N_{sw} の平均値は以下のようになる．

$$\overline{W_{sw}}=(0.75\times 1.0+0.5\times 0.75+1.0\times 2.75)/4.5=0.861 \text{ kN}$$

$$\overline{N_{sw}}=(8\times 0.25\times 4+12\times 0.25\times 5+4\times 0.25\times 2)/4.5=5.55$$

　　粘着力は小規模指針 7.1.1 式より

$$c=qu/2=(45\overline{W_{sw}}+0.75\overline{N_{sw}})/2=(45\times 0.861+0.75\times 5.55)/2=21.45(\text{kN/m}^2) \tag{5.3.4}$$

　　GL$-$5.75 m〜8.0 m の砂質土層の W_{sw} と N_{sw} の平均値は以下のようになる．

$$\overline{W_{sw}}=1.0 \text{ kN}$$

$$\overline{N_{sw}}=(48+60+64+44+40+32+32+48+120)/9=54.2$$

　　換算N値の平均は以下のとおりである．

$$\overline{N}=2\times 1.0+0.067\times 54.2=5.6$$

　　摩擦力は $=10/3\,N$ より

$$\tau_s=10\times 5.6/3=18.66 \text{ (kN/m}^2)$$

　　以上より，杭周面の極限摩擦力は以下のようになる．（ただし，W_{sw} 0.5 kN 以下を除く）

$$R_f=R_{fs}+R_{fc} \tag{5.3.5}$$

$$=0.680\times\{21.45\times(4.5-0.75)+18.66\times 2.25\}=83.24 \text{ kN}$$

3) 地盤から求まる長期許容鉛直支持力

$$R_{a1} = \frac{1}{3}(R_p + R_f) = (77.07 + 83.24)/3 = 53.43 \text{ kN} \tag{5.3.6}$$

(2) 杭体から求まる長期許容鉛直支持力の算定

小口径鋼管杭に使用する材料は，一般構造用炭素鋼管であるので杭材の許容圧縮応力は，腐食しろおよび細長比を考慮し，小規模指針 (7.2.8) 式により算定する．

$$R_{a2} = \frac{1}{1.5} \times F_c + A_p(1 - \alpha_1) \tag{5.3.7}$$

記号

R_{a2}：杭の許容圧縮応力（kN）

F_c：設計基準強度

・$0.01 < \frac{t_e}{r} \leq 0.08$　　　$F_c = F\left(0.80 + 2.5 \times \frac{t_e}{r}\right)$

・$\frac{t_e}{r} \geq 0.08$　　　$F_c = F$

F：杭材の材質から決まる基準強度 F 値（kN/m²），STK400＝235（N/mm²）

A_p：杭の有効断面積（m²）

t_e：腐食しろを除いた杭の肉厚(m)（腐食しろは外面 1 mm とする）

α_1：細長比による低減率

　　　　$L/D > 100$ の場合，$\alpha_1 = (L/D - 100)/100$

L：杭長（m），D：杭の有効径（m），r：杭の有効半径（m）

腐食しろを除いたときの肉厚を $t_e = 3.5$ mm とする．また杭長は $L = 7.7$ m とする．

1) 杭体および杭材から求まる数値

　細長比による低減率　$L/D = 7\,700/(216.3 - 2) = 35.93$　　　∴ $\alpha_1 = 0$

　設計基準強度　$F_c = \min(235 \times (0.8 + 2.5 \times 3.5/107.15), 235) = 207.19$（N/mm²）

　腐食代を除いた杭体の有効断面積　$A_e = 2\,317.9$ mm²

2) 杭体から求まる長期許容鉛直支持力

　$R_{a2} = F_c/1.5 \times A_e(1 - \alpha_1)$

　　　$= 207.19/1.5 \times 2\,317.9 = 320\,163$ N $= 320.16$ kN

以上より杭の長期許容鉛直支持力は以下のようになる．

　$_LR = \min(R_{a1}, R_{a2}) = \min(53.43, 320.16) = 53.43$ kN　　　　　　　　　　(5.3.8)

5.3.6　小口径鋼管杭の配置

小口径鋼管杭は基礎自重を含む建物重量を支持し，かつ杭間の建物重量により生ずる曲げモーメントおよびせん断力等の応力が基礎構造耐力を満足するように，配置間隔は 1820mm 以下に配置する．小口径鋼管杭を配置した結果を図 5.3.6 に示す．その結果，杭本数は 35 本となった．

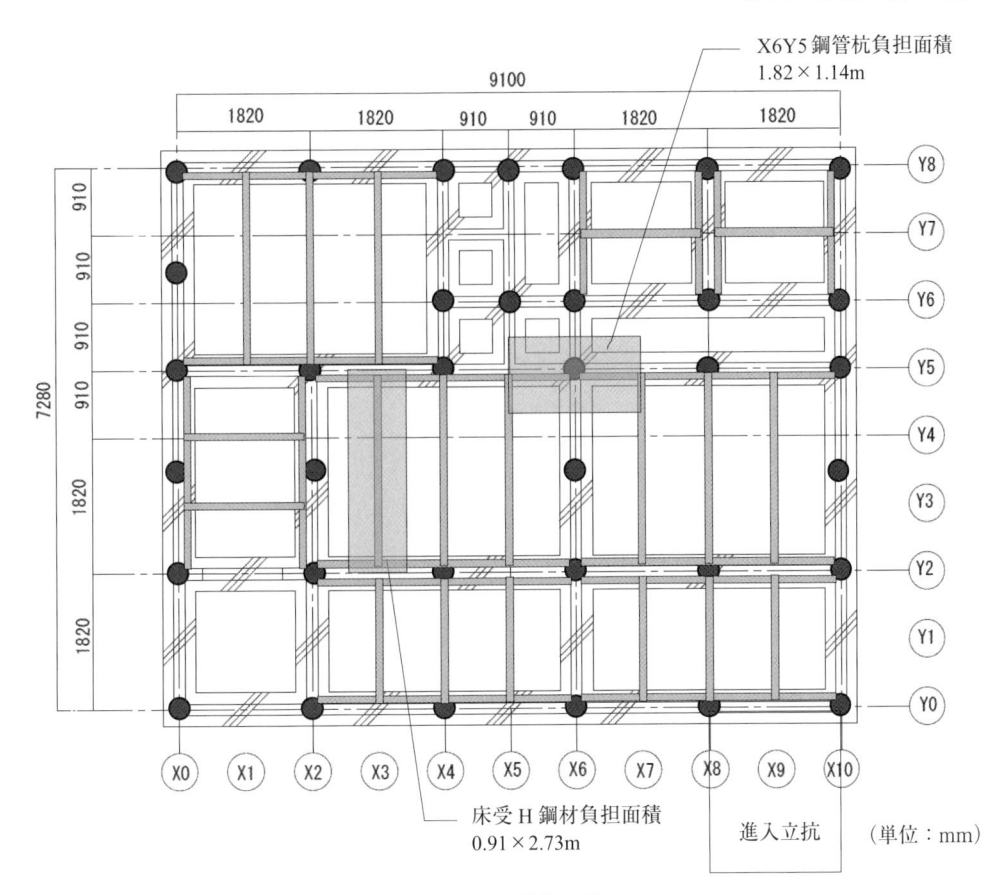

図 5.3.6 鋼管杭配置図

一方，建物の基礎を含む全荷重に対する杭必要本数は以下のとおりである．

小口径鋼管杭の長期許容鉛直支持力 $_LR$ は 53.43（kN）であり，建物全荷重 W は 878.18 kN である．

建物全荷重からの必要な杭本数を N_{max} とすると，N_{max} は以下のようになる．

N_{max}＝878.18/53.43＝17 本 ＜35 本

また，このとき最も厳しい X6-Y5 の箇所での安全性を確認する．この箇所の小口径鋼管杭が負担する面積は図 5.3.6 に示す範囲とする．

基礎荷重 W （表 5.3.3 より）
  X6 通り 10.32×1.14＝11.76 kN
  Y5 通り 13.18×1.82＝23.99 kN
  X5 通り 8.78×0.455×1/2＝2.00 kN   計 37.75 kN

床受け荷重 $W_t=W_u+W_s$（⑤⑥ 表 5.3.4, 表 5.3.5 より）
  床荷重 4.97 m^2×2 310 N/m^2＝11 481 N
  床受鋼材 2.58 m×3×208.74 N/m＝1 616 N
  基礎受鋼材 3.49 m×2×168.56 N/m＝1 177 N

支持鋼材　　0.25 m×6×168.56 N/m＝253 N

計（⑤＋⑥→×2）　　　　　　14 527×2＝29 054（29.05 kN）

床受け荷重W_t× 負担長/基礎受け鋼材延長

　　29.05×(0.91×2)/(3.49×4)＝3.79 kN

X6-Y5 の荷重　＝$W+W_t$＝37.75＋3.79＝41.54 kN/本 ＜53.43 kN/本

5.3.7　基礎梁の安全性の検討

　基礎の構造安全性については，杭間に生じる曲げおよびせん断応力に対する基礎立上り部分の構造設計を行う．

　設計用荷重は基礎自重を含む杭間の鉛直荷重を想定し，両端を固定としたときの固定端曲げモーメント C ならびに単純梁の中央部の最大曲げモーメント M_0，せん断力 Q の算定については，図 5.3.7 とする．なお，基礎部材の断面は，図 5.3.5 のとおりである．

　設計応力の算定については，端部の固定度ならびに基礎立上り部分が連続する場合の連続端の曲げモーメントなどを考慮した応力モデルは図 3.2.7 による．

　許容応力度はジャッキアップ時は短期となるが，3.6 節と同様に修復後も含め安全側となる長期許容応力度について検討を行う．

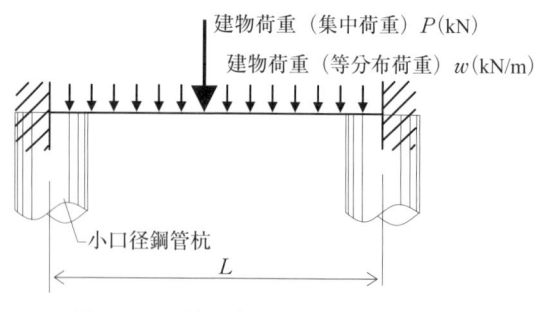

図 5.3.7　両端固定梁モデル

$$\text{固定端の曲げモーメント：} C=\frac{wL^2}{12}+\frac{PL}{8}(\text{kN·m}) \tag{5.3.9}$$

$$\text{中央部の曲げモーメント：} M_0=\frac{wL^2}{8}+\frac{PL}{4}(\text{kN·m}) \tag{5.3.10}$$

$$\text{せん断力：} Q=\frac{wL}{2}+\frac{P}{2}(\text{kN}) \tag{5.3.11}$$

(1) 応力算定

　杭間の基礎に生ずる応力算定として，最も厳しい X4 通りを対象とする．

　X4 通りの基礎梁設計用荷重 W は 13.76 kN/m が等分布，Y7 通りの荷重 P は 4.08 kN（8.96 kN/m×0.91×1/2）が集中荷重，杭の配置間隔の最大は 1 820 mm である．X4 通りは 2 スパンである．立ち上がり部の断面算定が安全側の設計となるよう，図 3.2.7 を参考に 2 スパンの連続端の応

力を採用する．

したがって，杭間の梁（基礎立上り部）に生ずる応力は以下のようになる．

$$M=1.3\times(13.76\times1.82^2/12+4.08\times1.82\times1/8)=1.3\times4.73=6.14\text{ kN}\cdot\text{m}$$
$$Q=13.76\times1.82/2+4.08\times1/2+(1.3-0.6)\times4.73/1.82=16.38\text{ kN}$$

(2) 梁（基礎立上り部）の断面算定

基礎立上り部の仕様および使用材料は以下のとおりである．

$$b\times D=150\text{ mm}\times700\text{ mm},\ d=630\text{ mm},\ j=551.25\text{ mm}\ \left(\frac{7}{8}d\right)$$

主筋（SD295）の長期許容引張り応力度：$f_t=195\text{ N/mm}^2$

せん断補強筋（SD295）のせん断補強用長期引張り応力度：${}_wf_t=195\text{ N/mm}^2$

コンクリート（Fc=21 N/mm²）長期許容せん断応力度：$f_s=0.7\text{ N/mm}^2$

主筋の必要断面積 a_t

$$a_t=\frac{M}{f_t j}=\frac{6.14\times10^6}{195\times551.25}=57.12\text{ mm}^2<126.7\text{ mm}^2\ (1\text{-D13}) \tag{5.3.12}$$

基礎立ち上がり部の長期せん断耐力

$$bjf_s=150\times551.25\times0.7=57\,881.25\text{ N}=57.88\text{ kN}>16.38\text{ kN} \tag{5.3.13}$$

5.3.8 床受け材の検討

図 5.3.6 に示す最長スパンとなる X3 通りについて床受材の検討を行う．
奥行き単位幅 910 mm として網掛け部の床荷重を負担するものとして，検討条件は図 5.3.8 のとおりとする．

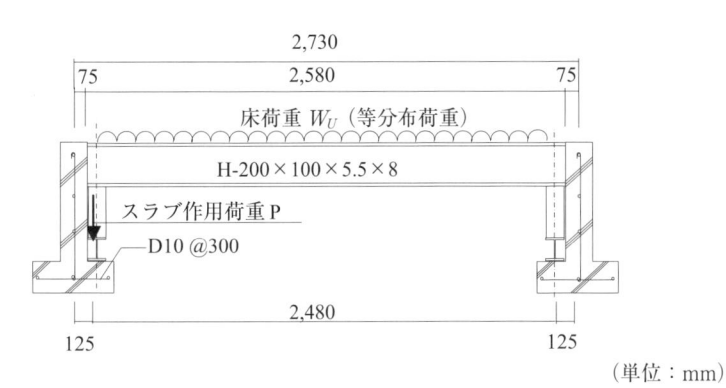

図 5.3.8 床受け材の検討モデル

(1) 応力算定

負担床荷重　表 5.3.5 より $W_u=2.31\text{ kN/m}^2\times0.91\text{ m}=2.10\text{ kN/m}$

H鋼自重（200×100×5.5×8）＝208.74 N/m（0.21 kN/m）

$W=2.10+0.21=2.31\text{ kN/m}\ (0.0231\text{ kN/cm})$

$M=2.31\times2.48^2/12=1.18\text{ kN}\cdot\text{m}\ (118\text{ kN}\cdot\text{cm})$

$Q=2.31\times2.48/2=2.86$ kN

(2) 床受け材の検討

1) 曲げ応力度 σ_b の検討

$$\sigma_b=\frac{M}{Z}=\frac{118}{184}=0.64 \text{ kN/cm}^2=6.4 \text{ N/mm}^2 \tag{5.3.14}$$

許容曲げ応力度 f_b

$$f_b=\frac{0.434E}{\dfrac{l_b\cdot h}{A_f}}(\text{N/mm}^2)\quad(\text{ただし }f_t\text{ 以下}) \tag{5.3.15}$$

記号

l_b：座屈長さ

h：梁せい

A_f：圧縮フランジの断面積

f_t：許容引張り応力度（156 N/mm^2）

$f_b=(0.434\times205\times10^3)/\{(2\,480\times200)/(100\times8)\}=143.5$ N/mm^2 >6.4 N/mm^2

　小規模建築物の床荷重は小さく，一般に床受け材に用いる鋼材では（5.3.15）式による検討で十分であるが，梁せいに比べてフランジ面積の小さい H 形鋼の場合などでは，鋼構造設計規準[5.3.1]（5.1.2）式と比べて大きな値を採用する．

2) せん断応力度 τ の検討

$$\tau=\frac{Q}{A_w} \tag{5.3.16}$$

記号

A_w：ウェブの断面積

f_s：許容せん断応力度（90 N/mm^2）

$\tau=2\,860/\{(200\text{-}8\times2)\times5.5\}=2.83$ N/mm^2 <90 N/mm^2

3) たわみ δ の検討

$$\delta=\frac{5}{384}\cdot\frac{W\cdot l^4}{E\cdot I} \tag{5.3.17}$$

（安全側にここでは両端ピンとして扱う）

記号

W：等分布荷重

l：スパン長

E：ヤング係数

I：断面二次モーメント

$\delta=5/384\times(0.0231\times248^4)/(20\,000\times1\,840)=0.031$ cm <2 cm

0.031 cm／スパン 248 cm $=1/8\,000<1/300$

(3) 基礎スラブの検討

基礎スラブは床受け荷重 W_t は W_u と W_s を受ける片持ちスラブとして算定する．

床受け荷重 W_t「5.3.6 小口径鋼管杭の配置」の検討より

　床受け荷重範囲⑤ W_t = 14 527 N（14.53 kN）

荷重 W_t が基礎スラブに作用する荷重 P は，基礎受材の延長（3.49 m×2 本）に対する単位奥行長（0.91 m）である．

作用荷重 P = 14.53/(3.49×2)×0.91 = 1.89 kN

曲げモーメント M = PL = 1.89×0.125 = 0.236 kN·m

せん断力 Q = P = 1.89 kN

1) 必要鉄筋断面積の検討

$$a_t = \frac{M \times 10^6}{f_t \cdot j} \tag{5.3.18}$$

　記号

　　　f_t：主筋（SD295）の長期引張応力度 195 N/mm^2

　　　j ：7/8d (d=75) → 65.63 mm

a_t = 0.236×10^6/(195×65.63) = 18.44 mm^2 < D10@300

　　D10@300：a_t = 71.33×910/300 = 216.36

2) せん断耐力に対する検討

$$Q_A = f_s \times j \tag{5.3.19}$$

　　　f_s：コンクリートの長期許容せん断応力度 f_s = 0.7 N/mm^2

Q_A = 0.7×65.63 = 45.94 kN > 1.89 kN

3) 付着力の検討

必要付着長さ l_{db}

$$l_{db} = \frac{\sigma_t \cdot A_s}{K \cdot f_b \cdot \phi} \tag{5.3.20}$$

　記号

　　　σ_t：スラブ筋の依存引張応力（N/mm^2）

　　　A_s：単位長あたりのスラブ筋の断面積の和（mm^2）

　　　K：基礎梁補強筋を無視した修正係数

　　　f_d：鉄筋のコンクリートに対する長期許容付着応力度（N/mm^2）

　　　ϕ：単位長さあたりに必要な鉄筋の周長の和（mm）

鉄筋が 30 cm ピッチである事から，単位幅 0.91 m 当たりの断面積は 216.36 mm^2（@71.33×910/300）

$$\sigma_t = \frac{M \times 10^6}{j \times A_s} \tag{5.3.21}$$

σ_t = 0.236×10^6/(65.63×216.36) = 16.62 N/mm^2

K = 1.9　f_b = 0.95 N/mm^2　ϕ = 3×30

$l_{db}=16.62\times216.36/(1.9\times0.95\times90)=22.14\,\mathrm{mm}<165\,\mathrm{mm}$(ベース筋端部までの長さ)

5.3.9 施工時の留意点および管理項目

(1) 進入口および掘削範囲

1) 進入口（1.5×2.0 m 程度）を建物際に設け，進入口より基礎下の掘削を行う．掘削は人力にて行い，掘削土はベルトコンベアーで搬出し場外処分とする．
2) 進入口は，適切な土留めを行い掘削時の安全を確保する．
3) 建物下部の掘削については，必要に応じて当て矢板等により掘削時の安全を確保する．
4) 掘削時に湧水が生じた場合は，掘削面を土のうなどにより保護し，排水は最小限に留める．湧水量が多い場合は，直ちに作業を中止し適切に埋め戻す．

(2) 小口径鋼管杭圧入および床仮受け詳細

1) 基礎下の掘削は，所定箇所にジャッキを設置して小口径鋼管杭を圧入（図5.3.9）して仮受けしながら順次掘進する．掘削に伴い，床は床束を撤去して鋼材にて受ける（写真5.3.1）．
2) 小口径鋼管杭材の受け入れ時の品質管理は以下のとおりとする．
    - 杭径：±0.5%
    - 肉厚および長さ：規定厚・規定長以上
    - 継手部端部の直角度：杭径 D の 5% 以下
3) 小口径鋼管杭圧入に際しては以下の精度を確保する．
    - 水平方向のずれ：10 cm 以下
    - 杭の鉛直性（傾斜）：1/100 以下

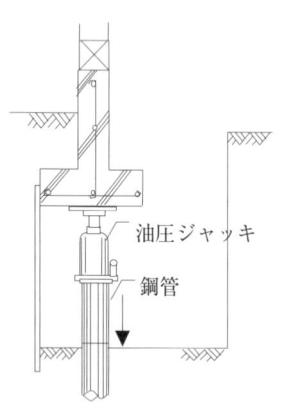

図 5.3.9 鋼管圧入方法

写真 5.3.1 鋼材による床受

(3) 小口径鋼管杭の継手

1) 小口径鋼管杭の継手は，性能を確認した機械式継手，または，裏当て金物を用い突き合わせ溶接とし，耐力低減のない継手とする．溶接継手部の詳細を図 5.3.10 に示す．

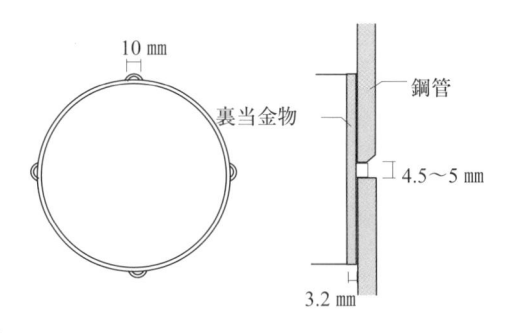

図 5.3.10　鋼管継手溶接と裏当金物

写真 5.3.2　裏当て金物

2) 小口径鋼管杭の継手溶接に際しては天候気温を判断し，電流電圧・溶接速度・層数・ビート表面の凸凹・アンダーカットの深さ・余盛高さ・養生温度・養生時間を適切に管理する．

3) 圧入時の圧入力は杭体の許容応力度以下とし，基礎梁および上部構造の変形が生じないよう適切に管理を行う（浮上り量 3 mm 以内）．

4) 基礎梁間の杭の圧入に際しては十分に圧入荷重を管理し，鋼材などで必要に応じて基礎梁の補強を行う．

(4) 沈下修復および定着

1) 圧入荷重と浮き上がり量を管理しながら所定深さまで圧入を行う．打ち止めを確認後，沈下修復を行い，油圧ジャッキから定着鋼管に盛替えて定着処理を行う．

2) 打ち止め管理は所定長の杭圧入完了後，一定期間放置し杭周面の摩擦力の発現を待って以下の項目について行う．

　　・貫入長
　　・最終圧入荷重
　　・リバウンド量

3) ジャッキアップは出来る限り均一に少量ずつ行い，ジャッキ圧力を適切に管理し，基礎梁

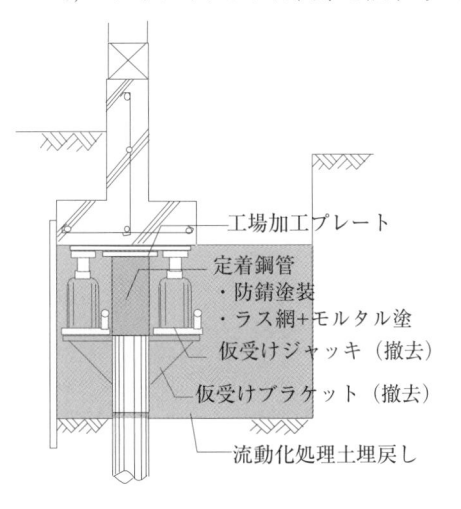

図 5.3.11　定着鋼管への盛替え

写真 5.3.3　流動化処理土による埋め戻し

および上部構造の有害な変形が生じないか，目視や計測（浮き上がり量 3 mm 以内）により適切に管理を行う．

4) 修正量は目標修正量に対して ±5 mm，床傾斜において 2/1 000 以内であることを確認する．

5) ジャッキアップ完了後の定着鋼管は，適切に防錆処理を行い，杭頭部は建物の水平力を伝達させないように基礎躯体とは非接合とする．

(5) 埋戻しおよび事後管理

1) 埋戻しは流動化処理土により埋戻す．流動化処理土の仕様例を以下に示す．

  土質区分 ：粘性土，砂質土
  最大粒径 ：40 mm 以下
  比　　重 ：1.35〜2.1
  加　　水 ：250〜450 kg/m^3
  フロー値 ：180〜300 mm（シリンダー法）
  ブリージング率：1% 未満
  一軸圧縮強度 ：130〜560 kN/m^2（28 日強度）

2) 埋戻しは小口径鋼管杭と地盤および基礎が一体化する／一体化となるように適切に埋戻す．

3) 流動化処理土は数回に分けて埋戻し，硬化後に目減りのしない方法とする．

4) 沈下修復工事完了後は修正量と現状の水平状況を確認記録し，少なくとも 1 年以上は定期的に観測を行い沈下が生じていないことを確認する．

参 考 文 献

5.3.1) 鋼構造設計規準，日本建築学会　2010.2.20

小規模建築物基礎設計例集

2011年2月25日　第1版第1刷
2021年1月20日　　　第6刷

編　集
著作人　一般社団法人　日本建築学会
印刷所　株式会社　東京印刷
発行所　一般社団法人　日本建築学会
　　　　108-8414　東京都港区芝5-26-20
　　　　電　話・(03)3456－2051
　　　　FAX・(03)3456－2058
　　　　http://www.aij.or.jp/
発売所　丸善出版株式会社
　　　　〒101-0051　東京都千代田区神田神保町2-17
　　　　　　　　　　神田神保町ビル
　　　　電　話・(03)3512－3256

ⓒ 日本建築学会 2011

ISBN978-4-8189-0600-6　C3052

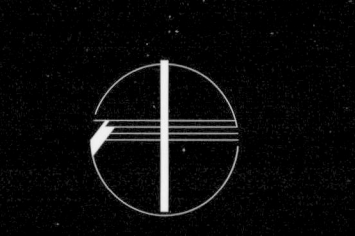